大生意人

给年轻人的
218条经商哲学

金龙 ◎ 著

中国致公出版社·北京

图书在版编目（CIP）数据

大生意人给年轻人的 218 条经商哲学 / 金龙著 . --北京：中国致公出版社，2024.3
ISBN 978-7-5145-2211-2

Ⅰ.①大… Ⅱ.①金… Ⅲ.①商业经营—通俗读物 Ⅳ.① F715-49

中国国家版本馆 CIP 数据核字 (2023) 第 244596 号

大生意人给年轻人的 218 条经商哲学 / 金龙　著
DASHENGYIREN GEI NIANQINGREN DE 218 TIAO JINGSHANG ZHEXUE

出　　版	中国致公出版社
	（北京市朝阳区八里庄西里 100 号住邦 2000 大厦 1 号楼西区 21 层）
发　　行	中国致公出版社（010-66121708）
责任编辑	王福振
责任校对	魏志军
责任印制	王晓明
印　　刷	三河市天润建兴印务有限公司
版　　次	2024 年 3 月第 1 版
印　　次	2024 年 3 月第 1 次印刷
开　　本	710mm × 1000mm　1/16
印　　张	18.5
字　　数	267 千字
书　　号	ISBN 978-7-5145-2211-2
定　　价	58.00 元

（版权所有，盗版必究，举报电话：010-82259658）
（如发现印装质量问题，请寄本公司调换，电话：010-82259658）

前　言

当前，世界局势动荡，经济发展形势不甚乐观，我国经济也受到影响，生意似乎不好做了。但你有没有发现，在大众眼中，生意从来没好做过。生意最好做的时候，也有不少人吵吵着说生意不好做。但成功的人都会说：大势好未必你好，大势不好未必你不好。任何时候都有人失败，也有人做得风生水起。有的企业经历了两次世界大战、石油危机、数次经济危机、金融危机等，依然活跃在经济舞台中央，这与管理者的思维模式和管理经验分不开。对于年轻人来说，成功的模式虽不能复制，成功者的管理方法和经商智慧却永远值得学习。

作为老板，首先要凝聚人心，打造团队正能量。公司是由一个个成员组成的，各个成员是否拥有正能量，影响着整个团队的氛围。作为团队的领头羊，领导者应该成为正能量的激发者、传播者。领导者要明白，虽然团队成员是因"财"聚在一起，为了赚钱而一起共事，但真正能把大家凝聚起来的绝非金钱，而是用金钱买不到的团队正能量。一个团队的正能量越多，团队的凝聚力就会越大，团队的战斗力就会越强。一个拥有正能量的团队，可以激发出团队中每个成员的热情和潜力，使大家展现出更大的价值。

团队打江山，要能打硬仗，既然是打硬仗，那么团队必须有血性，有强硬的作风。如果一个团队动不动就搞分裂，遇到一点困难就要散伙，遇到了外界的诱惑，比如有人被高薪吸引就跳槽了。那么，这样的团队就难以产生持久的战斗力。作为管理者，要做的就是像揉面团一样建设团队，把利益、人情、制度等因素揉进去，揉出一个劲道十足、任尔东西南北风也打不垮、冲不散的团队。

作为老板，绝不能大权独揽，要学会有效授权。没有授权，就没有管理，有的只是专制和监控。通用电气的前 CEO 杰克·韦尔奇曾说过："管得少，就是管得好。"要想管得少，就要学会授权。领导者授权的成功与否，从大的方面来讲，决定着公司的兴衰成败；从小的方面来讲，关系到日常工作能否顺利开展。因此，授权是公司管理必不可少的手段。一个优秀的领导者不仅应该善于授权，还应该学会控权，要像放风筝一样授权，给部属一定的自由权限，但主导权永远牢牢掌控在自己手里。

作为老板，要想把公司经营好，需要授权，更需要执行力。没有执行力，再伟大的战略都等于零；没有执行力，公司就没有竞争力。因此，如果你想创办一流的公司，生产一流的产品，创一流的效益，就必须打造一流的团队执行力。

老板要管好公司，一定要从细节入手。想做大事的人很多，但愿意把事做细的人很少；雄韬伟略的战略家很多，但精益求精的执行者很少。有句话叫：小事成就大事，细节成就完美。做好每一件简单的小事就是不简单，成功者们总是习惯追求细节的完美，因为那些看上去琐碎的细节，在追求一个卓越目标的过程中具有非凡的意义。

老板要管好公司，还需要长远的战略眼光。促成一个公司成功的因素有很多。比如决策、制度、管理等硬性条件，还有一些软性因素，也就是软实力。比如公司文化。企业文化不仅是企业的灵魂，而且渐渐成为公司深层竞争的主旋律。一个没有文化支撑的企业，注定是短命的。

老板一定是一个有远见、务实、有道德感和勇气的人，要拥有大胸怀和大气魄，充满个人魅力，是一个优秀的造梦大师。领导者的大胸怀、大气魄还表现为敢揽天下英才、敢用天下将才、相惜天下帅才；还表现为立意高远、决断、坚持、承担责任、承认错误。如果你做到了这些，那么你的领袖气质就会发挥强大的正能量，从而带领公司走向辉煌的明天。

目　录

上篇　给你一个公司,你会管理吗?

001 好的领导者必须是一个"造梦"大师/ 3
002 思路决定出路,眼光决定未来/ 4
003 选择比努力更重要/ 5
004 事业成功的秘诀无非"坚持"二字/ 7
005 创业时重才,守成时重德/ 8
006 将帅无能,累死三军/ 9
007 事必躬亲的人,当不好领导/ 11
008 领导者要有狮子的威严、狐狸的智慧/ 12
009 算得太精明,反而赚不到钱/ 14
010 用人不疑,疑人不用/ 15
011 员工是风筝,制度是线,老板是放风筝的人/ 16
012 善待能力强过自己的部下/ 18
013 做大事,须统观全局/ 19
014 不能权力旁落,也不可大权独揽/ 20
015 不要动不动就把压力讲给下属听/ 21
016 让所有人都成为赢家,而不是整天想着利益独占/ 23
017 说到做到,绝对不能开空头支票/ 24
018 有能力没发挥,一切等于零/ 25
019 老板把自己看得太高,就会被自己的员工看低/ 27
020 细节决定成败,1%的错误会导致100%的错误/ 28
021 把80%的精力投入到最具"生产力"的事情上/ 29
022 执行力的兑现不是人,不是事,而是时间/ 30
023 对自己一手打造的事业,要24小时负责/ 32
024 好员工不是管出来的,而是赞出来的/ 33
025 引入"鲶鱼",让团队"慌"起来/ 34
026 适当地有点"架子",无可非议/ 35
027 最危险的"敌人"往往来自内部/ 36
028 打造自己的"嫡系部队"/ 37

029 老板的愚蠢,不是没有发现陷阱,而是第二次又掉了进去／39

030 以权压人,并非理智的选择／40

031 把表面的风光让给别人,把沉甸甸的利益留给自己／41

032 放低姿态,让员工心甘情愿追随你／42

033 推功揽过,让你成为下属心中的守护神／44

034 没有任何把握的情况下,血缘关系就是最好的保证／45

035 让权力与责任"如影随形"／46

036 权力要做到收放自如／47

037 不要做遭人声讨的"暴君"／48

038 私心不可有,野心不可无／50

039 影响力,比权力更可靠／51

040 将用人的"生杀大权"紧紧攥在自己手里／52

041 把自己的决断变成集体的决策／54

042 削减员工的利益,最后吃亏的一定是企业／55

043 把对新员工的培训当作一种投资／56

044 既要能力非凡又要谦恭待人／57

045 在言谈举止中透露精明强干／59

046 不到万不得已,不要轻易解聘员工／60

047 宁要最合适的,不要最好的／61

048 用人是用来做事,而不是投老板所好／62

049 用人不可凭个人一时之喜恶／63

050 求全责备是用人大忌／64

051 要管头管脚,不要从头管到脚／65

052 斤斤计较,难成大事／67

053 赋予下属更大的权力／68

054 把恰当的工作分配给恰当的人／69

055 要有效地分配工作／71

056 让别人有赚头,自己才有赚头／72

057 资产只是一个数字,人才是真正的财富／73

058 告知员工坏消息的技巧／75

059 以领导者的热忱影响下属／76

060 让公司成为温暖的大家庭／77

061 处变不惊,体现出大将风度／78

062 继续往你"取经"的地方去／79

中篇　管事先管人,管人要管心

063 要看清大势所趋和人心所向／83

064 管人是管理之本,管心是管人之本／84

065 得人心者得天下／85

066 心的境界决定管理的境界／87

067 让最优秀的人成为自己的左膀右臂 / 88
068 管得少才能管得好 / 89
069 小公司管事，大公司管人 / 90
070 管理不当，一切的努力皆是白费 / 92
071 以人为本，别把员工当棋子 / 93
072 没有伯乐，照样可以发现千里马 / 94
073 从"心"沟通，用智慧化解争执 / 95
074 会激励、善批评，把庸才变干将 / 97
075 好员工不是管出来的，而是夸出来的 / 98
076 既能善用人之长，又要善用人之短 / 99
077 用切身利益拴住人才 / 101
078 给下属自由发挥的空间 / 102
079 用好企业中的"二流人才" / 103
080 处处设防会损害人才的积极性 / 104
081 帮新员工获得团队归宿感 / 105
082 不能把资历同能力画等号 / 106
083 感情投资比物质刺激更有效 / 107
084 重视那些出身贫穷的员工 / 108
085 任用比自己强的人 / 109
086 每个人都与众不同，对下属区别对待 / 110
087 评估下属不能感情用事 / 112
088 别将工作掺入过多的友谊 / 114
089 对下属要讲原则，更要讲人情味 / 115
090 当糊涂时糊涂，放下属一马 / 117
091 反省任何过失，先从自身开始 / 118
092 搞好生意，而不是搞垮对手 / 119
093 尊重下属，不可践踏下属的自尊 / 121
094 了解下属的痛处，然后机智地避开 / 122
095 用欣赏的眼光去看待每一位员工 / 123

096 拿员工当仆人的老板，不是好老板 / 124
097 柔性管理是人本管理的核心 / 125
098 可以看破，不能说破 / 127
099 细心寻找可以赞美员工的机会 / 128
100 让下属看到工作成果，明白工作的意义 / 129
101 把了解员工当大事来抓 / 130
102 巧用感情杠杆，理智与感情并用 / 132
103 站在对方的角度思考 / 133
104 "跟我冲"而不是"给我冲" / 134
105 给下属带来轻松和谐的气氛 / 135
106 良好的环境和氛围能稳定人心 / 136
107 关键时刻拉下属一把 / 137
108 对下属和周围的人主动示好 / 138
109 只有认真倾听，下属才愿意发表意见 / 139
110 送给下属超过预期的礼物 / 140
111 没有什么比批评更能抹杀一个人的雄心 / 142
112 多下柔性的命令 / 143
113 既要会唱红脸，也要会唱白脸 / 145
114 挖掘员工的内在动力更重要 / 146
115 创造公平竞争的企业环境 / 148
116 有足够的薪酬，还要有足够的重视 / 148
117 让下属觉得是他自己在做决定 / 149
118 不给予信任，千金难买员工心 / 150
119 聆听员工的心声 / 152
120 巧妙利用"刺头" / 153
121 与下属沟通时多说"我们" / 155
122 将心比心，棘手问题不再棘手 / 156

123 忠诚,不是让员工做一个听话的木偶/ 157
124 让部下产生"自己人"意识/ 158
125 只需下达目标,不必布置细节/ 159
126 和谐管理绝不是讨好员工/ 160
127 领导要为下属的过错承担责任/ 162
128 设立让员工全力追求的目标/ 163
129 懂得为下属着想,让你赢得下属的尊重/ 164
130 批评时要力争做到心平气和/ 166
131 采取灵活多变的薪酬方式激励员工/ 167
132 被下属爱戴是卓有成效管理的开始/ 169
133 让下属利益与公司利益紧密相关/ 170
134 激发员工的使命感/ 171
135 让员工把工作当成自己的事业/ 172
136 用情感安抚下属"骚动的心"/ 173
137 容才留才,防止"跳槽"/ 174
138 常对下属说"你的工作很重要"/ 175
139 与员工分享胜利果实/ 176
140 不吝关爱,"爱心"比"拳头"更管用/ 177
141 恩威并举,让员工既服从又感激/ 178
142 以心换心,用你的诚心换来别人的真心/ 180
143 赢得人心,仁义比金钱更有效/ 181
144 切忌厚此薄彼,新老员工一视同仁/ 182
145 有十分的把握,说七分的话/ 183

下篇 团队打天下,制度定江山

146 一流企业靠制度,二流企业靠人才/ 187
147 制度化:用铁的纪律约束每一个员工/ 188
148 人性有弱点,制度是最好的老板/ 189
149 管人要用制度说话,"人治"不如"法治"/ 191
150 建立制度的人,绝不能凌驾于制度之上/ 192
151 管理,就是用好的制度取代不好的制度/ 193
152 制度是创造一切财富的机器/ 195
153 建立人性化的制度,让管理更具生命力/ 196
154 有了制度不执行,比没有制度还糟糕/ 197
155 用制度告诉员工,努力了就会得到回报/ 199
156 制度是木板,老板才是填补木板缝

的胶／200

157 制度要严谨,切忌朝令夕改／201

158 制度面前,功劳大于苦劳／203

159 明确告诉员工:什么该做,什么
不该做／204

160 越模棱两可的事情,越应该制度化／205

161 "放羊式"管理,必然导致人才的
浪费／207

162 不能被量化的工作,正是制度的"短板"
所在／208

163 制度是用来实施的,而不是吓唬人的
摆设／209

164 榜样的力量:老板要做遵守制度的
表率／211

165 让谈心成为一种长久的制度／212

166 知人善用,是成功管人的关键／213

167 管理者不能超越制度权威／215

168 消除迟到、旷工现象,一定要抓住
根源／216

169 每个人都应该树立"规则意识"／217

170 及时向能力低下者亮红牌／218

171 让3个人做5个人的事,领4个人的
薪水／220

172 批评员工之前,先进行自我批评／221

173 一个响亮的头衔会让他把工作干得
更好／222

174 老少掺用,人才互补／224

175 不为开会而开会,一定要解决问题／225

176 把握好激励员工的"生命周期"／226

177 奖励不当,就成了变相的惩罚／228

178 递进式处罚比一棒子打死更有效／229

179 争议面前,做一个公正的裁判／230

180 要想赢得下属的信任,就要一碗水
端平／231

181 让拒绝执行命令的下属"靠边站"／233

182 自以为了不起的人,请马上离开／234

183 果断清除团队中的"烂桃子"／235

184 不淘汰平庸的员工,是对奋斗者的不负
责任／237

185 让每一个被解雇者,都能体面地
离开／238

186 对于不知好歹的人不必一味退让／240

187 公平考核,让每一个员工放心／241

188 绝不把褒奖留到第二天／242

189 荣誉是工作激情的催化剂／244

190 妒忌心强的人不能被委以重任／245

191 不要利用制度给人"穿小鞋"／246

192 升迁过快,弊大于利／247

193 杜绝"人人都端铁饭碗"／249

194 难以实现的诺言比谣言更可怕／250

195 不要助长告密的风气,制度是最好的
督促者／251

196 有些"谣言"听听也无妨／252

197 惩罚犯错者,可以提高整个团队的
士气／253

198 打造团队正能量,从每一个漏洞
抓起／255

199 "杀鸡儆猴"是团队管理的大忌／256

200 强化整体,拆散三三两两的小
圈子／257

201 制度的本质,是对一把手的制约 / 259

202 "一朝天子一朝臣"的体制,万万要不得 / 260

203 要允许下属犯"合理"的错误 / 261

204 只奖不罚,只能让更多人不满 / 263

205 让每一个员工身价倍增,也是一种不小的成就 / 264

206 惩罚创新者,等于自毁长城 / 266

207 在创新中生存 / 267

208 养成"当日事当日毕"的好习惯 / 268

209 问题是病,决策才是我们的医生 / 270

210 完成从"老板第一"到"制度第一"的过渡 / 271

211 时常做一下员工满意度调查 / 272

212 用事实堵住发牢骚人的嘴 / 274

213 善于抓典型,切忌广撒网 / 275

214 批评与问责,对事不对人 / 277

215 让员工感到自己处在竞争中 / 278

216 玩弄手腕者,终究会失信于人 / 279

217 不要让过去的错误成为明天的包袱 / 281

218 用人观念上的几个误区 / 282

上篇

给你一个公司，你会管理吗？

001 好的领导者必须是一个"造梦"大师

都说优秀的将领需要"两把火",一把火燃烧自己,一把火燃烧团队,激励别人,使整个团队都保持专注。古往今来,所有伟大的领导者都是优秀的造梦大师,他们不但自身保持激情和斗志,还善于帮员工造梦,以激励员工。老板有老板的梦,员工有员工的梦,你要把你的梦想变成员工的梦想,把你个人的梦想转移到所有员工的身上,变成一个团队的梦想,最终变成企业的集体梦想。你要善于让你的员工为你的梦想而兴奋,为实现你的梦想齐心协力。

什么是造梦呢?造梦实际上是帮员工树立目标,明确职业奋斗方向,使员工告别浑浑噩噩的工作状态,每天都为自己的梦想和目标孜孜不倦;使他们能够充实地工作和生活,从而拥有一个充满希望的前程。

著名的庆盛控股集团曾经在3年时间内,将净利润翻了好几番,这种惊人的速度,让每一个同行"眼红"。卓越成就的背后是每个"庆盛人"的努力。在他们的脸上都可以看见由内而外的自信、乐观和激情,他们与公司一起实现了脱胎换骨。而庆盛的管理秘诀是什么呢?答案是:造梦法则。每个庆盛的领导者,都是一个优秀的造梦大师。他们利用梦想成就自己的同时,也成就了一个个普通的员工,使他们在自己的职业旅途上不断前进,不断取得大大小小的成就。30岁时的王绍伟已经是庆盛控股集团的人力资源部经理。如今,他也是一位颇具能力和经验的管理者,但是谁也不知道,他刚进公司时,只是一位基层的机修工,可以说是造梦法则给了他一道光亮。

企业发展离不开美好的前景和伟大的蓝图,离不开宏伟的目标和合理的计划。管理者应当把企业的愿景和蓝图告诉员工,把自己的梦想,把企业的梦想和目标传达给员工,与员工一同分享,以激发员工无限的斗志和工作激情。要让员工看到企业是充满希望的，这种希望会影响到员工自身。同时，管理者要善于帮员工进行职业规划，让员工不再浑浑噩噩，而是每天都有奔头。在这种情况下，员工才会积极进取，为企业的发展贡献自己的力量。

一个健康的企业应该有自己的梦想，而一个伟大的企业，应该帮助员工创造梦想，并激励员工实现自己的梦想。如果管理者能让每个员工都在梦想和目标的指引推动下不断奉献自己，那么企业将充满希望。假如你的员工没有梦想，没有目标，只是为了每个月银行卡上的数字，他就不可能把企业当成自己的家，把工作当成自己的事业，就不可能迸发出激情、释放出潜能，企业的效益就难以获得保障。所以，好的领导者必须是造梦大师，是目标激励大师。

002 思路决定出路，眼光决定未来

我们的世界进入了一个崭新的时代，财富的概念已发生了深刻的变化，它不再是土地、石油、矿山和机器，而变成了信息、知识和智慧。经济学家说："每一次时代的变革，世界财富必然会进行一次重新分配并增值。"也就是说世界财富会从那些观念陈旧的人手上转移到能适应新时代发展的一批人手中。基本上每十年世界财富就要重新洗牌一次，能顺势而上、敢为天下先的人都轻而易举成了大富翁，后期跟随者要么赚点蝇头小利，要么血本无归。

思路的开阔和眼光的远大才能做出高瞻远瞩的战略规划。阿里巴巴作为电商时代的佼佼者，与领导者卓越的战略规划紧密相连。

1995 年，马云创办了"中国黄页"网站，他每天出门向人讲述互联网的神奇，说服人们出钱将资料放在网上，但是没有人相信他。在那段时间，马云被人视为骗子。然而，他并没有放弃。在中国互联网大潮风高浪

急之时，马云决心做一个不同于世界上所有电子商务网站的 B2B 网站，他放弃了 15% 大企业的生意，决心只做 85% 中小企业的生意。他说："如果把企业也分成富人穷人，那么互联网就是穷人的世界。"

这是远见还是狂妄呢？时间向我们证明，这是马云的远见。1999 年初，他创办了阿里巴巴公司，在企业创办的初期，缺少资金，马云到各个大学去做演讲，宣讲他的 B2B 模式。渐渐地，他引起了人们的关注，连海外媒体也开始对他表现出极大的热情。风险投资者也渐渐对马云产生了兴趣。然而马云却先后拒绝了 38 家风险投资商，接受了以高盛为首的投资集团 500 万美元投资。在该笔资金到位后，他飞赴北京，约见了孙正义。那次交谈之后，孙正义向阿里巴巴投资了 2000 万美元。就这样，阿里巴巴在充足资金的支持下，迅速发展起来。

《福布斯》曾这样评价马云："有着拿破仑一样的身材，更有拿破仑一样的伟大志向！"事实上，他的身材虽然矮小，眼光却非常高远，他制定的企业发展战略，具有很好的前瞻性。这是阿里巴巴能走到今天，并且走得更远的保证。

眼光决定未来，思路决定出路！先知先觉经营者，后知后觉竞争者，不知不觉消费者。一个真正有战略远见的领导者，敢于挑战灵感世界和现实世界之间的分界线，善于在未来趋势不明朗的情况下找准方向，为企业发展找到新的出口。

关于战略远见，英国文人王尔德曾有过这样的诠释："能在月光里找到道路的人，他们受到的惩罚是：比世界上其他任何人都更早地看到曙光。"而只有那些有远见的领导者，才能将企业带向光明。

003 选择比努力更重要

话剧《培尔金特》里有一句经典台词："人生会遇到无数个十字路口，

每个十字路口都是一次选择,你有三个选择,左、右、中,只要一次选错了,你就再也回不来了。"

从小我们所受的教育便是,努力,努力,再努力。于是我们为了大大小小的梦想,拼了命地努力,可是最终的结果大多差强人意。比如你让一个数学天才去努力学英语,让一个芭蕾舞者去努力学摔跤。是的,一开始就不对劲,就选错了路。实质上,方向决定了你的成败。每个人的一生,都像是大大小小选择的集合体,生活的每一处都渗透着选择,早上睁开眼睛,选择吃什么早餐,下班后选择从哪条路开车回家,无一例外。

公司运营的过程中,选择也无处不在。选择怎样的合伙人,选择怎样的经营方式,选择怎样的员工,选择怎样的规模,选择怎样的营销方式。众多的分岔路口,众多的不知所向等着你裁定。不要害怕,不要迷茫,你只要明白一点:最适当的选择就是最好的选择。

作为一个领导者,没有见缝插针的本领是不行的,因为机会往往存在于那些别人忽视的角落里。经营企业就是为了获得更大的利益,企业家往往把眼光放在看得见、摸得着、有大利润的行业和项目上,而那些费精力、效益低的项目,很多商家不愿意选择。然而,这并不代表这些地方不能给企业带来巨大的利润,也许别人不愿意涉足的领域,恰好是一座未被挖掘的金矿。如果你深入地分析这些被忽视的领域,说不定就能发现巨大的商机。

市场总是处于不断变化之中,变化中蕴藏着巨大的商机。就像马云创办阿里巴巴,正是抓住了互联网带给人们思想上的变化,才取得了巨大的成功。再比如,伊利、蒙牛等乳业正是抓住了人们追求健康、补充营养的心理需求,才获得了空前的成功。再比如,现在电动轿车数量剧增,电动汽车销售、充电桩、修理、配件、清洁、陪驾等方面就有很多机会。经济与政治永远不分家,政府政策、法律法规等,能直接或间接地影响社会经济的发展。例如,政府出台房产税政策,对房地产行业就会产生影响;政府出台新能源汽车发展规划,会对私家车行业产生影响;再比如,国家在"十四五"规划中大力提倡扩大再生能源的应用,有些企业顺势而为,研发太阳能产品、风能产品，就获得了巨大的市场利润。

物以稀为贵，最稀缺的东西就是资源，而这就是金钱，看看每天不断上涨的石油价格，你就知道：石油是稀缺资源。一般来讲，稀缺资源是指供不应求的东西，如果你能抓住大众的消费需求，生产出他们需要但市场上难以买到的产品，你自然会获得源源不断的利润。

004 事业成功的秘诀无非"坚持"二字

中国有句老话，叫作"一勤天下无难事"。"勤"的重要内容之一便是做事的持续性。相传古希腊哲学家苏格拉底，在学校开学的第一天曾教学生们甩手，并要求大家每天做三百下，一个月后，他问哪些同学坚持了，90%的同学举起了手，两个月后，坚持下来的只剩80%，一年后，苏格拉底再问大家，整个教室里只有一个人举起了手，他就是后来成为大哲学家的柏拉图。

坚持性是能顽强克服行动中的困难、不屈不挠地执行"决定"的品质，这种品质表现为善于抵制不符合行动的各种诱因的干扰，做到面临千纷百扰，不为所动；也表现为善于长久地坚持符合目的的行动，做到锲而不舍，有始有终。培养坚持性，最重要的是养成良好的习惯——勤劳。勤劳是一个人有成就的保证，而懒惰则是一个人进步的大敌。培根曾说："人的思考取决于动机，语言取决于学问和知识，而他们的行动，则多半取决于习惯。"

培根说，幸运中所需要的美德是节制，而厄运中所需要的美德是坚韧，后者比前者更为难能可贵。顽强的自制性是一个人不懈的坚持中所不可缺少的东西，面对企业前进道路上的艰难险阻，我们要迎难而上、知难而进，把艰难困苦变为我们磨炼顽强意志和坚韧毅力的机会，变为矢志不移的追求。

勤奋是成功的根源，坚持是成功的保障。当人们问到那些成功者的成功经验时，他们往往都是微微一笑，然后告诉你只需要坚持到底。真理其实就是如此简单。

要成功，必须要有很强的自制力。它表现为善于迫使自己去执行已采取的决定，战胜有碍执行决定的各种因素。表现为善于抑制消极情绪的冲动，自觉控制和调节自己的行为。顽强的自制性不是与生俱来的，而是在实践活动中养成的，尤其是在克服困难中形成的。

《史记》的作者司马迁出生于一个仕宦之家，其父司马谈是朝中的史官，临终前他嘱咐司马迁不要忘了著书立说的大事，不能让国家的历史断绝了。三年后，司马迁继承父职，做了太史令，经过知识储备，他开始编写《史记》。公元前99年，由于他为大将李陵说了几句公道话，触怒了汉武帝，被关进监狱，并处以宫刑。这一奇耻大辱曾一度使司马迁丧失生活的勇气，在狱中，他想起父亲的嘱托，想起记载国家历史的重任，最终他战胜了自我，毅然决然地活了下来，并且勤奋刻苦地续写《史记》，完成了这一千古之作。

平地飞云的人太少，一夜崛起的企业更少。当你找到了适合自己的方向，确定了目标之后，所需要做的就是，坚持再坚持，罗马从来不是一天建成的，事事如此，坚持才能守得云开见月明。

005 创业时重才，守成时重德

贞观年间，唐太宗经常与大臣们讨论创业与守成的难易问题。一天，他问房玄龄、魏徵等人："创业与守成孰难？"房玄龄回答说："天下大乱时，群雄四起，攻城略地，战争激烈，创业的艰难是显而易见的。"魏徵不同意这样的看法，他说："君主打天下，是在混乱中歼灭敌人，能够得到百姓的拥护，因此创业并不太难；得到天下后，容易骄傲自满、享乐腐化,国家的衰败由此开始。所以,自古以来的帝王莫不得之于艰难,而失之于安逸。"太宗说:"玄龄与朕共定天下,出百死,得一生,故深知创业之难。魏徵与朕共定天下,深知骄奢生于富贵,祸乱生于疏忽,故知守业之难。但创业的艰难时期已过,眼下守业的困难,正是诸公必须谨慎对待的。"

创业容易守业难,几乎所有走出创业期的企业都有此深刻的体会。而如何守业?一位著名的经济学家说:"现在中国的问题在经济,经济的问题在企业,企业的问题在企业家,企业家的问题在企业文化。"企业是当代中国的中坚力量,企业健康发展了,中国的崛起就会早日实现。但目前中国的企业普遍存在"五缺"现象(即缺文化、缺信仰、缺使命、缺品牌、缺战略),而要改变这种局面,就必须树立一种正确的价值观。

在守业的过程中,请坚持"以德治企",这个理念对于改变企业"五缺"现象是十分必要的。从企业的角度来看,迫切地需要以"德"治企,重视精神道德建设。而在现实生活中,不可否认,在一定程度上,在一定范围内,道德存在着严重的滑坡现象,急需"德"的引导;尤其是中国当代的企业界,迫于越来越激烈的竞争环境,不少企业家存在"不择手段""唯利是图"的做法,甚至不少企业内部也出现明争暗斗、互相拆台的现象。这一切的根本原因就是道德的迷茫、心灵的失衡。

因此全面提高企业家和企业每一个员工的道德素质,建设积极向上、同心同德的"德治"企业文化,特别是将"德治"的精神导入到现代企业,是十分必要的。

006 将帅无能,累死三军

大热的电视剧《亮剑》中,李云龙说过这样一句话:"兵孬孬一个,将孬孬一窝。"将帅无能,累死三军。所谓的"孬",指的是没胆识、没魄力、没智慧、没勇气、没果断抉择能力的人。这样士兵的才能得不到发挥，大家的气势会被打压，积极性会受到影响，整支部队都将变成窝囊废，怎么能打胜仗呢？

　　三国时期十八路诸侯联合讨伐董卓，就是一个极为典型的案例。诸侯方有袁绍、孙坚、曹操、刘备、马腾等，董卓方有吕布、华雄等，而吕布有勇无谋。不论是从双方的力量对比上来看，还是从得人心方面来看，诸侯方都占尽优势，可以说灭掉董卓不在话下。然而，由于当时各路诸侯推荐袁绍为盟主，谁知袁绍就是一个无能的将帅，优柔寡断、疑心四起，加之不懂用人之道，最终不但没有剿灭董卓，反而搞得联盟中纷争迭起、人心离散，最终讨伐董卓不了了之。

　　在今天看来，袁绍带领十八路诸侯讨伐董卓的失败，并没有什么奇怪的。但是袁绍的"庸"形象对于企业管理者，尤其是一家企业的老板有深刻的启示。那就是，如要想让企业获得长足发展，老板就必须成为一个铁腕将领，要有魄力，有胆识，有远见，有识人用人的能力，绝不可目光短浅、畏畏缩缩、犹豫不决、前怕狼后怕虎。

　　拿破仑曾经说过："不想当将军的士兵，不是好士兵。"同样的道理，不想成就一番事业的老板，也不是一个好老板。然而，如果仅仅希望成就一番事业，仅有这样的愿望是远远不够的。老板必须拥有智慧，必须善于用人。因为一个人的能力是有限的，只有结合大家的智慧和才能，凝聚在一起才能成就大业。在这一点上，我们可以对比楚汉两大英雄人物项羽和刘邦。

　　项羽和刘邦都想成就一番霸业，大英雄项羽勇气可嘉，为人豪迈大气，但智谋不足，他只知道冲锋陷阵，和别人硬拼硬打。纵然他武艺高强，以一敌十、敌百，纵使他能率领几千人马打败别人几万人马，但最后依然逃脱不了灭亡的命运。而刘邦则不同，他非常自知，明白自己的能力有限，于是他最大限度地运用有能之人。通过对萧何、韩信、张良的大胆放权，最后打败了项羽，建立了汉王朝。

　　在现代商战中，老板要像刘邦那样善于用人。作为企业的领军人物，要能充分发掘人才，大胆放权，要善于学习和总结，懂得审时度势，能够在复杂的事情中理出头绪。领军人物必须具备几点素质，那就是"做人要正""有大志""善于学习和善于总结"和"审时度势"。当一个老板具备了这些特质，企业才能更好地谋求长远的发展。

007 事必躬亲的人，当不好领导

我们常说一个人是"劳碌命"，是说一个人一生都在奔波操劳中度过，没有歇脚的时候。很多公司的领导，尤其是小公司的领导，每天都在忙碌中度过。财务要管，培训要管，业务也要管。现在有关"过劳死"的报道越来越多，不能不引起我们的重视。

当企业规模还小、刚开始筹办全新业务的时候，领导一定要身先士卒，领导是演员，是明星，作用就是带动气氛。但是当公司上了一定规模以后，一定不能够再事必躬亲。原因有二：一是精力不够；二是不能够很好地放权。

有道是"诸葛一生唯谨慎"，史书上记载，凡是超过杖责三十的刑罚诸葛亮都会亲自过问。虽然这种方式能使大部分事务妥善处理，但也透支了诸葛亮的生命。反观曹操和司马懿都比诸葛亮要长寿。鲁迅先生曾经评价诸葛亮为"诸葛多智而近妖"，有一部分原因是对他这种行事方式颇有异议。

放权，就是要求公司高层领导，按照岗位责任制的规范充分放权，通过放权来给下级施加压力同时增添动力，通过充分发挥下属的工作积极性来提高工作效能。在管理实践中，我们常常看到一些高层管理者尽管事必躬亲，每天忙得团团转，但管理效率仍然十分低下，这就是没有放好手中的权力。

领导者不敢放权，最核心的原因是缺乏信任，授权人的信任和受权人的能力难以得到统一。领导担心放权之后会带来不利影响。只有在确信下属的能力可以用好、用对之后，领导者才能做到真正地充分放权。韩非子说："下君尽己之能，中君尽人之力，上君尽人之智。"敢于放权并善于放权，既是一个管理者成熟的表现，又是一个管理者取得成就的基础和条件。还有一种可能是不会放权。有的领导认为缺乏管理人才，或者说不敢太快使用人才。这个问题矛盾的核心就是授权机制，没有制度来保证权力在下放的同时，能得到足够的制约。

但是不管什么原因，不能下放手里的权力会给人造成贪恋权位、打压新人的印象。久而久之带来的是团队的一种不信任，团队之间没有了信任是很可怕的，同时还会导致怨言。

让自己清闲下来，不是为了享受，而是给心灵思索的空间，让自己站在局外，以全新的视角来观察、来思考。《公司改组》一书的作者戈登·唐纳森说过："权力下放不等于放弃权力，管理不是放任自流，听之任之。当好总经理是一门学问，也是一门艺术。"让自己轻松下来，对自己、对公司，都是有利的。

008 领导者要有狮子的威严、狐狸的智慧

管理，不外乎人、事二字。把下属和事务应付自如，处理得井井有条，这样的人已然是一个成功的领导者。管人和管事二者是不同的。同时又是相互联系的、彼此糅合在一起的。人中有事，事中有人，不可分散开来。

马基雅维利在他的著作《君主论》中说："一个称职的君主，必须具有狮子般的威严、狐狸般的狡诈。"这说明统御能力往往表现在两个方面：一是敢于出手的魄力，二是善于出手的智慧。没有魄力，会优柔寡断；缺少智力，会独断专行，二者缺一不可，必须两手都要抓，两手都要硬。

领导与员工所肩负的使命不一样：在公司中，领导者肩负的是公司生死存亡的重责，所以他跟下属的工作完全不一样。作为一个领导者，必须想人所不能想，看人所不能看。下属由于处于较低的位置，是不能看到这些问题的，作为领导者每天日理万机，没时间也没有必要向下属解释自己这样做的意义。事实上，江湖上有一招"狮子吼"，就是用一种狮子般的威严，让员工被自己的气势慑服，这样，自己的命令，会很容易实施。

与此同时，作为领导者要时刻应付来自内部的麻烦和来自外部的压力，仅仅有魄力是不足以应对如此多的内耗和外耗的。狐狸作为智慧的代表，意味着领导者必须有一个机智的头脑，而且更多时候，狐狸更是作为狡诈的代表出现在我们眼前，这意味着领导者要善于运用手段，让自己用最小的代价获取最大的利益。

马基雅维利认为，真正有智慧的领导者要有能够超越世俗美德约束的眼光来对局势进行审视，才能达到利益最大化。所以在某些时候，不妨露出自己"老狐狸"的一面，给耍心眼的人以震慑。这种震慑更有威胁性，它是在向周围人宣布：你们的小手段都是我玩剩下的。如此一来，捣乱分子必然安静下来。

聪明又有魄力的领导，会让下属心甘情愿去执行命令，帮助企业选择人才，会凝聚企业核心骨干，培养员工的意愿，培养员工的能力，影响教化员工的思想，让决策深入人心，促使团队全力以赴。

狮子一般的魄力就像一柄大锤，击碎挡在面前的每一堵墙，但是许多细小的事务，就像一只只蚊子，妄图吸干企业的血液，这时候狐狸的智慧就像一张细密的网，可以弥补大锤的不足。二者水火相济，阴阳相辅，才能达到和谐、圆满的效果。

009 算得太精明，反而赚不到钱

做生意、办企业、搞管理都需要精明，精明不是玩手段、耍心机，也绝不是斤斤计较，把一分一毛钱算得清清楚楚，而是着眼于长远的一种大智慧。比如，在合作中，如果你太过精明，不肯吃一点亏，那么合作一次之后，对方可能与你分道扬镳。如果你懂得吃亏，适当地让利，这样才能赢得对方的信赖，他才愿意继续与你合作。

有个温州年轻人去深圳推销一种高级清洁剂。当时，同类名牌产品在市面上已经非常流行了，市场被瓜分得差不多了，但这个年轻人还是决定去深圳打开市场。

一天，年轻人来到一家名气很大的星级宾馆，对老板说："我可以免费为你的整个宾馆做一次保洁。"老板有些不敢相信，他愣了半天，听年轻人介绍完产品后，才决定把准备接待大型会议的 80 个房间和一间会议室交给年轻人保洁，并规定 2 天内必须完成。结果，年轻人用了一天半时间就把 80 个房间和一间会议室刷得焕然一新，而且还使之散发出淡淡的清香，为此他用掉了 30 瓶清洁剂。

会议结束之后，宾馆的留言簿上多了很多客人的感言，上面写着大家对环境的评价，很多客人都说宾馆的环境清洁卫生，非常舒适。

会后第三天，宾馆老板找到这个年轻人，对他说："你帮我赢得了下一项业务，更为我们宾馆树立了良好的形象，这 1000 元是你应得的报酬。你有多少货？我全要了。"

事实上，30 瓶清洁剂远远不止 1000 元，但是年轻人很清楚，这个时候没必要算得太精明。他高兴地接受了宾馆老板的报酬，并在对方的推荐下，获得了好几笔很大的单子。几年后，年轻人成了一个百万富翁。

你想赚到钱吗？那就不要表现得太精明，尤其是在生意场上，千万不要和合作对手、客户斤斤计较。因为算得太精明，表面上你没有吃亏，却很容易失去赚钱的机会，最后吃的是大亏。一个真正赚大钱的人，往往有长远的眼光，有宽大的胸怀，懂得为长远的利益舍弃眼前的利益，这就是那些大商人的智慧。

010 用人不疑，疑人不用

古语有云："用人不疑，疑人不用。"无论治理一个国家，还是管理一个企业都需如此。"用人不疑，疑人不用"也是一种信任的方式，运用在企业管理上，就要放手让下属去大胆尝试，不要什么都管。

易中天先生认为，曹操乃好老板也。事实上，曹操作为一代枭雄，是非常会用人的，他十分清楚"争天下必先争人"。曹操的好不仅在于其用人之术，更在于其用人之道，也就是说曹操善于"洞察人性，洞悉人心"。他知道他的将士跟着他出生入死是为了什么，有时候感情的维系比利益的维系更为重要。此时此刻，抛出一些肺腑之言，的确可以鼓舞士气，甚至笼络人心。

赵匡胤在位时，郭进任西山巡检，有人告发他私通河东的刘继元，可能会叛变。赵匡胤很生气，认为此人诬陷忠良，命人把他绑起来送给郭进，让郭进处置他。郭进接到人后，没有杀他，对他说："你能为我夺取刘继元的一城一寨的话，我不但不杀你，还要为你请求赏赐官职。"过了一年多，那人果然引诱刘继元的一座城来归降。郭进将此人的事情禀报了朝廷，请朝廷加封此人官职，赵匡胤说："你诬陷忠良，现在立功只能抵偿你的死罪，不能封官。"命人将他送回给郭进。郭进再次请求说："您这样做，使得我失信于别人，以后就不能再用人了。"赵匡胤因此加封了那人的官职。

现代企业，到底应该如何用人，是秉持"用人不疑，疑人不用"的原则,还是另辟蹊径,寻求其他方法呢?

在企业管理当中,"用人不疑,疑人不用"不仅可以有效地分配人力资本,更多的是一种精神激励。每当老板对自己"用人不疑,疑人不用"时,受重用的员工便会有一种受宠若惊的感觉,他们突然觉得自己受到了信任,继而心甘情愿地为老板效力。

对员工来说,工资、职位、福利等个人利益永远是最重要的。但有一个规律是,"人才择贤主而归附",只有在一个好老板手下工作才会实现自己最大的人生价值。所以老板不要忘记,无论什么时候,获取人心都是非常重要的一环。如何能更好地提高员工工作的积极性,关键在于老板对人心、人性的透彻理解和把握。

011 员工是风筝,制度是线,老板是放风筝的人

有人说,一个好的老板要学会放风筝。风筝的这头是老板,风筝的那头是员工,而连接老板与员工的那根线,则是制度。这句话包含了三个含义:给员工自由,用制度管理,领导者要负责调控二者的关系。

每一个员工都是独立的个体,都期望自己能自由自在地翱翔。他们期待自己能在属于自己的一片天空有所作为。这时候,老板就应该让员工以自己的方式来达成工作目的,而不是去给予束缚。风筝本就应当飞翔在空中,如果只是被挂在墙上欣赏,无疑是一种资源的浪费。所以给员工机会,让他们去展示自己的风采是一个领导者应有的胸襟和气魄。

但是,每个人都想完全摆脱束缚,而这对于企业来说是不现实的,所以我们需要制度这根线来拴住员工,让他们有所顾忌。

霍布斯在其著作《利维坦》中指出,制度被视为约束个人的自利行为、防止社会落入自然状态的重要手段。这并不难理解,人人都愿意获得更多,但是获得不能建立在他人的损失之上。现代社会已经摆脱了丛林法

则，而摆脱的方法就是通过制度的制定。

以加尔布雷斯和缪尔达尔为代表的后制度主义者，在旧的制度主义的基础上，提出了一种替代新古典"经济人"假设的"规则人"假设。他们认为，经济主体的行为动机并非要追求理性最大，相反，其行为多数按照既定的规则和制度行事，这样，才能实现真正的效益最大化。

一个企业有多种制度，例如人事制度、财务制度和考评制度。制度的存在就是为了限制下级和上级的行为，让他们无法为所欲为。制度给员工的活动划定了界限，在界限之内可以自由飞翔，但是一旦触碰到边界，就会被制度所束缚。

比起制度，老板的作用更像是一只看不见的手。当制度太过紧绷，让员工喘不过气来的时候，老板就适当松松手；当员工飞得太高，老板就拉拉绳子，不要让线断掉。领导艺术就在这一张一弛之间体现。领导不需要亲自参与生产，也不需要时刻调整制度，老板所要做的就是在适当的时候采取适当的手段。

例如人情，就可以成为制度以外的辅助措施，根据实际情况对制度没有预见到的情况做出处理。适度的"法外开恩"，也是公司运作的"润滑剂"。比如，员工在流程上违反了规定，按照规定你追究了他的责任，扣了他的绩效，但是下班之后，你们便可以好好地沟通一下，说明情况，甚至领导做东喝上两杯，员工心里的阴影和不快肯定会慢慢消除。

没有风筝，放风筝就成了一纸空谈；没有线，风筝也许在一时飞得很高，但是终究会被风无情打落；如果没有那只抓住线的手，整个系统也就没有存在的意义。三者是不可分割的有机整体，凭借这个系统，员工才能在竞争大潮中如鱼得水，自由驰骋。

012 善待能力强过自己的部下

尺有所短，寸有所长。作为领导者，并不意味着任何方面都比下属强，而下属在某些方面可能强于领导。在这种情况下，有些领导者害怕下属的光芒掩盖住自己，时间久了难以驾驭下属，更怕下属爬到自己头上，于是对能力强过自己的下属采取种种限制。他们宁愿把重要的工作交给能力平庸的下属，也不愿意把工作交给能力超过自己的下属，而且明里孤立能力强的下属，暗里打压他们，恨不得把他们逼走，以让自己高枕无忧。这就是所谓的"武大郎开店"——只愿意任用比自己矮的人，不愿意任用比自己高的人。时间久了，对企业的发展是非常不利的。

对企业而言，要想发展就离不开优秀的人才。如果管理者不善待能力强过自己的人才，而是处处与他们作对，不信任他们，不重视他们，无疑会伤了他们的心。有朝一日他们离开了企业，对企业就是一种巨大的损失。而当他们进入竞争对手公司时，对企业则是巨大的威胁。因此，明智的管理者往往会善待能力强过自己的下属，通过善待、重视他们，获得他们的真心辅佐和支持，从而为企业的发展壮大做出贡献。

摩托罗拉创业初期，有个名叫利尔的工程师及时加入，他在大学学的专业是无线电工程，有极为出众的才能。他的到来，让一些老员工和管理者产生了危机感，他们时不时地刁难利尔，出各种难题为难他。更过分的是，一位管理者趁摩托罗拉的创始人保罗·高尔文出差办事时，找了个理由把利尔开除了。高尔文回来后得知了此事，把那个管理者狠狠地批评了一顿，然后命他马上找到利尔，重新高薪聘请他回来上班。后来，利尔的才能得到了发挥，为公司做出了巨大的贡献。

什么才叫"善待"呢？对人才而言，最好的善待莫过于给他们施展才华的舞台和机会，信任他们，授予他们相应的权力。同时，从小事上表达对他们的重视和关心，这样才能获得他们的真心辅佐。

013 做大事，须统观全局

全局是由诸多局部构成的，局部处理不好，就会"牵一发而动全身"，影响全局的协调发展。因此，在抓全局时不能忽视局部，既要抓住主要矛盾也不能忽视次要矛盾，以免顾此失彼。就像弹钢琴一样，要想弹奏出美妙旋律，必须用好每一个音符，调动一切积极因素，综合利用各种有利条件和优势，为奏出好的音乐而服务。

心有全局者，无论身处何时何地，遇事皆能站在全局的高度观察问题、思考问题、处理问题，自觉做到从全局出发，以全局为重，为全局着想，放眼全局、融入全局、维护全局、服务全局。

"不谋全局者，不足以谋一域；不谋万世者，不足以谋一时。"古往今来，大凡成就伟业者，无一不是识大局、谋全局的战略家。胸无全局的人，看问题、做决策往往就事论事，目光短浅，也许能在一时干成一事，但绝不会一生都能干成事，最终难免贻误大局。善谋全局者，必定胸怀全局，眼界宽广，认识、分析、研究问题能够见微知著，统筹兼顾，抓住问题的核心与本质，做到"乱云飞渡仍从容"；善谋全局者，不会一叶障目不见泰山，也不会只见树木不见森林。善谋全局，是能力素质的反映、大家风范的体现和优秀品质的展示。

在管理中，全局观的塑造更为重要，因此，要远离片面性眼光，从大局出发，统筹兼顾。

俗话说："胸中无全局，处事必离谱。"在分析事物时，要有全面的眼光，要深入分析事物的本质和全部，既要看到有利的条件，又要看到不利的条件，千万不要一叶障目，不见森林。这要求你进行深入细致的调查研究，多了解相关信息。

事物与事物之间，有千丝万缕的联系，身为老板，既要看到它们之间外在的联系，又要看到它们之间内在的联系，既要看到事物之间横向的联系，又要看到事物之间纵向的联系。只有这样，你才能更好地把握事物的发展趋势。

事物总是处于不断发展之中，形势在不断变化，我们看待事物的观念也应该发生变化。作为管理者，一定要保持与时俱进的精神状态，在曲折中看透事物发展的趋势，才能更好地决胜于未来。

014 不能权力旁落，也不可大权独揽

汉高祖刘邦曾问群臣："吾何以得天下？"群臣的回答多种多样，但是都不得要领。于是，他只好自己说出答案："我之所以有今天，得力于三个人，运筹帷幄之中，决胜千里之外，吾不如张良；镇守国家，安抚百姓，不断供给军粮，吾不如萧何；率百万之众，战必胜，攻必取，吾不如韩信。三位皆人杰，吾能用之，此吾所以取天下者也。"

在刘邦的队伍里，有贵族出身的张良，有游士陈平，还有县吏萧何，屠夫樊哙，鼓手周勃……这些人在刘邦的组合下，在各自擅长的位置上做事，帮助刘邦打天下。刘邦用人不疑，大胆放权。当年他给陈平黄金四万两，却不过问此事，充分体现了对陈平的信任。在这种情况下，陈平的才能得以充分发挥。在楚汉之争中，陈平利用项羽多疑的性格，通过黄金收买人心，成功使用了反间计，使得项羽把范增逼走，帮刘邦战胜了项羽。

与刘邦的英明授权相比，明太祖朱元璋的专制集权做法，就显得太过愚蠢。朱元璋建立明朝之后，专权的做法立刻暴露出来，他诛杀开国功臣，以廷杖、文字狱凌辱官员，废除了丞相，集大权于一身。这些专制的做法使得当时的读书人都不愿意出来做官，一时间人才凋零。同时，全国军政大权集于一人，致使皇帝政务十分繁忙。朱元璋虽竭尽全力，但是拼

上老命也无法承担。

约翰·钱伯斯是思科公司的总裁,他深谙授权之道。对此,有人戏称他是最乐于授权给下属的总裁,他本人也曾说过:"也许我比历史上任何一家企业的总裁都更乐于放权,这使我能够自由地旅行,寻找可能的机会。"

钱伯斯经常对部属说:"最有能力的管理者并不等同于大权在握、搞集权统治,一群人总是能打败一个人的,如果拥有一群得力的助手,就有机会创建一个优秀的团队、优秀的企业。如果你不敢把权力授予助手们,那么他们的才能便无从发挥。这样一来,你的部门的效益就难有提高,你的影响力也将受到影响,这对你掌权非常不利。"

在钱伯斯看来,优秀的管理者不必大包大揽,事必躬亲,而在于合理地统筹安排人员做事。他说:"很久以前我就学会了如何放手管理。你不能让自我成为障碍,成为一个高增长公司的唯一办法就是聘用在各自的专业领域里比你更好、更聪明的人,使他们熟悉他们要做的事情,要随时接近他们,以便让他们不断听到你为他们设定的方向,然后,你就可以走开了。"

管理者要明白的是,一个人的能力是有限的,即使你非常有才华,靠你一个人来指挥一切,终究还是忙不过来的。因此,你必须学会有效地授权,让整个部门的每个员工都动起来,让大家自发地做自己擅长的工作,这样才能把工作做好。

015 不要动不动就把压力讲给下属听

管理者的压力之大是无法形容的,压力常常像一座山将领导者压得喘不过气。对企业来说,任何管理工作的最终目标,只是绩效利益的最大化。因此,请注意你的施压指数,不要动不动把压力讲给下属听。

麻省理工学院曾对南瓜进行了一项实验。他们把一个刚开始成长的小南瓜，用很多铁丝一圈圈地整个箍住，目的是观察南瓜能够承受多大的压力。因为南瓜要逐渐长大，瓜与铁圈之间会有一个作用力。最初，研究人员估计这个力最多为500磅，当超过这个力以后，南瓜就会因无法承受而损坏。可南瓜在几个月的实验时间里，不仅承受住了500磅的压力，而且随着力量逐渐增加到1000磅、1500磅，甚至2000磅，首先承受不了的居然是铁圈。为了避免南瓜把铁圈撑开，研究人员不得不增加了铁圈的数量。最终，整个南瓜承受了超过5000磅的压力后裂成四瓣。

很多咨询师、培训顾问都在讲述这个故事，都在宣扬这样一种观点：下属可以承受上司无法想象的压力，下属没有发挥他全部的潜力，是因为上司对他施加的压力还不够大。当管理者把过多的压力施加于下属身上时，就是为下属建立了一种逻辑，那就是压力同工作的关联。下属的逻辑将会是：工作＝压力＝痛苦。更进一步，工作＝痛苦。

人生中所做的每一件事，不是为了逃避痛苦便是为了寻求快乐。在这种逻辑的作用下，下属会怎么样？我想多半是逃避痛苦。在这种指导原则下，下属会怎么做？他可能会删减工作环节，降低工作要求，甚至是逃离工作——辞职。而这些都不是我们对下属施加压力的初衷。

再回过头来看南瓜实验的后续，就会发现，经过实验后的南瓜根本无法食用。南瓜试图撑开铁圈的包围，为了对抗压力，南瓜产生了自我保护，在它的中间充满了坚韧、牢固的纤维。同时，为了吸收足够的养分，以供应能量对抗压力，南瓜的根部大面积扩展，所有的根向着不同的方向全方位伸展。由于南瓜强大的根系，它抢食了整个花园的土壤、水分等资源，成为花园内的生物杀手。

最后，需要强调的是这个南瓜实验的结果：整个南瓜承受了超过5000磅的压力后最终瓜皮破裂。对企业来说，任何管理工作的最终目标都是绩效利益的最大化。因此，请注意你向下属言说压力的分寸，最好不要让你的下属难堪。

016 让所有人都成为赢家，而不是整天想着利益独占

企业的最终目的是什么？通俗地讲就是"挣钱"。其实每个人心中都有一种朴素的想法，那就是：别人得到了，我就得不到了。然而事实真的是这样吗？

安踏的创始人丁志忠曾经提出过"49%理论"，这个理论来自他的父亲。父亲教导他做每件事情，都要让别人占51%的好处，自己永远只要49%。丁志忠最初不能理解，这不是明摆着吃亏吗？哪有这样做生意的？后来他慢慢理解了：这样做看起来是暂时吃亏，却赢得了客户的长期合作。让客户更加认同，更加尊重，更加信任。

古语云："合则两利，分则两伤。"这就意味着，如果你不能对自己的利益有所让步，那么双方必定没有合作的空间。两只刺猬靠得太近，只能让彼此都受伤。一心想着独占所有的好处，最后往往什么好处也得不到。佛教六道轮回中，有一道被称作"饿鬼道"，里面的饿鬼有着极大的肚子和极细的喉咙，他们想吃掉一切，最终却什么也吃不到。

创立台塑集团后，王永庆对待跟自己打天下的人一样用心。他始终坚持的目标是，让大家得到应有的回报和福利。不只同患难，更要同富贵。当他得知有位主管得了呼吸道疾病时，他主动打电话问候。同时联系最好的医院安排该主管治疗。王永庆明白打拼的不易，也懂得人才付出之后应该得到应有的回报。他把对员工的关爱融入切实的关怀之中，而不仅仅只是空头支票。

王永庆不仅仅把公司以商业的理念来经营，更以一颗仁慈的心来经营。他知道企业是由一个个有血有肉的人组成的，台塑的战斗力和凝聚力来源于此。让所有人受益，就是让整个企业受益。所以我们不难理解王永庆去世后，为何有那么多老员工在他的灵前失声痛哭。这些老员工缅怀的

是王永庆那一颗让所有人受益的心。

《史记·货殖列传》有云："天下熙熙，皆为利来；天下攘攘，皆为利往。"逐利是人的本性，但我们往往被眼前的利益冲昏了头脑。这个世界上的财富很多，比你所能看到甚至想到的更多。可以说，只要团结一心，就没有得不到的财富。

随着全球化的进一步发展，每个人的利益交汇也越来越密切，大家相互依存，谁也离不开谁，这是一个普遍的形势。我们不能再用"我兴你衰""零和博弈"等思维来看世界，看周围的人。

017 说到做到，绝对不能开空头支票

说到做到是一种决断，一种人格魅力的体现。人无信不立，语言上的巨人，行动上的矮子，招来的只能是讥笑。一味地言而无信，只能被人当作小丑看待。《史记》中说道："得黄金百，不如得季布一诺。"说的就是诚信的无价。

当贝索斯在董事会宣布亚马逊决定大幅削减商品价格，并对订购金额超过25美元的订单实行免邮费的政策后，所有人都觉得这是一个疯狂的决定。

这就意味着公司将为此支付巨大的开支，当这个政策实行的时候，所有人都认为这只是亚马逊公司的一个噱头，大家一直在等待这场闹剧的结束。

但是贝索斯接下来的行为更让人目瞪口呆，他宣布亚马逊将会继续在邮费上进行优惠。业内人士和消费者都觉得这是不可能的。贝索斯很快又推出了"亚马逊免邮费"计划：为顾客提供全年7美元无限次的配送服务。无论是宣传策略也好，一时之计也好，亚马逊确实把更多的钱留在了顾客的口袋里。贝索斯没有食言，即便这意味着巨额的花费。

日本管理学家秋尾森田说过:"不守信用的人如同酩酊大醉的酒鬼,满嘴都是胡言乱语。这样的人最后只能引来怀疑和嘲笑。即使他清醒过来,也不会有太大的改变。"事实也证明了贝索斯的决定是正确的。亚马逊已发展近20个年头,数以亿计的忠诚顾客被他招至麾下。2023年年底,在数百家美国企业的顾客满意度调查中,亚马逊名列前茅。

说到做到,体现的是一种诚信和信誉。有了这一点,个人才能在社会上立足,领导者才能在团队中建立威信。《论语》提出了"言而无信,不知其可也"的观点,意思是一个人如果不遵守自己的诺言,违背了契约,就不能赢得大家的认可,最后连立身之地都没有了。因此,领导者不能轻易许诺,一旦说了就要去实现。否则,必将失信于人,最后丧失领导权威。

我们经常碰到这种情况:领导者说加完班有奖励,但是没有;主管说完成这个大单就会有旅游,但是没有;上司说会升职加薪,但是没有。对此,一般员工往往是无可奈何,敢怒不敢言。长期这样做的后果就是,没有人再有动力继续为公司服务。

这种松散的制度,往往会让我们在日常生活和工作中做出很多承诺,由于是口头的,所以即使违背也无法追究。这最终将导致个人及企业公信力的缺失。

018 有能力没发挥,一切等于零

在我们身边,经常会看到这样一些人:有的人才华横溢,满腹经纶,但是一辈子却碌碌无为;有的人工作经验丰富,人生阅历丰富,却一直没有大的作为;有的人吃苦耐劳,任劳任怨,但是一辈子都以失败告终;而有的人有志向、有抱负、有理想,却平庸地度过了一生。

其实,并不是他们没有能力,只是他们没有找到发挥他们才能的地方。而决定他们命运的,正是他们自己。他们有能力,却没有发挥好,就等于没有能力，到头来一切等于零。每个人都有自己的优势，了解自己的优势，并通过适合的方法把它发挥出来，得到别人的认可，才能获得更大的上升空间，才能得到进一步的发展。

如果觉得自己是一匹千里马，请日行千里路；如果觉得自己是金子，不妨及时发光；如果觉得自己是一团火，请照亮你的周围。这样，伯乐才会发现你，你才有机会展现才能。否则，一切都是一纸空文，只是竹篮打水一场空。

哈维大学毕业之后，一直在银行上班。他毕业的院校是当地鼎鼎有名的一流学府，而且他参加过多次实习，得到实习单位的一致好评。而他本人，也一直认为自己可以胜任这份工作，因此，他对领导分配的一些任务总是马马虎虎，得过且过，有几次甚至造成了不小的损失。

一开始，领导认为他年轻气盛，只是简单地批评了一下，希望他早点进入工作状态，因为领导觉得他是一个不可多得的人才，想留住他。但是有一次，因为他的疏忽，银行损失了几百万的单子。领导十分气愤，决定辞退他。

哈维急忙辩解说："我有能力办好这件事，请再给我一次机会。"而领导却说："你本来是有能力办好这件事情的，但是你一次又一次地失误，错失了很多机会，你这种态度，到哪里都不会做好的。我还是决定开除你。"就这样，哈维丢掉了工作，这时候他才意识到：如果有能力不发挥，到哪里都得不到认可。

所以说，一个有能力的人，无论在什么地方，在什么样的公司里，都会让自己的能力爆发出来。只有敢于亮出自己的能力，才会让别人了解你的能力和优势，才会有进一步的发展；如果你空怀能力，却不去展现，那么，很可能永无出头之日，而你，也终会是一颗被埋没的金子。因此，有能力就发挥出来吧，只有这样，你才能够拥有灿烂的明天、光辉的未来。

019 老板把自己看得太高，就会被自己的员工看低

我们常常会遇见这样的一种情景：一个员工轻快地走在路上，看见走在前面的老板，突然心中一惊，立刻缩头慢步避开。吃饭的时候，偌大的餐厅里，只见领导形单影只地就餐，员工们刻意回避，领导周围却有很多的空位子。当然也会有另一种景象，吃饭的时候，领导身边永远都是那两三个人，赔着笑脸，"谄媚"地陪着吃。

就企业内部管理而言，与员工保持距离感，是不少领导强化自我权威的重要手段。在他们眼里，与员工保持一定的距离，可以让员工觉得自己很神秘，有助于确立自己的威信。因此，做领导的常常高处不胜寒。

但从某种意义上说，这种方式却有着更多"玩弄权术"的味道，往往上不了台面，难以发挥有效的作用。领导者之所以时常感到孤独，在很大程度上是管理的风格使然。摆脱孤独感，需要一个漫长的自我修养过程。在事业一帆风顺的时候，领导的孤单感可能尤为严重，特别是企业增长速度惊人，或是企业成为行业龙头老大的情况下，管理者很容易形成一种强烈的自我认同感。这种强烈的自我认同感，很可能使管理者完成由"人"到"神"的蜕变过程，别人把自己当神也就罢了，自己也可能飘飘然起来。这时候，作为领导，你看员工的眼神都是怪怪的，是用眼睛的余光看人，甚至表现出一种不屑一顾的神情。

一旦企业领导把自己当神时，企业就运行到了一座即将爆发的"休眠火山"之上，一旦某种诱因发生，企业就有可能遭遇灭顶之灾。这正是许多明星企业"昙花一现"的重要原因。领导高高在上，看不起自己的员工，只会让人心失衡，时间久了，肯定"树倒猢狲散"。

当企业的实力还没有达到一定水平的时候，过早地锋芒毕露，往往并不是什么好事情。有些做领导的，之所以不得人心，正是因为他们太把自

己当人物看，不屑于与员工为伍，或者光芒太盛，让别人避之不及。

所以，越是在事业一帆风顺的时候，做领导的越是要时刻提醒自己：我的光芒是否太耀眼了？我与员工是否渐行渐远了？放下矜持，走出宽敞豪华的办公室，主动与员工打成一片，展示一个真实的自我，并不会使你的威信减少，只要修养到位，就会使你的威信不断提升，孤独感也会不复存在。

做领导者的确孤独，做一个端着架子的领导者更孤独，要想摆脱孤独感，一定要记住：别把自己太当回事，别把自己看得太高。领导者的威信，不是靠职位权力获得的，而是靠自己的魅力赢得的。

020 细节决定成败，1%的错误会导致100%的错误

有一道小学数学题：$0.9 \times 0.9 \times 0.9 \times 0.9 \times 0.9 = ?$

答案很简单：0.59049。但是这仅仅是一道数学题吗？

大多数人都会觉得，能够以90%的完美度完成一件事情实属不易，但是当一个工作有了五个步骤，每个步骤都以90%完成，最后的结果一定是不及格。如果我们把0.9换成0.91呢？答案又是多少？结果是0.6240321。仅仅多一个百分点，结果就是一种质变。

万科公司有一句名言："我们1%的失误，对于客户而言，就是100%的损失。"这个理念被广为认同，并在业内广为流传。每个工作都是由无数个细节组成，一个细节的缺失就意味着客户体验的缺失，久而久之必定吃亏。

对产品质量来说，不是100分就是0分，没有第三种选择。农业部和交通部曾经向联想订购了500台电脑，6个月后交货，并且要求机器与汉卡捆绑，那么插槽就必不可少。最初为了按时交货，联想联系了一家香港的贸易公司购买，但是到货之后检查这批货发现他们把长插槽锯短了，完

全不符合质量要求。眼看6个月之内就要交货，联想只好以最快的速度购置一批合格的短插槽，并把它安装到500台机器里面去，然后把合格的机器，一台一台地送到客户那儿，把原来的次品给换回来。

韦尔奇说："质量是维护顾客忠诚的最好保证。"仅仅依靠花架子或者花大精力宣传永远不能获得长久的成功，只有从一点一滴做起才能让自己立于不败之地。联想的成功就在于，虽然产品随着历史的发展进行着改变，但对产品质量的不懈追求永远不变。

我们听过这样一句话："一招不慎，满盘皆输。"人们总是说，成大事者不拘小节，但实质上，每一件大事都是由一个个小的细节组成。万吨巨轮朝着目标航行，哪怕只偏离一点点，最终也会偏离航向。一只南美洲亚马孙河流域热带雨林中的蝴蝶，偶尔扇动几下翅膀，可以在两周以后引起美国德州的一场龙卷风。

一个错误的数据，可以导致整个报告成为一堆废纸；一个标点的错误，可以使几个通宵的心血白费；一个烟头的失误，可以导致一生的努力付诸东流，一生的命运彻底改变。可见，细节是多么重要，多么不可忽视。

021 把80%的精力投入到最具"生产力"的事情上

忙碌了一天，浑身疲惫，但是仔细一想，却觉得自己什么也没做；开了一天会，却发现自己什么也没记住；看了一天书，甚至连书名都不记得！也经常有这种情况：为员工组织培训，但是收效甚微；花了大量人力、物力组织宣传，业绩依然毫无起色。这种情况想必大家都经历过，但原因何在呢？实质上，这是一种时间与精力的巨大浪费。

你需要看书，还是你只是需要一个学习的姿态？开会的内容对你而言真的重要，还是你只是想表明你在忙？员工是否真的需要培训？我们关注的重点是宣传活动还是产品质量？

1897年，意大利经济学者帕托在研究英国人的收益模式时，惊讶地发现：大部分的财富流向了少数人手里。这引起了他的兴趣，接着他从早期的资料中发现，在其他的国家，都有这种微妙关系的身影。他把这总结为"二八定律"，即在任何一组事物中，最重要的只占20%，其余80%都是次要的。

反映到管理学上，就是指通常一个企业80%的利润来自它20%的项目。所以面对这关键的20%，我们需要投入80%的精力。

当你觉得自己付出了却毫无收获的时候，不妨想一想自己的精力用在了哪里，是不是用在了自己最需要提升的部分。一个人的精力有限，不可能照顾到所有角度；而一个公司资源有限，不可能全面提升各个方面。就好比一棵果树，只有把多余的枝杈剪掉，才能保证枝杈生出让人足够满意的果实。

总之，千言万语汇成一句老话："好钢用在刀刃上。"

022 执行力的兑现不是人，不是事，而是时间

"不积跬步，无以至千里；不积小流，无以成江海。"这句古话告诫我们，无论什么事情，都要认真去做，只有踏踏实实地去执行，才会取得成功。在这里，执行也是一种能力，叫作执行力。执行力是企业竞争的核心，它指的是企业所贯彻的战略意图，完成预定目标的操作能力，是企业把目标、战略意图转化为效益的关键步骤。

执行力，并不仅仅指上级派某个人去解决某个问题，而是一个企业坚持不懈，充分利用手头的资源，给企业带来最大的效益，执行能力往往体现在时间上。试想一下，如果我们做任何事情都只有三分钟热度，必然成功不了。

改革开放之初，中国市场广阔，劳动力成本低，很多行业还处于刚刚

起步的阶段，蕴藏着无限的商机。远在泰国曼谷的泰国正大集团是一个立足泰国当地的饲料公司，其董事长爱国华侨谢国民捷足先登领取了深圳第1号外商投资企业的营业执照，投资1500万美元建立了第一家现代化的饲料和养鸡公司，成为来华投资最早的外商企业。这一举措使得正大集团很快在全球范围内成立了几百家分公司，取得了巨大的成功。

现在的市场竞争异常激烈，公司如果执行力不强，错过时机，产品就争取不到自己的市场份额。1987年，宗庆后奔走在杭州的街头推销冰棒，在送货的过程中，他了解到很多孩子食欲不振、营养不良，这已经成为家长们最头痛的问题。于是宗庆后借款14万元，组织专家和科研人员，开发出了第一个专供儿童饮用的营养品。宗庆后认为，"做企业要有这些素质，特别是在中国市场上，那就是：诗人的想像力、科学家的敏锐、哲学家的头脑、战略家的本领"。

如果说，娃哈哈有什么成功秘诀的话，那就是坚定的执行力。只要有想法，就会立刻去执行，毫不拖延。遇到困难也毫不气馁，坚持不懈。

做任何事情，解决任何问题，都需要一个过程，都是循序渐进，不是一步到位的。有很多企业的老板都缺少这样的心态，做事急功近利，一味追求结果。其实，一个企业真正想要做大做强，是一个长期的工程，不是一朝一夕能够完成的。

一个企业就算拥有再完美的方案，再伟大的构想，再强大的团队，占据再有前途的行业，如果政策不能被坚定地执行，到头来也是竹篮打水一场空，永远只能停留在纸上谈兵的阶段。

一个品牌，从生产到上市，再到出名，至少需要几年的时间，但是很少有公司能坚持这么长的时间，并不是他们的产品质量不好、企业的领导者领导能力差、团队没实力，而是他们都无法在没有回报的情况下坚持这么久，归根结底，他们缺乏执行力。优秀企业与一般企业的差距也就在执行力上凸显出来，谁的执行力强，谁就做得更好。

因此，一个企业要想在激烈的市场竞争中生存，就要提高企业的执行力。不仅要提高企业每一位员工的执行力，而且要提高每一个部门的整体执行力，只有这样，企业才会有系统的执行力，才会塑造出强大的竞争力，从而在市场上立于不败之地。

❿ 对自己一手打造的事业，要 24 小时负责

俗语说得好：麻雀虽小，五脏俱全。一个公司，无论大小，所有的运营工作都不因为公司小而简化，反而因为规模小，人手少，每个人的工作更加繁杂，因此公司的老板不能因为公司小而放松管理，一定要把握自己的地位和权力，一丝一毫都不可以放松懈怠。

一个企业能在残酷的竞争中生存下来，背后一定会有一个强大的老板做支撑。北京天下书盟文化传媒股份有限公司蔡雷平说："老板是一个公司的主心骨，是掌舵人，是公司的第一责任人。"一个老板，无论企业的大小，都要对公司的各个部分了如指掌，变成全能型人才，全面掌控公司的所有权力和责任，只有这样，才能在艰难的经济环境下得以生存。

作为老板，在拥有支配资源权的同时，也必须承担相应的责任，这样，才能在困境中带领团队走出阴影，在胜利时带领团队做出更大的成就。特别是一些年轻的老板，公司做大做强了之后，也不能因此放松警惕，要时时刻刻保持高度的责任心，这样才会在以后的发展中一帆风顺。

一个公司在做大做强之后，乃是开始，而不是结束。作为一个年轻的老板，对自己一手打造的企业，无论在何时，都要全面负责。其实，无论做哪一行，任何一个领导者都要有高度的责任感，拥有了责任感之后，领导人做事才会深思熟虑，才会高瞻远瞩，才会做出有利于企业的决策。

领导者，顾名思义，先要"领"，然后才能"导"。如果连引领的能力都没有，又怎么能当一个称职的老板，管理好一个公司呢？"领"的能力就体现在责任心上，有责任心的领导人，才会获得公司员工信赖，才会赢得员工的认可，才会在员工中树立威信，才能真正引领企业走向阳光

大道。

在这个世界上，永远没有免费的午餐。没有强烈的责任心，便不会取得好的结果。要时刻对自己负责，对自己的企业负责，对自己的梦想负责，只有这样，才会有成功的可能。

024 好员工不是管出来的，而是赞出来的

有这样一个小故事，值得每一位管理者深思：

有一家人正围着餐桌吃晚饭，孩子的母亲从厨房走出来，手里没有拿碗筷，而是拿着一把稻草。全家人十分惊讶，孩子的父亲问："你拿稻草干什么？"孩子的母亲淡淡地说："我每天为全家人做饭，已经做了十几年了，你们从老到小，从来没有人给我一句夸奖，难道我是在给你们吃稻草吗？"连无私奉献的伟大母亲都渴望得到一句夸奖，何况是一名员工呢？

洛克菲勒从贫穷的人变成亿万富翁，靠的不仅是敏锐的商业嗅觉，还与懂得赞美员工有很大关系。当年，美国工人极度仇视资本家，经常掀起罢工浪潮。洛克菲勒的石油公司也深受罢工浪潮之苦，罢工导致公司陷入停业状态，工人们还声称要把洛克菲勒吊死在苹果树上。

为了挽救极度不利的局面，洛克菲勒花了几个星期的时间，深入工人中去，了解他们的工作，公开发表演讲，并毫不吝啬地夸奖他们。没想到，夸奖产生了神奇的效果，不但平息了工人的仇恨，还使洛克菲勒在工人中赢得了威望，拉近了与工人之间的距离。

从那以后，洛克菲勒认识到赞美的重要性，开始运用赞美去管理员工。而在这之前，他所采用的是"管"，但是实践已经证明好员工不是管出来的，而是赞美出来的。

在管理中，你是否赞美过你的员工呢？要知道，赞美是最好的激励方式之一。如果你能充分利用赞美的艺术，表达对下属的认可和信任，就能有效地提高下属的工作效率。因为赞美能满足人渴望被认可的心理，可以激发人的自信心，使人产生无限的激情和动力。

美国著名的女企业家玫琳凯·艾施认为，要想让员工为工作发挥作用，控制和监督不是最好的方法，最好的方法是赞美。很多时候，赞美比金钱更能产生激励作用。金钱带给员工的激励是有限的，而赞美带给员工的激励是无限的。当你赞扬员工时，不仅使他自身的价值得到认可和重视，同时，还能使他的自尊心得到满足。所以说，赞美是最节省成本的激励方式。

025 引入"鲶鱼"，让团队"慌"起来

心理学上有个"鲶鱼效应"，说的是渔民在出海捕获沙丁鱼之后，为了让沙丁鱼活着回到港口，在鱼槽里放了几条鲶鱼。因为鲶鱼是食肉鱼，放进鱼槽后，它们会四处游动，到处找小鱼吃，这就迫使沙丁鱼四处游动，最后它们果真活蹦乱跳地回到了港口。

其实，企业用人也是同样的道理。如果一个公司长期人员固定，没有新员工加入，员工之间没有竞争，就容易懈怠。因此，适当引入"鲶鱼"型员工，在公司内部制造一种竞争的气氛，有助于企业员工焕发生机与活力。"鲶鱼"既指有竞争力的员工，也指外部的竞争氛围。

20世纪60年代末，某公司采取多种经营策略进入了计算机市场，公司研制的键盘式计算机在推出初期获得了很好的反响，但是好景不长，公司的竞争对手推出的小型计算机质优价廉，迅速占领了市场，使得该公司的产品销路不畅。公司为了应对竞争，仓促研制新产品，但由于缺乏合理

性，公司出现巨额赤字，濒临倒闭。

为了挽救败局，公司董事会决定，把公司面临的竞争压力和危机告诉全体员工，呼吁他们团结起来，背水一战。这一做法使得那些往日高枕无忧的员工紧张起来，他们开始动脑筋，为公司的发展提新建议、新方案，工作积极性被充分调动起来，6年后，该公司成功摆脱了困境。

来自外部的竞争压力就像一条"鲶鱼"，可以促使公司内部产生危机感，使得员工们不得不"动起来"，积极为公司的发展出谋划策。竞争压力带给员工的激励作用是显而易见的，能使员工摆脱安逸的心态，认清残酷的现实，从而与企业同舟共济，再续辉煌。

026 适当地有点"架子"，无可非议

说到老板、管理者，很多人的感觉是"架子大""官气十足"。当然，有些公司领导也不爱摆架子，他们表现得平易近人、和蔼可亲，和员工打成一片。事实上，领导爱摆个"架子"，并没有什么不妥，适当地摆点架子，反而还有一些好处。

第一，可以显示领导者的权力威严。

许多领导者有意识地与下属保持距离，让下属意识到公司权力等级的存在，从而感受到领导的威严。这样做对巩固自己的领导地位、推行制度和政策是非常有必要的。假如领导者过分随和，不注意在下属面前树立权威，下属可能会忽视老板的权威，拖延完成老板下达的任务，甚至根本不把老板的话放在眼里，肆意违背公司制度和老板的命令。

第二，可以增加领导者的神秘感。

领导者处于各种利益、矛盾的焦点上，如果想实现自己的目的，就必须学会掩藏自己的真实意图，使自己的心机不被识破。如果员工轻易就摸

透了老板的心理，可能会危及或破坏上司的意图，甚至利用老板以达到自己的目的。因此，领导者适当摆摆架子，可以增加自己的神秘感，让人无法轻易猜透。由此可见，摆架子并非炫耀，而是一种自我防范策略。

第三，可以增强领导者的形象魅力。

一位杰出的政治家曾说过，群众都有服从权威的心理倾向。领导者通过摆架子，可以更好地表现出自信心、意志力以及傲视群雄的姿态和凌驾于众人之上的霸气，从而使自己显得更有魅力，更有领导者的风范，这样便于唤起别人的敬佩和好感。

027 最危险的"敌人"往往来自内部

《论语》中有一句非常著名的话："今由与求也，相夫子，远人不服而不能来也；邦分崩离析而不能守也；而谋动干戈于邦内，吾恐季孙之忧，不在颛臾，而在萧墙之内也。"意思是说，季家最大的烦恼，不在边区的小国家，而在萧墙之内，在季家兄弟之间。

在现实生活中，经常会有似是而非的现象，干扰、混淆领导者的视听；而那些内部的"敌人"，也经常会制造假象来迷惑上司，让其做出错误的判断，造成对下属赏罚的失误。内部敌人最熟悉企业的情况，最了解老板的信息，因而办事会"对症下药"，轻而易举地瞒天过海，可见，他们才是最危险的"敌人"；而那些看起来最危险的竞争对手，却没有那么可怕，因为他们的目标比较明确，动机比较单纯，老板容易把握，可以及时进行反击。

真功夫是知名的中式快餐品牌，于1990年创办。它曾经是中国直营店数最多、规模最大的中式快餐连锁企业。它由蔡达标以及其前妻的弟弟合伙创立，两个人分别为真功夫公司的两大股东。

开始，两个人的合作还是非常顺利的。但是后来，蔡达标与妻子离婚，妻子放弃25%的股权，后来由于一些事情，她想要回当时的股份。随后，其弟也开始上告蔡达标，并要求公开真功夫内部的财务账册。2011年蔡达标被捕。此后不久，公司用于存放公章、财务章的两个保险柜被盗，从此内斗就进入了白热化的状态。

显而易见，经过此次内讧，真功夫必定元气大伤。因为在企业内部，有人用心险恶，欺骗上级，上级领导往往不能轻易察觉，很容易上当，这样，内部敌人在下面作威作福，最终会造成巨大的损失。

外部的敌人，领导者尚可提防，而内部的敌人，一般都是领导者面前的红人，一旦他有忤逆之心，完全可以对下属飞扬跋扈，对领导虚报信息，欺上瞒下，胡作非为，扰乱视听。长此以往，公司肯定会被这些别有用心的人弄得乌烟瘴气，一团混乱。

韩非子曾提出"托于似类"的观点，意思是说，下属欺骗上级，会掩盖事实真相，从而获得个人利益。可见，对于任何人，管理者都要严加防范。虽然我们经常提倡，要"用人不疑，疑人不用"，但在现在的企业管理中，情况往往无比复杂，所以，领导者还是应该多加小心，有所防范，因为最危险的敌人，往往就在公司的内部。

028 打造自己的"嫡系部队"

常言道：单丝不成线，独木不成林。行走江湖，终究需要"一个好汉三个帮"。一个人的精力是有限的，领导者不可能既顾好前台接待，又顾好后勤保障。即使强如诸葛亮，也会禁不住事必躬亲，命丧五丈原。

一个优秀的企业领导者，一定有一支优秀的队伍，才能令行禁止，指哪打哪。领导不在于某项技术很精通，首先他要有一种凝聚力，能把周围的人才聚集到身边；其次要知人善用，发挥人们应有的水平。如果不能正确地识人、用人，后果将不堪设想。

泛洋集团的创始人兼董事长朴健硕于1966年筹集巨资，成立了泛洋商船海运公司，专门从事运油的买卖。他利用自己父亲的关系与政府建立密切的联系，取得了多种项目的专营权，鼎盛时期曾拥有大小船舶84艘，资产总额达5400万美元。这样一个大企业，最终也黯然倒闭。

究其原因，就是事业发展的过程中，朴健硕找到大学同学韩相渊，让其掌握着泛洋集团的经营大权。朴健硕对他无比信任，甚至连家庭财务也不对他隐瞒。然而，利欲熏心的韩相渊不满足自己得到的财富，大肆侵吞公司财产，从此，泛洋集团的财务状况和经营状况急剧恶化。

就在朴健硕着手对付韩相渊时，韩相渊决定先下手为强，搜集各种材料，向税务当局揭露了朴健硕逃税、转移外汇的证据。就这样，朴健硕被韩相渊推进了深渊。

朴健硕的例子很具有代表性，这是典型的放权而不能收权，这是一个领导者最为忌讳的事情。若是下属品行良好则可，一旦下属起了歹心，作为领导毫无办法。

所以在打造自己的"嫡系部队"的时候，一定要注意以下几点：

首先，坚持以德为先。权力是一把利剑，会伤害敌人，也会伤害自己，而优秀的品德就是一柄剑鞘，至少能保护自己不受伤。

其次，要有相应的制约措施。不但要学会把权力分出去，还要有把权力关回笼子的能力。要有相应的监督机制、问责机制，才能保证自己的嫡系部队始终以自己为核心。

只有这样，才能打造真正属于自己的坚强团队，面对各种问题时才能胸有成竹。这样的团队才是真正的"嫡系部队"，为自己保驾护航。

029 老板的愚蠢，不是没有发现陷阱，而是第二次又掉了进去

看过《西游记》的人，都有这样的困惑：在一些妖怪假装的凡人面前，唐僧屡次不听孙悟空的劝告，偏偏要去救他们，以至于总是被妖怪捉走，害得徒弟们一次次大费周折去救他，唐僧为什么就不能吃一堑，长一智呢？

事实上，不能吃一堑，长一智这样的错误也总在企业身上发生。几年前，中国乳业发生了三聚氰胺事件，大至整个乳业，小到一个普通的奶农，都受到巨大影响：奶农杀死奶牛，整个行业全部亏损。企业认为，三聚氰胺是奶农违规添加的，主要目的是使牛奶质量达标。奶农则反驳道：他们没有往里面添加如此多的三聚氰胺，事件的主要责任在企业。

孰对孰错，暂且先不讨论。自三聚氰胺事件出现之后，中国人对国产奶制品的信任度大大降低，一度出现奶制品滞销的局面，而现在，进口的奶粉销量日趋上升，家长不惜重金购买昂贵的进口奶粉，也不选择价格低廉的国产奶粉，造成这一现象的根源是什么？恰恰是中国乳业自身。

想要从根本上解决这一问题，只能靠自己。如果我们还不吃一堑，长一智，继续违规生产不合格产品，那么，中国乳业便永无出头之日。事隔几年，中国乳业偶尔还是会出现一些事故。而中国的奶制品，仍然没有得到中国人的信任。这些企业需要做的就是反思。

每年新成立的企业成千上万，但是为什么成功的企业如此之少？恐怕很大一部分原因是老板不善于总结，重复犯同样的错误，最终被淘汰掉。犯错误不可避免，但是同样的错误犯第二次，这就无法原谅了。管理企业并不像做数学题，错了可以改，再错还可以再改，有时候，一次失误就会让企业一败涂地，何况一而再，再而三地犯同样的错误呢？

我们都知道，失败是成功之母，从失败中确实可以吸取经验和教训，这些经验和教训是未来发展的重要基础。对于一个企业来说，杜绝犯错误是不太可能的，但是，企业可以减少犯错误的次数，只有少犯同样的错误，企业才能把更多的时间和精力放到发展上，而不总是在改正错误上。

030 以权压人，并非理智的选择

很多企业管理者习惯以权压人，他们认为，管理者就应该高高在上，颐指气使地指挥下属，否则就失去了领导的威信。因此，他们时时处处对员工发"威"。通常而言，管理者以权压人的表现有以下两点：

（1）经常强硬地命令员工，比如说："我叫你怎么做，就怎么做，如果做不好，我就开除你。"这样往往会伤害员工的自尊心，引起员工的抵触情绪，只能收到相反的效果。

（2）在态度上漠视员工。对于员工的意见，不予理睬；对于员工的需求，不予尊重。这样只会导致员工反感和不配合，使管理严重失灵。

毫无疑问，以权压人的管理方式很难达到管人的目的。只有改变管理方式，在管理中多一点人性关怀，多一点尊重和理解，才能真正赢得员工的拥戴。

有一家钢铁公司出现了员工消极怠工的现象，老板心急如焚，绞尽脑汁出台措施，制定了严厉的奖惩条律，比如，员工完不成任务，扣发工资；粗暴地斥责犯错的员工，以施加压力。然而，这样做并没有取得预想的管理效果。走投无路之际，老板请来一位管理专家，让他帮忙诊断、解决公司存在的问题。管理专家来到公司后，在公司转悠了几圈，便找到了问题的根源。他对公司老板说："你们要做的，就是把每个男员工当成绅士来对待，把每个女员工当成高贵的女士来对待。具体怎么做，我已经写在了这张纸上，你照办就行。"说完，他递给老板一张纸。

上面写道:"尊重、爱护每一位员工,关怀他们、倾听他们、信任他们、赞赏他们……"老板没想到,自己觉得如此棘手的问题,居然用这么简单的办法就可以解决。他半信半疑地按照专家所说的做,一个月之后,他给管理专家打电话,说公司的问题解决了,员工工作积极性高涨,公司业绩有了很大的提高。

面对公司出现的问题,公司老板一开始采取强硬的措施,以权压人,可是没有收到任何效果。为什么会这样呢?因为哪里有压迫,哪里就有反抗,即使在现代企业中,反抗依然存在。只有把每个男员工当成绅士来对待,把每个女员工当成高贵的女士来对待,对员工表现出足够的尊重、爱护,这样,才能收到理想的管理效果。正所谓"管人不如管心",只有管住了员工的心,才能赢得员工的真心服从。

031 把表面的风光让给别人,把沉甸甸的利益留给自己

俗语说得好:人活一张脸,树活一张皮。人活着,说到底就是为了面子。作为一个企业的领导,管理着无数的员工,理应更注重表面风光,但是,有时候,却不能过于追求表面风光,适度示弱,把风光留给别人,可以换来巨大的利益。

任何事情都不是完全绝对的,在一些原则性问题上当然不应该示弱。但是在一些特殊的场合,却可以有意地进行改变,承认自己的短处,这不是软弱的表现,是一种高超的为人处世之道。

X公司和Y公司都是某大城市著名的建筑商,有一次,该城市为了开发某个地块,公开竞标,很快,其他的小公司都被淘汰掉了,只剩下这两家实力相当的公司。两家公司紧锣密鼓地部署着,都希望能把这个项目拿到手。

在设计方案会议上，两家公司各不相让，针锋相对，谁也不肯吃亏，总想表现出自己的优势，把对方压倒。一时间，上级领导也不知该把项目交给谁来做。就在这时候，Y公司好像开始落下风，会议上的表现也收敛了许多，仿佛是没有底气似的，不光如此，这家公司还经常表现出自己的不足之处，说自己还需要进一步学习。就在大家都觉得这个项目非X公司莫属的时候，结果出来了：Y公司最终得到了该项目的开发权。

大家对这个结果感到十分诧异，Y公司的老板却告诉他们：他早打听好了，上级领导不喜欢太过强势的人，因此，他后来就没有与X公司争夺表面的风光。因此，这个项目就顺理成章地落到Y公司手里。

在这个案例中，该公司老板就懂得取舍，把表面的风光留给了竞争对手，但是，笑到最后的人反而是他。在竞争对手面前可以适当示弱，对待下属也必须如此，不必要处处表现出作为领导者的强势之处，不要处处以领导者自居，一味自大自满，这样只会让下属产生反感之心，面服心不服。

作为一个领导者，本该注意言辞，平易近人，经常向下属表明：自己虽有过人的地方，但仍然是个平凡的人，现在取得的成绩是大家共同努力的结果，不是一人所为，公司的明天，仍然需要大家的共同努力。此外，要时常表扬下属，让下属感受到自己的重要性，让他们在公司感到很风光，这样，下属才会为你努力工作，才会为你创造巨大的利益。所以说，一个好的领导，不会一味追求表面的风光，而会把风光留给别人，这样，企业才会得到最大的利益。

032 放低姿态，让员工心甘情愿追随你

吴起是战国时期魏国的名将，他在镇守河西地区的27年中，与各诸侯国总共大战了76次，全胜64次，其余12次打成平手。这样的战绩可谓是

前无古人，后无来者。吴起为什么能取得如此骄人的战绩呢？这一方面归功于他卓越的军事才能，另一方面归功于他不凡的领导力。吴起有一句名言这么说："用兵要狠，爱兵要深。"也就是说，他带兵打仗时既要讲原则，又要对士兵充满人情味，让士兵对他又爱又怕，对他心服口服。

有一次，吴起在指挥军队与秦国作战的时候，两军在旷野上对峙，剑拔弩张，只要将帅一声令下，一场惨烈的战斗就会拉开序幕。而在吴起的军队中，有一个士兵武艺高强，作战骁勇，他未等吴起下令，就迫不及待地抢先挥刀冲向敌阵。大家还没搞清楚是怎么回事的时候，他就已经斩杀了两个敌兵。对于这样勇猛的士兵，吴起当即下令"斩之"。这时，军吏们一起劝说吴起不要斩杀这样的人才，吴起却说："材士则是也，非吾令也，斩之。"从那以后，再也没有士兵敢违抗吴起的命令。

而在平时，吴起虽然身为军队的统帅，他却和士兵穿一样的衣服，吃一样的伙食，睡觉不铺垫褥，行军不乘车骑马，并且亲自背负着捆扎好的粮食和士兵们同甘共苦。甚至有个士兵患了恶性毒疮，吴起还亲自为他吸吮脓液。吴起对士兵深切关怀，士兵愿以死相报，正是因为如此，吴起的军队才会充满凝聚力和战斗力，才能战无不胜。

在领导企业的过程中，如果常常自以为高高在上，只会让你显得冷酷、古板、不通情理；凡事都讲人情，又会让你显得没有原则，没有底线，不讲规矩。在企业管理中，过于坚持原则的领导者，往往不受人欢迎，而过于讲人情的领导者，往往没有威严，这两种领导都称不上优秀的领导者。

实际上，管理企业、管理员工与带兵打仗的道理如出一辙，既需要我们讲原则，按原则办事，按制度办事，又需要讲人情，需要对员工关怀和疼爱。只有这样，才能在企业中营造温馨感和归属感，从而让员工全身心地投入到工作中。讲人情、讲温情，是为了笼络人心，加深员工对企业的感情，以激发员工对企业的认同感和忠诚度。这两者对于管理好一个企业来说不可偏废。一个领导者想做好这两方面，关键在于把握好什么时候该讲原则，什么时候该讲人情。

033 推功揽过，让你成为下属心中的守护神

在管理界，存在着这样一种现象：当大家一起共同完成工作，取得优异成绩的时候，有些管理者总喜欢率先往自己脸上贴金，强调自己所起到的重要作用和付出，生怕下属把功劳抢去了，这种现象叫"抢功"或"揽功"。当大家一起共事，由于管理者指挥不周或下属执行不力出了问题时，有些管理者马上把过错归咎到下属头上，撇开自己应承担的责任，这种行为叫"推责"。

王经理是某地产公司的运营经理，他和下属一起，历经半年时间，完成了一个重要项目。当公司董事长来检查工作时，他夸夸其谈，把功劳全部揽在自己的头上，好像这项工作是他一个人完成的。

董事长大喜，当即表扬他，许诺给他种种奖励。下属们却不高兴了，他们对经理自私的行为非常愤怒，从此与他离心离德，不管运营经理做什么，他们都不愿意配合他。还有人暗中给上级写检举信，揭发他工作中所犯的错误……

其实，把集体的功劳往自己身上揽、把集体的错误往下属身上推，是两种极其愚蠢的行为。这样做只会让下属们觉得你太自私，然后对你敬而远之。即使你在工作中真的发挥了关键性的作用，付出了很多，也无须自我标榜，因为是你的功劳，下属自然会让给你。即使你指挥没有失误，完全是下属执行不力导致出了问题，你也无须推责。相反，你应该主动站出来，帮下属分担一定的责任。你越是低调推功、高调揽过，就越能赢得下属的敬重。

《菜根谭》中说："当与人同过，不当与人同功，同功则相忌；可与人共患难，不可与人共安乐，安乐则相仇。"意思就是，做人应该有和别人一同承担过失的勇气，而不应该有和别人共同分享功劳的念头。这句话告

诉我们，做人要有胸怀，而不要自私、计较，对管理者而言，非常有警示作用。

要知道，世界上大凡卓越的管理者，都懂得与别人分享美名、分享功劳，在他们还没成功的时候，懂得与别人分享利益；当他们成功之后，又懂得推功揽过，把功劳给大家，失误自己来承担。只有这样，才能赢得下属的信任和敬仰，才能让追随者心里踏实，只有这样才能凝聚人心，走向成功。

034 没有任何把握的情况下，血缘关系就是最好的保证

在一些大型家族企业中，一般公司最高领导人都是世代沿袭的，而一些重要的职务，也往往是由公司内部人员的亲属担任。这种雇佣关系是以血缘关系为前提的。这些全世界闻名又历史悠久的企业中，无一例外都是家族企业，充分证明以血缘关系为纽带而建立起来的家族企业，是有旺盛生命力的。

不但如此，在企业遇到特殊情况的时候，血缘关系也是最好的保证。"亲戚们"往往不会在企业处于危难的时候过河拆桥，弃之不顾，反而会义无反顾地帮助企业渡过难关。而且，这些亲戚，往往因为自己是内部人员，而比其他员工多一些责任感，会对企业的发展更加尽心尽力，任劳任怨。

台湾省有一家家族企业，叫台塑公司，公司的大股东是两个亲兄弟，而且企业内部重要的职位也是由他们的亲戚所担任的，像财务、会计之类的。这家以血缘关系建立起来的企业，从建立到发展至今，可谓是一帆风顺。

但是一度，该企业面临严重的财务危机，主要是因为一次工业事故，

造成产品次品率过高，企业决定面向社会回收产品。这一举动导致产品积压过于严重，资金流通受到阻碍，新产品生产受到限制，企业面临严重的困境，公司迫切需要一些资金周转。在这个关键的时候，平时的合作伙伴全都一哄而散，两兄弟和这些亲戚只好通过自己人找资金，希望得到援助。功夫不负有心人，弟弟妻子的一个亲戚愿意提供资金，还许诺不收取任何利息。在这位亲戚的帮助下，企业成功脱离险境，重新走入正轨。

打仗亲兄弟，上阵父子兵，从古到今都如此。企业中任人唯亲的好处就是，雇佣关系永远比不过血浓于水的亲情所建立起的关系。正是因为家族纽带的牢固、稳定，才有了台塑公司的兴旺发达。

虽然现在的家族企业中，都存在着"富不过三代"的魔咒，但是，家族企业存在的优势也是有目共睹的。成员之间的关系稳定、牢固，彼此之间信任度高，容易沟通，节约成本，大大降低了风险。这些都是家族企业常青的原因。

035 让权力与责任"如影随形"

在企业管理中，管理者经常讲到授权，但授权可以，万一出了问题，谁来承担责任呢？对此，有两种策略：一种是授权授责，即把相应的权力下放给下属，同时要求他承担相应的责任；二是授权留责，即把相应的权力下放给下属，但不授予其责任，如果出了问题，由管理者自己来承担。

其实，这两种授权方式皆有利弊。在授权授责之后，下属知道要承担责任，会产生一定的压力，这样可以增强其运用权力的责任感，防止其不负责任地滥用权力。但不利之处是，下属在行使权力的时候，会带着巨大的压力和精神负担，导致他畏首畏尾，不敢充分行使其被授予的权力，影响工作的效果。

而授权留责，一方面可以使下属感到领导者对他的信任，使他更放心、更大胆地行使被授予的权力，但由于出了问题无须承担后果，下属会缺少责任感和压力，以至于滥用权力，也达不到授权的理想效果。

那么，到底怎样的授权才能取得最佳效果呢？其实，最佳的授权方式是授权授责和授权留责相结合，既要让员工感到权力与责任如影随形，又要让员工抛下顾虑，放手去干。为此，管理者可以在授权的时候与下属讲明权责，同时，也可以告诉下属："放手去做吧，如果真的出了问题，不只是你一个人的责任，我也会帮你扛着，我是你的坚强后盾。"这样，就可以消除下属害怕承担责任的顾虑。

作为管理者，一定要认识到，当下属行使权力出了问题时，一定要及时站出来与下属一起承担责任。如果这个时候你推卸责任，抱怨下属无能，那么你无异于在打自己的嘴巴，因为是你把权力授予给他的，你授权失误的责任是首当其冲的。

所以，权力可以下放，但是下属出了问题，你必须承担责任，这也叫权力与责任如影随形。授权的权力和授权失误之后的责任，你都要一肩扛起来。否则，今后你授权给下属，下属还会放手去干吗？恐怕他们首先会想到明哲保身。

036 权力要做到收放自如

很多老板经常问："是集权好？还是放权好？"他们发现，把权力集中在自己手里，自己会很累，但是把权力下放给下属，他们又不放心。一句话："集权太费心，放权不放心。"因此，放权还是集权，成了老板的心事。当他们意识到应该放权时，又面临一个问题：该怎么放权？如何放权才不会失去控制？如何放权才能收放自如？关于这些疑问，不妨先看一看"管理大师"刘邦是怎么做的。

对于被萧何称之为"国士无双"的韩信，刘邦敢于放权给他，又能做到收放自如。自刘邦拜韩信为大将军之后,韩信手中经常握有数万军队,而且这支军队长期远离大本营。刘邦一直觉得韩信是心中的一块石头。到灭楚前夕,韩信的势力已经足以和刘邦、项羽相抗衡了。如果这个时候韩信背叛,刘邦必定叫天天不应,叫地地不灵,可是刘邦就敢大胆放权。

与此同时,刘邦经常盘算着如何有效地控制韩信,以免韩信背叛自己。为此,他使用了最有效的一招:每次韩信完成军事任务后,刘邦就收回韩信的军权。而且伴随着收权,刘邦都会给韩信爵位的升迁机会或其他安抚措施。这样一来,刘邦很好地达到了目的。

总的来说,刘邦在韩信身上之所以能做到权力收放自如,原因有三个:一是刘邦总是在最恰当的时机收权,容易被人理解为是形势所需,减弱了韩信的反感;二是韩信被拜为大将军甚至被封王,爵位步步高升,他感到心里踏实;三是刘邦对韩信的日常生活颇为关照,使韩信感受到了器重。相反,项羽听信谗言,一气之下收回范增的兵权,引起范增极大的反感,最后范增彻底对项羽失望,项羽兵败垓下也就在情理之中了。

通常情况下,越是才能出众的人越难驾驭。因此,放权容易收权难,但是该收权时必须收回来,因为不收意味着更大权力的丧失,甚至会架空老板的绝对领导地位。因此,无论怎样授权,老板都要保留企业发展的决策权,保留关乎企业发展的根本大计、关乎企业内部运作的根本思路、关乎企业命脉的权力。如果做不到这一点,一旦权力下放给下属,老板的权力就会被架空,企业的命运就难以掌握。

037 不要做遭人声讨的"暴君"

企业的领导者,都是经过无数的风雨坎坷之后才获得荣誉、地位和权力,他们身上必定会带有一些霸气和果敢,肯定有一些过人之处。但是,一些领导者在拥有了权力之后,往往会被权力冲昏了头脑,变得固执、自以为是、骄傲自大、一意孤行，成为名副其实的"专制君王""暴君"。

领导一旦成为暴君，会让下属不敢说真话，道路以目，会让整个公司制度如同摆设，会影响员工的工作积极性，同时还让领导者蒙蔽了双眼。当领导者听不到真话之后，企业必定走向死亡。

福特汽车公司中有一位管理者就是典型的例子。当公司聘请了詹姆斯·库兹恩斯之后，他确实是一位有作为的管理者，而公司的业绩有了明显的上升，形势一片良好。就在他的事业蒸蒸日上的时候，他却被胜利蒙住了双眼，变成了一位"暴君"。

他开始变得专制，甚至取消了经理制，公司的其他职务也形同虚设。公司的一切安排、一切事务，都由他自己一个人决定，他也从来不跟别人商量。在他的领导下，企业的风气也随着他的专制变得一团糟，制度相当混乱。

公司内部形成任人唯亲的局面，偌大的公司，竟然没有多少高学历的员工。设备停止更新，财务系统一片狼藉，员工工作状态懒散，福特公司的业绩急转直下。但是在这种情况下，他仍然专制独行，听不进去忠言，渐渐地，一些有能力的员工都另谋高就，最后，连他自己也开始厌倦，离开了福特公司。

1929 年，福特公司在美国汽车市场的占有率为 31.3%。到 1940 年，跌至 18.9%，可见，在他专制期间，公司的销量直线下降。由此可见，企业领导者实行暴政是多么可怕，如果不能及时改正，后果一定不堪设想。

专制可以通过一些措施来改善：首先，一定要任人唯贤，不要任人唯亲。多任用贤能的人，会让领导专制的苗头及时得到控制。其次，领导者要有意识地提高自己的才能，与时俱进，有能力、有学识的领导，往往能控制好自己的言行。最后，还要建立起相互制约的制度，起到相互管制的作用。

只有这几方面共同起作用，才可以让一个领导者减少成为"暴君"的可能，才会有利于企业的发展。而作为领导者，也要有这个意识，不要让自己成为遭人声讨的"暴君"。

038 私心不可有，野心不可无

随着时代的发展，野心不再是口头上的浮夸之词，而是一种雄心、一种目标、一种理想、一种高远的企图，是一种不达目的誓不罢休的气势。

一位企业领导者，必须有野心，有雄心，才会有动力，才会有闯劲，去带领员工创造新的辉煌。而与野心相对的是私心，它是十分不可取的。一个人有私心，那么，他只会考虑自己的利益，做任何事情都患得患失，很难得到他人的信任和依赖，不会成就大事业。

像索罗斯、李嘉诚等人，都称得上是野心家的代表。他们的骄人业绩，无一不是因为他们具有超人的野心。鲁迅说过，不在沉默中爆发，就在沉默中灭亡。如果一个企业的领导者没有雄心，没有野心，那么，他必定是一个失败者，一个碌碌无为的领导者。

研究创造行为的心理学家，将野心看作一种最有创造性的兴奋剂，他们相信野心在本质上就是充满活力的品质。一位哲学家说："自我实现是人类最崇高的需要之一。它从来都是人生的兴奋剂，是一种抑止人们半途而废的内在动力。自我实现的欲望越是强烈，一个人在他生活旅途中就越是信心百倍，成果卓然。"表现在生意场上，就是生意人要敢于"大胆下注"。的确，健康的野心乃是老板带领员工把公司做强做大的力量。但是，野心更要建立在理性思考和行动的基础之上，这是公司能否做强做大的分水岭。

野心不代表忘乎所以。随着暴利时代的结束，公司的故事似乎不再那么激动人心，大起大落，而是趋于平常。万通公司的冯仑深有感触地说："从创办公司到管理公司，'要有家庭主妇的心态'。你每天都打扫卫生，池子里都有没洗干净的碗，桌上还有没擦干净的灰，有了这样的心态才能管理好公司。"做公司需要激情，但激情不等于盲动，更不等于狂躁不安。

经营公司要踏踏实实，要科学管理，要冷静决策，要有一颗平常之心。不能动不动就赶英超美，向世界500强进军。

更需要注意的是，野心不可无，私心不可重。一个没有野心的领导者，是不会取得成功的。野心是领导者的一种优秀品质，也是企业进步的不竭动力。而在奋进的征途上，领导还需摒弃私心，坚持一切为公的原则去处置各种关系，制定各项决策，才能有组织地稳健发展。须知，私心是企业前进的绊脚石，是团队协作的最大障碍。尤其在人才任用上，坚持公开、公正的管理原则，建立透明化的组织运作与管理流程，是企业走向成功的关键。

039 影响力，比权力更可靠

有时候，企业内部会出现一些奇怪的现象：员工们不愿服从企业一把手的管理，却情愿追随那些值得信赖的中层领导。按常理来说，谁的权力更大，就会服从谁的领导、听从谁的指挥。那么为什么会出现这样违背常理的现象呢？

对领导者来说，权力是组织赋予的一种职责，具有强制力、公开性等特点。而在权力之外，领导者身上会因个人魅力、口才艺术等形成特定的影响力，影响员工的价值判断。显然，权力大的人影响力更大，如果领导者不善于用权，不懂得秉公执法，则会弱化自己的影响力，进而降低个人威信，不利于领导工作的开展。而那些权力不大的人，可能会因为独特的影响力对员工产生向心力，让有权力者望尘莫及。

事实上，领导者的影响力是受多方面影响的，例如个人习惯、生活习惯、说话方式、办事方式、待人接物等，都可以增强或弱化领导者的内在影响力。一个方面突出，一般不会形成巨大的影响，只有这些方面综合起来，才会形成巨大的影响力。

麦当劳的创始人雷·克洛克是一个非常具有影响力的管理者。他认为细节决定成败，一点一滴之处，是树立领导影响力的关键所在。因此，他平时的个人生活一丝不苟，生怕给员工留下坏影响。他穿着整齐干净、搭配到位，而且他为人处世恭敬大方，从不夸夸其谈，待人接物也尤为谦虚谨慎。

除了生活方面，工作上他也十分严谨，为了保证食品安全，他出台一个新规定，规定麦当劳公司员工的洗手方法。首先要用肥皂将手洗净，然后用公司内部专用消毒液再清洗一次，最后用烘干机烘干。严禁员工使用毛巾，这就从手上杜绝了细菌的传播。自从他出台这个规定之后，员工都会遵守，没有人违反这个规定。因为，大家都深受他的影响。也正是他这一严谨细致的工作理念，才会将麦当劳公司打造成世界一流的快餐店。

影响力是一种不可见的力量，很难进行量化，人们却可以感知到它。这种力量更像是一种信仰，会让其他人自然而然地相信你的判断、你的话语、你的行为。当然，我们不提倡利用个人影响力去做错误的事情，但是适当的个人影响力，往往有利于公司内部员工的团结一致，积极向上。

要提高领导者的影响力，除了做到注意个人习惯之外，一定要表里如一，言行一致。如果员工发现你说一套做一套，一定会在心里排斥你。而且，还要彬彬有礼。有影响力的领导都非常有礼貌，而且为人诚恳，这些，恰恰可以体现一个人的道德修养，有助于树立一个领导者的威信与影响力。

良好的影响力是一种巨大的财富，有了它之后，你的事业会一帆风顺，你的人缘也会更好，它比权力更可靠，也更重要。

040 将用人的"生杀大权"紧紧攥在自己手里

一个公司的成立、发展、壮大，最需要的就是一个强大的团队，一个优秀的领导者。团队员工的质量和水平，直接影响到一个企业的未来，企业领导最关心的地方也在此。一个新员工的加入，一个老员工的退出，都需要经过领导者的同意，这样，才能保证整个团队的战斗力。

古代那些有所作为的君王，无一不是将最高控制权掌握在自己手中。作为企业的领导者，也应该懂得这个道理，要把任用人才的"生杀大权"，紧紧握在自己手中。

有一个企业的总经理，对他的秘书十分器重，把很多事情都交给他去做，甚至是一些非常重要的事情也由他做决定。秘书不但掌握该企业的财务大权、部门各项政策的决定权，甚至还有人事决定权。

这个秘书掌握了人事大权后，就经常有人来找他，托关系把自己的亲戚、朋友安排进公司，或者要求升职、加薪。他本人也利用职务之便，将自己的亲朋安排到公司要职，当然这一切都是在总经理不知情的情况下发生的。就这样，秘书的周围逐渐地形成了"拥兵自重"的局面。

后来，公司内部有一个元老级的员工，把情况告诉了总经理，总经理听后及时补救，才没酿成大错。

试想一下，整个企业以秘书为中心，任人唯亲的风气盛行，长此以往会影响整个企业的发展，后果是非常严重的。所以对一个领导者来说，一定要牢牢掌握控制权，这才是一个领导建立团队、带领团队的基础，一旦权力丧失，自己的地位也就岌岌可危了。

一权在手，地位稳固；一权丧失，地位不保。企业领导者可以适当对下属授权，减轻自己的工作压力，但是一定要把用人的控制权掌握在自己手中，至少是知情的。要利用这一权力多为自己培养忠臣，建立起稳定的关系，稳固自己的地位。

041 把自己的决断变成集体的决策

很多企业在做重大决策时，通常由老板和几个高层来完成。这种决策方式往往会带来风险，因为决策者个人所掌握的信息有限，致使决策的严谨性和周密性不强；如果对未来形势的变化估计不足，就很容易做出错误的决策。

鉴于高层决策的此等弊端，企业更应该用群体决策代替个人决策，用民主的方式代替独断决策的方式，让更多人参与到决策过程中去。通过集思广益、群策群力的办法，发现自己不能解决的问题，解决自己不能发现的问题。

不过，集体决策也会产生许多问题，比如，延长决策时间，议而不决，甚至管理者的意见被否决，让管理者觉得很尴尬，等等。但这些问题不是原则本身的错误，而是操作上的不当造成的。只要在集体决策时注意以下几个问题，就能解决集体决策造成的弊端。

（1）限定主题，每次只做一个决策。

每次决策时，都要有明确的主题，你要把自己对目标的设想告诉决策的参与者，为大家指明方向，提供思路，防止参与者讨论问题时偏离主题，在细枝末节上纠缠不清，浪费时间。

（2）协调纷争，做到对事不对人。

在决策过程中，不同部门和个人对同一问题有不同的看法，因此，往往会从各自的角度提出不同意见，争论是不可避免的。管理者一定要清楚地表明一点：在决策中所有的争论都是针对具体的事情，而不是针对个人，希望大家不要带着情绪和别人争论。争论时，管理者要做好协调，避免争论过激，矛盾扩大。

（3）采取少数服从多数的原则进行决策。

面对意见不一、想法不同的集体决策，管理者最好采取少数服从多数的原则做出最终的决策。如果管理者不这么做，而是做出违背大多数人意见的决策，次数多了，以后决策时大家虽然参与了，也不会积极发表自己不同的观点，他们认为，反正我说了不同意见也白搭，老板不会重视，不会听我的意见，还是不说为好。这样，就导致集体决策失去了原有的效力。

042 削减员工的利益，最后吃亏的一定是企业

企业和员工是一个共同体，员工的利益与公司的效益息息相关。企业的成长，要依靠员工的成长来实现；员工的成长又要依靠企业这个平台。正所谓：企业兴，员工兴；企业衰，员工衰。当企业衰落时，一个部门经理年薪可能只能拿到10万，当企业兴盛时，同样一个部门经理可能年收入100万！

如果把员工比喻为一粒种子，那么公司则是培育这粒种子的沃土；如果公司是船，那么员工就是承载这只船的水，没有员工的努力与支持，公司的发展与辉煌无从谈起。所以，公司与员工实现的是一种"双赢模式"。

1999年3月，马云决定回到杭州重新创业。回去时，从杭州跟到北京的6个人一个不少，加上其他人一共18个人。当时马云只给他们3天时间考虑，回去的条件是每月只有500元工资。与此同时，各大互联网公司正好在招兵买马，但他们都跟着马云回到了杭州，大家把各自口袋里的钱掏出来，凑了50万元，开始创办阿里巴巴网站。

当时，他们没有办公室，就在马云家办公，把自己封闭在房间里，埋头苦干，每天工作16~18个小时。2007年11月6日，阿里巴巴在香港上市。为了这一天，有人等待了12年，有人等待了8年，还有很多人没有等到这一天。阿里巴巴创业时，IT精英蜂拥而至。其中不少人是为了阿里巴

巴的上市，这些人中的大部分没有等到这一天，他们或是在阿里巴巴的"冬天"逃走了，或是在阿里巴巴大裁员时被裁掉了。马云和他的"十八罗汉"以及阿里巴巴团队中的骨干不是为了上市、为了股份而来的，是为了"做一家伟大的公司"的理想欣然而至。

阿里巴巴成功上市，最高兴的恐怕是阿里巴巴的骨干创业者和员工。阿里巴巴上市造就的千万富翁就有千人之多。阿里巴巴集团旗下5家全资子公司的高管都成了千万富翁甚至亿万富翁。这是中国互联网企业历史上从未有过的造富运动。

当初跟随马云艰苦拼杀的阿里巴巴的创业者们，此后得到了超乎想象的回报。在创业初期，马云给他们的允诺是："阿里巴巴一旦成为上市公司，我们每一个人所付出的所有代价都会得到回报。"马云当年的允诺超值兑现了，但别忘了，马云当年最先给他们的允诺是"一天12个小时的苦活、不到2000元的低工资、苦难、屈辱和不被理解"。如果没有阿里巴巴的完美团队，相信阿里巴巴的今天绝对不会如此美好。从某种程度上来说，是整个团队的不离不弃、团结合作成就了阿里巴巴，而阿里巴巴的壮大也成就了员工。

只有让员工与公司同患难，员工才可能与公司同成长。最令人陶醉的成就，是与公司一起同舟共济、历经艰难取得的成就。如果员工能敬业负责，与公司一起同舟共济，那必是管理者和整个企业的福分。

043 把对新员工的培训当作一种投资

查看各大招聘网站，你会发现：几乎每一家公司在招聘时都要求应聘者有工作经验，有些公司甚至把工作经验当成一种不可妥协的原则，不招收没有经验的应聘者。站在公司的立场，虽然这个要求没有什么不妥，但这样很容易将那些有志于为公司效力的年轻人才拒之门外。

有些企业为那些自主性强的年轻人敞开大门，尽管他们没有工作经验，但是他们有学历，具备相当高的素质，充满了可塑性。当他们进入公司后，经过公司的培训，很快就能成为公司的骨干。

可是，众多企业并未意识到培训员工的重要性，他们渴望的是"招来即用型"的人才。遗憾的是，他们认为培训新员工会增加企业的成本，而招聘有经验的员工可以节省培训成本。这种目光短浅的做法往往会把优秀的、可培养的年轻人拒之门外，而流动来的"有工作经验"者，往往是从其他企业跳槽而来的，他们或许因不满原单位的薪酬、环境而跳槽，很容易又产生新的不满匆匆离去。这种"来也匆匆，去也匆匆"的现象，会严重影响企业的人员稳定，对企业造成间接的损失。所以，管理者不妨改变用人观念，把对新员工的培训当成一种投资。

事实上，对新员工进行培训，有利于他们掌握新知识、新技能，这种与时俱进的知识、理念是企业发展所需要的。尽管企业在培训新员工时，会支出一些费用，但从长远来看，经过培训的新员工会给企业带来巨大的回报。

摩托罗拉公司曾做过一次调查，表明每1美元的培训费用，在未来3年内可以获得40美元的回报。由此可见，在新员工的培训上投入一些成本，对企业而言利远大于弊。所以，管理者有必要重视员工培训对企业效益的重要性，改变"唯经验"论的用人思想。

044 既要能力非凡又要谦恭待人

很多人有了一定的能力、职位、权力之后，往往因为高傲、爱面子、怕被瞧不起等原因，变得傲气十足，无法做到谦恭待人。事实上，别人不会因为你谦恭待人而小瞧你，相反，大家会认为你充满亲和力，会对你产生好感和认可。

作为一名企业管理者，既要有过人的能力，也不能缺少谦恭待人的处事态度。然而在很多企业中，具备谦恭态度的管理者并不多见。也许在企业创业初期或陷入困境时，管理者能够谦恭待人，和下属打成一片，把下属当成兄弟一样对待，但是当企业处于稳步发展和上升期时，管理者往往会得意忘形，变得居功自傲、高高在上。这就是人性的弱点使然，这往往是管理者铸成大错或失败的重要原因。这一点在三国时期的刘备身上表现最为典型。

在基业初创时，刘备拜徐庶为师、三顾茅庐请诸葛亮出山、泣泪留赵云、三躬谢法正……之后刘备得到了西川，实现了与曹操、孙权三足鼎立。在西蜀称帝之前，刘备是非常谦恭的，这也使得他获得了很多人才的辅佐，也做出了很多英明的决策，由此才建立了西蜀的霸业。

然而，自从刘备当上了皇帝，他的谦恭之心就慢慢消退了，在治国与军事战略上逐渐变得独断专行，最终在失去关羽之后，一意孤行地远征东吴。面对诸葛亮、赵云等几乎所有大臣的劝谏，他置若罔闻，结果兵败白帝城，羞愤而亡，多年苦心经营的蜀国也逐步走向了衰落。

看完刘备的故事，再反观一些谦恭的帝王，比如周文王，为请姜子牙出山，他让姜子牙坐辇，自己拉车。后来在姜子牙的辅佐下，打下了维系近800年的大周江山。周文王退位后，周武王继承了这种谦恭的态度，最终覆灭了商纣，建立了大周王朝。尽管这个典故有演义的成分，但是周朝从周文王开始，就形成了谦恭待人、礼贤下士的良好作风，这是不争的事实，也是周朝可以长存近800年的重要原因。

在当今的企业管理中，如果管理者懂得谦恭待人，不仅可以赢得大家发自内心的赞同，还可以获得更多的建议、思想和智慧，从而使管理者更好地制定决策。

曾几何时，IBM是一个盛行官僚作风的公司，管理者听不到下面的声音，听到了下面的声音也置之不理。因此，制定的决策频繁失误，逐渐使企业陷入亏损状态。后来，郭士纳担任总裁，由于他是IT行业的门外汉，于是他采取谦恭的态度，不断向各部门征求和了解大家的意见、建议，虚心地向库管人员求教。渐渐地，他改变了员工对管理者的不信任态度，逐渐赢得了员工们的拥护和信任。最后，谦恭的态度如春风般吹拂了整个 IBM 管理层，吹散了 IBM 沉积多年的傲慢的官僚作风。

从 IBM 的案例中，我们可以发现一个管理者拥有谦恭的态度，对企业的发展有多么重要的意义。相比于管理者的能力，也许谦恭的态度更为重要，郭士纳不懂 IT 行业，却能管理好 IBM，这就是最好的证明。

045 在言谈举止中透露精明强干

有些管理者给下属的印象是说话掷地有声、做事雷厉风行。精明强干是管理者重要的内在气质之一。无论是说话办事，还是制定决策，管理者都应该做到干脆利落，绝不拖泥带水、朝令夕改。这是一个优秀管理者能力、魄力的最直接体现，对提升管理者的外在形象非常有利。

对于这样的管理者，下属往往会产生钦佩之情，因为跟着他们干事，能感受到一种高昂的斗志、激情和力量。你想成为这种精明强干的管理者吗？其实，这并非难事，只要你借鉴下面的建议，并经常训练，你会慢慢向精明强干的形象靠近。

在对下属演讲、做报告时，要表现得果断威严，充满震慑力。不管在哪种情况下，讲话都要一是一、二是二，绝对不要含糊。在做决定时，要么不要透露自己的想法，要么鲜明地表达立场和决策，这个时候最忌讳优柔寡断，那表明你心中没底或内心恐惧。

在关键时刻，要挺身而出，做一个英明的决断。这样才能增加你的感召力和影响力。倘若你平时派头十足，到了关键时刻却缩手缩脚，这个反差只会让你成为大家眼中的笑柄。当然，仅仅是果断决策是不够的，因为这不足以打造出精明强干的气质，你还需在工作的一点一滴中包装自己。

与下属交谈时，即使下属处于主动，你处于被动，你也不用担心被对方左右。当下属的意见与你相左,但你认为下属的意见对公司有利时,也不用急着表态,你可以从容地说:"让我思考一下。"这样一方面有时间从容思考和取舍,避免草率定案,另一方面也能增加你的权威形象。

在开始讲话之前,试着整理一下思路,先说什么,后说什么,应该有一定的计划;在会议的最后,抓住机会做总结性的发言,可以让下属觉得你具有深厚的功底;在发言中,使用极其明确的数字,可以让下属觉得你思维周密;在探讨专业话题时,使用通俗易懂的语言,会使下属对你产生好感;点菜时,面对菜单,如果你能当机立断,也能显得你精明强干;在等待约见的人时,手里拿着记事簿翻一翻,可以让人觉得你懂得充分利用时间;在接收物品时,可以放慢动作,这样可以让人觉得你是个从容不迫的"人物";背着光线面对下属,可以使你的形象看上去更为高大;在重要宴会等场合,与重要人物相邻而坐,可以让下属觉得你能力非凡。

046 不到万不得已,不要轻易解聘员工

解聘员工是管理者常见的管理活动之一。对于那些不符合公司要求、与公司价值相违背的员工,该解聘就要解聘,因为他们对公司而言,就是累赘。但管理者要注意的是,千万不要把解聘员工视为表现权威的方式,不要把解聘员工当成儿戏。若非万不得已,不要轻易解聘员工。

1974年,香港地产建筑业进入了萧条期,大量的建筑工人失业,建筑师们也无事可做,普遍面临着失业的危险。很多建筑公司纷纷辞退员工,但是香港合和实业有限公司总裁胡应湘却不这么做,他对建筑师们说:"当前是行业的困难期,也是我们公司的困难期,请大家原谅我,我不能给你们加薪。如果你们觉得工资待遇低,想离开,我不阻拦;如果你们没有更好的去处,我欢迎你们留下来,大家一起同舟共济,共同渡过难关。"

建筑师们听了这番话,很受感动,认为胡应湘虽然在工作上无比严

厉，但关键时刻，不轻易抛弃员工，也是一种善良、富有人情味的表现。从那以后，大家忠心耿耿地跟着胡应湘，成为他事业发展的中坚力量。

企业培养一个人才很难，丢掉一个人才非常容易，因此，胡应湘坚持"让员工为企业终身服务"的用人思想，不轻易解聘一个为公司服务多年的员工。当员工的表现不尽如人意时，他会像家长一样严厉地指教他，但不忘表达慈爱之心。当员工提出辞职要求时，他首先会反省自己，诚意挽留。这种做法值得每一位管理者学习。

047 宁要最合适的，不要最好的

什么样的人才是公司最青睐的？"经营之神"松下幸之助的答案是："70分的员工才是最好的员工。"为什么松下幸之助这么说呢？因为70分的员工具备可挖掘的潜力，有相当大的提升空间。而且相比90分乃至100分的人才，70分的人才心态上更加谦虚、平和，更容易接受公司的文化。

我们从不否认90分乃至100分的人才的价值，只是对大多数企业而言，提供给他们的薪酬，根本达不到他们的期望值。俗话说得好："人往高处走。"90分乃至100分的人才，往往心高气傲，稍有不顺就可能跳槽，企业很难长期留住他们。所以，适合的才是最好的。

比尔·盖茨创办微软初期，公司仅有5位年轻人，其中还包括一位刚刚大学毕业的女秘书，她作风散漫，在工作上表现得很糟糕。比尔·盖茨想招一位工作热心、事无巨细的总管式女秘书，这样他可以不被打扰，从而更好地投入到工作中去。

招聘信息发布之后，应聘者很多。大部分人在简历中自我吹嘘，说自己的学历多高、精力多充沛、经验多丰富。比尔·盖茨对这些应聘者毫无兴趣，反倒对一位42岁，家里有4个孩子的女士产生了兴趣。这位中年女士以前从事过短期的文秘工作，还从事过档案管理和会计工作，但是每份工作都干得不长，后来一直在家操持家务。

比尔·盖茨看完她的简历，立马眼前一亮，他非常肯定地说："打电话给她，她被录用了。"他的决定让同事们疑惑不解，为什么要录用这位女士呢？比尔·盖茨表示，公司在创业初期，内务管理方面的事正是他所欠缺的，这位年龄42岁的女士比起20多岁的年轻人，稳定性更好，而且操持家务多年，有内务管理的经验。她是4个孩子的母亲，对家一定有浓厚的感情，这种家庭观念一旦在工作中发挥出来，对公司的发展将起到非常重要的作用。从那以后，这位女士就成了比尔·盖茨的女秘书。

事实证明，比尔·盖茨的选择是正确的。这位中年女士上任后，对年仅21岁的董事长比尔·盖茨给予了非常大的帮助。比如，每次出差前，她都会督促比尔·盖茨提前15分钟到达机场。每次比尔·盖茨出差到外地，她都会在行李箱里准备一条毛毯，以便比尔·盖茨晚上睡觉时保暖。她把公司的每一项工作都看作家务，而且对每件事都投入感情，为此深得比尔·盖茨的赞誉。

马云曾经说过，不合适的人才，即使能力再强，他也不会要。用这种人才，就好比把飞机的引擎装在拖拉机上，完全不匹配。企业选择人才，宁要最合适的，不要最好的。用最好的人才，对企业而言是一种浪费，况且很多时候，最好的人才，不一定能干出最好的工作成果。反倒是最适合的人才，往往有让企业称心如意的表现。

048 用人是用来做事，而不是投老板所好

很多人抱怨：为什么踏实肯干的人往往得不到重用，而溜须拍马、不干实事的人却被老板器重呢？于是他们绞尽脑汁思考：怎样才能投老板所好？这种心理不得不让管理者反思："我有没有过分重用投自己所好之人，而轻视踏实肯干的员工？"

管理者也是人，也希望被员工重视，当员工投其所好时，管理者自然高兴，自然更容易接受他们。从管理学的角度来讲，领导者确实需要维护自己的权威性，让员工与自己保持一致，这是团队发展的需要。但这并不意味着重用投老板所好却不干实事的人，而轻视踏实肯干的员工。

作为一家企业的管理者，一定要清楚一点：招聘员工过来，是让他们干实事的，而不是让他们来逢迎拍马的。如果你见谁对你说好听的，就重用他，而不考虑他对企业所做的贡献，那么无形之中，你就很容易伤害那些真心为企业付出的员工，会使他们感到不满，影响他们工作的积极性。

所以，管理者一定不能误解下属的角色。要知道，你雇佣下属过来是为你创造业绩的，而不是雇来取悦你的。因此，不要根据员工与你关系的亲疏程度来使用人、提拔人、奖励人，而要根据员工对企业的贡献来评估员工，并给予相应的奖励措施，激发员工真干事、干实事的积极性，这样企业才能充满积极上进的工作氛围，这样的企业才是有希望的。

049 用人不可凭个人一时之喜恶

在企业用人时，有些管理者往往习惯于使用看得顺眼、与自己关系较好的人，而不愿意使用看起来不顺眼、与自己关系一般的人。他们选用人才的标准不是能力，而是关系的亲疏、个人的喜恶。这就很容易导致人才得不到重用，而庸才却被放在重要的位置上，致使工作无法顺利展开，企业经营难以维持下去。

优秀管理者在用人的时候，往往懂得"唯才是举"，即只要是有才能的人就重用。这样不仅保护了人才的积极性，使企业本身充满活力，重要的是能使员工目标一致，精诚团结。日本"经营之神"松下幸之助非常赞同"唯才是举"的用人策略，他发现人才后，往往会破格提拔。他认为，只要选对了人，公司就会繁荣发展。

在日本企业界，职位的升迁要看资历，破格提拔人才会遇到很大的阻力。因此，松下幸之助在提拔人才时，往往非常慎重，首先，他会和资历较老的员工进行沟通，让他们赞同提携新人。在松下幸之助看来，如果你不和资历老的人商量，而自顾自提拔新人，等于忽视了那些资历老的人，容易打消他们工作的积极性。

之后，松下幸之助任命新员工，他还会让资历较老的员工代表全体员工向那位新员工致贺词："我们发誓服从新课长的命令，勤奋地工作。"这样做，是为了提高新任课长的威信。松下幸之助强调，在提拔人才时，重要的是不能有私心，必须以个人能否胜任这份工作为依据。哪怕你曾讨厌过他，也不能因为个人恩怨而打压他。只要他是有才能的人，就应该加以提拔，这才是公平公道的做法，也必然会赢得下属们的理解和支持。

050 求全责备是用人大忌

人无完人，能力再强的人也有缺点与不足。关于这一点，管理学家德鲁克在《有效的管理者》一书中也有过论述："谁想在一个组织中任用没有缺点的人，这个组织最多是一个平庸的组织；谁想找'各方面都好'的人，结果只能找到无能的人。"

古往今来，大凡有见识、有能力的人，往往有着与众不同的个性，他们能力突出，但缺点也明显。比如，有才干的人往往恃才自傲；有魄力的人往往不拘常规；意志坚定的人往往固执己见；雷厉风行的人难免考虑不周……对于这些人，如果管理者只见其短而不见其长，一味地求全责备，不仅得不到优秀的人才，还会把公司的人才逼走。如果管理者不求全责备，能容人之短，量才受用，那么他们就会给公司做出大的贡献。

许清俊是台湾万有纸业股份有限公司的总经理，他成功的重要原因是善于用人。他不喜欢用所谓"老实""听话"的人，而是重用那些既有真才实学，又能开创新局面的人。尽管这些人身上有些"毛病"，管理阶层对其争议很大，甚至还有人反对，许清俊也会坚决使用，必要的时候还会委以重任。

硅谷流行一句话："边干边学，边败边学。"对于犯错的、失败的员工，管理者采取宽容的态度，试问，硅谷怎么能不成功呢？要知道，员工在执行的过程中，由于种种意想不到的原因，难免任务完成得不够出色，偶尔出现失误也是情有可原的，没有必要小题大做。正确的做法应该是，用宽容心来包容，帮员工分析失误的原因，总结经验教训，避免再犯同样的错误。这样才能鼓励更多的人才冒尖，施展才华，建功立业。

051 要管头管脚，不要从头管到脚

麦克是一家公司的老板，他每个月都会与员工核对公司的账目，每次他都会对财务经理克莱姆说："现在，我们来核对公司这个月的账目余额，确保公司的预算不超标。当你看到这一栏超过 150 000 美元或那一栏超过 3 700 美元时，或者当这两部分加起来超过……"

经过一个半小时的核对，麦克才清楚公司的账目有没有错误，预算有没有超标，清楚每一笔费用开支用在什么地方。但事实上，他只需要对克莱姆说："每个月的财务报表出来后，你把收支、余额、重大花费等几个项目制作出一个表格，然后交给我过目就可以了。"

很多管理者像麦克一样，希望对公司的事务了如指掌，当他们布置任务之后，希望员工按照他们交代的方法去做事，为此，他们时不时会监督一下，表现得不太信任员工。殊不知，这种从头管到脚的管理方式会产生很多弊端：过多的指点，让员工无所适从；员工总是在你的指导下做事，一旦没有你的指导就不会做事了，这样他们永远都无法成长，永远得不到锻炼；工作的自由度大大降低，自身的工作量反而增加。

杰克·韦尔奇在通用电气公司担任首席执行官时，有一次，公司组织登山活动。活动前一天，他给公司的高层管理人员做了一次有趣的培训。那天他给每个参与者提供了一顶耐克帽子、一双耐克鞋子。然后问大家："为什么今天给大家发帽子和鞋子？"

大家说："为明天的登山做准备。"

韦尔奇又问："如果我还发衣服乃至内衣内裤给你们，你们觉得怎么样？"

大家不约而同地"嘘"了一声，连连摇头说："不要，那样感觉怪怪的。"

韦尔奇说："对了。你们不想要，我也不应该给你们。其实，管理的道理就在于此，要管头管脚，但不能从头管到脚。这样，管理才会变得越来越简单。"

杰克·韦尔奇的话告诉我们：真正高明的管理者，懂得"管头管脚"，但绝不会"从头管到脚"。他们应该给员工足够的自由度，重视发挥下属的积极性与创造性。而所有拙劣的管理者都有一个通病，那就是绝对相信自己，却不放心下属，他们经常疑神疑鬼，并不礼貌地干预别人的工作。这样导致下属越来越束手束脚，时间长了，下属很容易对管理者产生依赖，而把自己最宝贵的主动性和创造性丢掉了。

如果管理者想医治这个"通病"，要把握好两个关键因素：

第一，搭建一个好的平台，让员工在信任的环境中做事。

身为管理者，必须给员工创造一个宽松、信任的工作环境，对此韦尔奇是这样说的："我的工作是为最优秀的员工提供最好的机会，同时最合理地分配资金，这就是全部。传达思想，分配资源，然后让开道路。"这样才能让员工的潜能迸发出来。

第二，让员工拿工作结果来见你，以工作成果来衡量成败。

越野比赛中，只要把起点、终点、比赛路线确定下来，每个人都可以按自己的方式去竞赛。至于谁先到达终点，为什么先到，谁后到达终点，为什么后到，这不是举办者操心的事情。其实，企业管理和越野比赛是一个道理。

美国不少高科技公司采取的就是弹性的工作方式：不规定员工每天干什么，只给员工一个任务，给出完成期限，具体过程由员工自己安排，最后以工作成果来衡量员工的业绩。在这种情况下，有能力、态度积极的员工，一般都会定时上交让领导较为满意的工作成果，而能力不行、工作态度不端正的员工，只能接受被淘汰的命运，谁都别想在公司"混"。这种管理模式简单有效，能把优秀员工的潜能激发出来，将落后的员工自动淘汰出局。

052 斤斤计较，难成大事

很多老板对员工斤斤计较，比如，不舍得创造良好的工作环境，不舍得给员工较高的工资待遇，对员工要求太苛刻，毫无理由地要求加班，却不给加班费，等等。对于这些，员工看在眼里，怒在心里，他们怎么可能死心塌地地跟着老板，尽职尽责地对待工作，为公司创造利润呢？

有一家公司经营不善，员工工作效率低下，公司效益也极差。于是，老板找到一位管理大师，并向他诉苦。管理大师只到他的公司走了一圈，心中便有底了。

管理大师问这位老板："你去菜市场买过菜吗？你是否注意到，卖菜的人总习惯于缺斤少两，而买菜的人也习惯于讨价还价？"老板说："是的，确实是这么回事，可是这与我经营公司有什么关系呢？"管理大师淡淡一笑，提醒道："你在经营企业的时候，是否也习惯于用买菜的方式来购买员工的生产力呢？"

老板有些吃惊，他瞪大眼睛看着管理大师，略有所懂。管理大师接着说："你一方面在员工的工资单上大动脑筋，千方百计地少给他们工资；另一方面，员工在工作态度上、工作效率上、工作质量上想方设法跟你缺斤少两,这就是说,员工虽然跟着你干,却没有努力干。你虽然花钱聘用他们,却没有足够的诚意,你们都在打着自己的小算盘。当然,最大的错在于你,你对员工斤斤计较,怎么奢望员工对你无私奉献呢?这才是你公司员工工作效率低,企业效益差的根源。"

这个案例所反映的问题很多企业都存在。每个企业的管理者都希望员工努力干活,却不想一想自己给了员工怎样的待遇,为员工创造了怎样的工作环境?在这种利益不对等的情况下,员工怎么可能拼命为企业创造价值呢?

所以,身为企业老板或管理者,千万不要斤斤计较地对待员工。苛责、压榨员工最终害的是企业,因为员工赚不到钱,员工感觉不值得为企业卖命,他们随时都可能离开,而企业要为此疲于招聘人才,这个成本管理者考虑过吗?

053 赋予下属更大的权力

康熙年间,郑成功之子趁吴三桂起兵反清之机,率军渡过台湾海峡,占领泉州、漳州、温州等地。消息传到皇宫时,康熙皇帝正在畅春园和诸多皇子练习射箭。他听到军报之后,只是说了一句"知道了",继续教皇子们射箭。

过了不久,战报又来了,说郑氏军队正在攻打台州。康熙依然轻描淡写地说了句"知道了"。又过了一会儿,战报又来了:整个台州失陷了。这种情况下,康熙仍然不慌不忙地指挥皇子们练习射箭。

诸皇子沉不住气了,他们放下弓箭,请求康熙降旨,让他们率军前去夺回失陷的地方。康熙镇静自若,他让皇子们继续练习射箭,皇子们不敢抗旨。之后,回到宫中,康熙才对诸皇子说:"北京距离福建有数千里之遥,消息传来需要时间,如果我盲目指挥你们前去,等你们到了那里,实际情况早就变了。我不降旨，是为了赋予督抚更大的权力，让他自行采取措施镇守地方。"皇子们恍然大悟。

不久，"三藩之乱"平息，台州也被收复了，郑氏军队撤出了福建一带，回到了台湾。

经营企业和治理国家的道理是一样的，管理者一定要信任下属，赋予他们更大的权力。值得注意的是，很多管理者把"赋予权力"与"授权"视为一个意思，这其实是对"赋予权力"的误解。那么，这两者之间到底有什么不同呢？

所谓授权，是指管理者将部分工作或相对不太重要的任务交给下属去完成，而赋予权力是指放松对下属的约束，使他们自主决策、自由发挥聪明才智，把工作尽可能干得卓有成效。

关于两者的区别，哈佛大学教授奎因·米勒认为："赋权是描述一种管理风格，其含义接近于授权，但如果严格定义，赋权是指下属获得决策和行动的权力，它意味着被赋权的人有很大程度的自主权和独立权。通过对其他人的赋权，一位领导者并不会因此而减少权力，反而会增加权力，特别是当整个组织发挥更大效力的时候。"

与授权相比，赋予权力体现了管理者对下属更大的宽容和信任。赋权要求管理者信任下属去完成工作，并且能在没有自己的干预下取得结果。赋权管理，做要比说难得多。能够赋权的管理者是消除了担忧的人，他们既然放权，就会充分地信任员工，让他们大展身手。

054 把恰当的工作分配给恰当的人

有些精明能干的老板、高层管理者，他们在办公室的时间很少，而是经常出去打球或外出旅行，但是公司的发展丝毫没有受到影响，公司的业务仍然能有条不紊地开展。试问，他们为什么能这么省心呢？他们有什么管理秘诀吗？其实，他们也没有特别的秘诀，只不过他们善于把恰当的工作交给恰当的员工去负责，让大家各司其职，各行其是。

打一个很简单的比喻，管理企业就像下象棋，老板就是"帅"，要做的就是根据"车、马、炮"的特点，给他们分配恰当的任务，让他们既相对独立作战，又相互配合，使他们发挥最大的作用。如果"帅"用不好这几个棋子，就算"车、马、炮"再厉害，也都是废物，完全发挥不出应有的作用。

有个老板刚创业的时候，手下员工只有十几人，那时候他经常深入一线，事必躬亲。后来公司做大了，他依然用原来的办法管理公司，经常忙到凌晨两点，他明显感到力不从心。终于有一天，他醒悟过来，觉得要改变策略。于是他把几个中层管理者叫到一起，给他们开了一个会。从今天开始，他退出对公司琐碎事务的管理。然后，他按照几个高层的特点，给他们相应的权限，让他们分别负责销售、行政事务、企业公关合作、招聘等工作。如果遇到重大事件，各高层无法独立决策，方才通知他。自从他解放了自己之后，公司运营一切正常，他感到轻松了许多，有更多的时间去旅游、运动，以及思考公司的长远发展。

军事家孙膑在排兵布阵方面是天才，如果让他手持长枪，与武士较量高下，恐怕是要送死的；张飞冲锋陷阵，勇冠三军，如果让他做军师，坐在军帐中运筹帷幄，肯定弄出大乱子。浪里白条张顺擅长在水中格斗，李逵擅长陆上厮杀，林冲擅长马上厮杀……让他们做自己最擅长的事情，他们才能把各自的优势发挥得淋漓尽致。

著名的管理咨询师马库斯·白金汉对大量的管理者研究后发现，平庸的管理者下跳棋，伟大的管理者下象棋。因为跳棋的棋子都一样的，走法也相同，可以彼此替换，而象棋的棋子的能力、功效不同，走法各异。伟大的管理者了解并且懂得让不同的员工做最适合自己的事情，他们善于整合员工，让大家既各司其职，又协调配合。

055 要有效地分配工作

管理者的主要任务是什么？如果要杰克·韦尔奇来回答这个问题，他会说："管理者的主要任务是分配工作。"为什么要分配工作呢？他认为分配工作和授权的好处是，可以使管理工作变得轻松起来，可以使管理者从一些费时的、重复性的、琐碎的工作中脱身出来，从而集中精力处理更重要的事务，比如长期的规划或新项目的开发等。

从杰克·韦尔奇的话中，我们可以发现：身为管理者，必须学会分配工作和授权，这样才不至于把自己弄得疲惫不堪。当然，只有当管理者学会了分配工作，员工才能有事可做，才能各司其职，公司才能有序地运转起来。

杰克·韦尔奇认为，是否善于分配工作和授权，是区分管理者是否优秀的关键因素。分配工作并授权给员工，是培养员工的最有效途径，你可以分配给员工富有挑战性的工作，也可以分配给员工不太困难的工作，这取决于你对员工能力、性格的了解。员工接受了你的授权，才有机会在实践中获得锻炼，充分体现自己的价值。

在分配工作的时候，管理者要考虑以下几个因素：

（1）某项工作适合分配给哪个员工。

优秀的管理者必定十分清楚每个员工的优点和不足，会根据员工的特点来分配工作。如果员工没有能力接受这项任务，那么，管理者不宜将这项工作分配给他，否则，工作分配是无效的。只有把工作分配给合适的员工，才能保证工作的顺利开展。

（2）明确告诉员工要完成什么任务。

对于分配的工作，你要有全面的了解，这样你才能清楚地传达给员工，让员工明确到底要做什么。很多管理者经常模糊、笼统地分配工作，致使员工完全不明白要做什么，导致无法达到管理者的预期要求。

（3）给员工足够的权力来完成某项工作。

当你分配给员工某项工作时，你必须给他相应的自主权，这意味着员工可以自主地选择何种方法完成这项工作。这一步是员工完成工作的关键，如果没有授权，只有分配工作，员工将难以完成你的使命。

（4）让员工明白工作要做到什么样的效果，讲清楚评估的标准。

在分配工作时，管理者有必要讲清楚对员工的期望：我希望你把工作做成什么样的效果，并告知员工评估的标准，以便员工完成工作之后，管理者进行评估、嘉奖。

056 让别人有赚头，自己才有赚头

经商的目的是赚钱，可是一旦涉及利益时，人自私的本性就表现得淋漓尽致。多少人与别人合作经商，到最后因为利益分配问题产生矛盾，导致朋友反目成仇？多少老板与人合作时，因为不愿意多让利一点，导致合作商不满，最后终止与他们合作？其实，真正做大事的人绝不会在小钱上斤斤计较，相反，他们懂得一个最简单的道理：让别人有赚头，自己才有赚头。

当年，胡雪岩的钱庄生意做大之后，开始把目光集中在漕运上，但是进军这个行业，意味着抢漕运行业其他同行的饭碗，很容易引起他们的不满。即使同行忌惮他的经济实力和政治背景，敢怒而不敢言，但也无法保证他们背地里不会使阴招暗算他。因此，胡雪岩决定采取措施安抚一下同行，他是怎么做的呢？

胡雪岩知道这些同行资本小、底子薄，于是主动提出贷款给他们，让他们到乡村去收购粮食，而费用由自己承担一半。这样，胡雪岩把实力不济的同行笼络到手下，让他们安心地经营自己的生意。同时，他也能在贷

款和运输中赚一部分利润。当然，最重要的是这样保证了整个江浙地区粮食市场秩序的稳定。

因此，表面上看胡雪岩少赚了钱，但实际上，他不但赚了好名声，而且牢牢控制了那些实力较弱的商户，可谓一箭三雕。

有一句非常流行的俗语："前半夜想想自己，后半夜想想别人。"在商业经营中，要经常想一想：别人为什么愿意与你合作？如果他们没钱赚，你让他们怎么与你合作？所以，要想取之，必先予之，这就是"舍得"的智慧。

有人曾问李泽楷："你父亲教了你哪些成功赚钱的秘诀？"李泽楷说，他父亲没有教他什么赚钱的秘诀，只教他一些做人的道理。据说李嘉诚曾经对李泽楷说："你和别人合作，假如你拿七分合理，八分也可以，那最后拿六分就可以了。"

李嘉诚的意思很明显，就是让别人多赚几分。很多人知道与李嘉诚合作能赚得到便宜，因此，都愿意与他合作。试想一下，虽然他只拿了六分，但是现在多了100个人与他合作，他多拿了多少分呢？假如他每次必拿八分，不让别人多赚一点，100个合作伙伴可能变成5个，结果亏的是他自己。因此，把眼光放长远一点吧，让别人有赚头，你才有赚头。

057 资产只是一个数字，人才是真正的财富

孟子说过：天时不如地利，地利不如人和。在一个企业里面，资产永远只代表具体的财富，而人才却是无尽的宝藏。一个企业的发展，关键在人，没有人才，企业会停滞不前，没有人才，企业会毫无创造力，没有人才，企业会迅速走向没落。

玫琳凯化妆品的总裁也说过类似的话：优秀的人才是公司最重要的资产，人才比计划有用。留住人才是一个公司成功的标志。人才的竞争，在

现代企业间的竞争中,是最重要的部分,谁拥有人才,谁才能在激烈的竞争环境中永葆活力。

在古代燕国,燕昭王一心想招揽人才,筑"黄金台"招纳人才,虽然在有些人看来,燕昭王的行为好像是在作秀,并不是真的求贤若渴。但是,这也能反映出人才的重要性。

鸿海公司的老板就是一个求贤若渴的老板。在一次具有决定性的会议上,老板与另外一位资深的老员工发生了意见上的冲突,他们谁也不能说服谁。老总忍不住以权力施压,让他个人的意见得以通过,但是这位老员工仍然不接受,一气之下,当众宣布:"这样做是完全错误的,你一定会为此付出代价,如果你坚持按照你的方法来做,那么,我立刻就辞职。"

老板没有想到,老员工会有如此强烈的反映,老板当然并不希望这位老员工离开,因为他确实是一位不可多得的人才。正因为有了这位老员工的帮助,他才可以在多年的工作中不犯大错。老板冷静了下来,先停止了会议,私下向这位老员工承认了错误,并一再表示,他非常不愿意让他离开公司,因为他就像是自己的左膀右臂,公司离不开他。

后来的事实证明:老员工的意见是正确的,而老板的做法也是值得表扬的,他是一位懂人才、会用人才的好领导,正是他及时改正错误,留住人才,才避免了一场巨大的损失。

千军易求,一将难得,得到人才是一件可遇不可求的事情。人才,是企业生存的咽喉,是企业的支柱,是企业的根本。经营者虚怀若谷,招纳贤才,才是生存之道。

管理之道,唯在用人,好的老板善于领导和运用人才,并能认识到,人才才是公司无形的资产,有了他们的辅佐和帮助,企业才能立于不败之地,他们才是公司无尽财富的源泉。

058 告知员工坏消息的技巧

在管理中，总有一些坏消息要传达给员工，比如公司裁员、减薪或惩处等。坏消息的起因有两种，一种是环境、公司造成的，与员工个人没有直接关系；另一种坏消息是员工个人造成的，比如，工作表现不佳、人际关系糟糕或私人行为不检点等，与公司的期望存在较大的差距。

对于第一种坏消息，管理者不妨开诚布公地向员工说明公司的决定。在宣布时，要清楚、详细地解释决策的原因，这样当事人才不会感到惊愕，不会误以为公司的坏消息是针对某个人的。

当管理者传达坏消息之后，当事者在情绪上可能会产生不良的反应。这时管理者应该以客观、心平气和的态度给当事者建议和劝告。这个时候管理者应该扮演当事者朋友的角色，设身处地地引导他，这样当事者会觉得有被尊重的感觉，事情进展就会变得顺利。

对于第二种坏消息，管理者在传达时要以理性说明为主，感情抚慰为辅。要知道，既然坏消息必须要传达给下属，不妨直接和当事者讲明，对方有哪些过失、为什么公司要处罚他、未来应该如何改善。在传达消息之后，管理者需要扮演当事者朋友的角色，与他一起讨论下一步该怎么做，或是未来有怎样的计划。

即使你平常是一位板着脸、威严型的管理者，这个时候也应该放下架子，用感性的方式与当事者心平气和地沟通，让对方情绪稳定下来。比如，有位员工平时表现很好，但在一次作业时处理不当，给公司造成了较大的损失，公司决定扣除他20%的奖金。上司在向他传达这一消息时，首先肯定了他一贯的出色表现，但失误是难免的，由于给公司造成了损失，所以公司才会处罚他。这样一来，员工就比较容易接受了，因为员工知道公司并未因为他的一次失误而全盘否定他为公司做出的贡献。

059 以领导者的热忱影响下属

任何一个团队，在热忱的领导者的带领下，都能产生强大的团队凝聚力。热忱是一种积极的态度，一个对工作充满热忱的领导者，不论从事什么工作，不论遇到多大的困难，始终都会以积极的心态去面对，抱着这种态度的领导者，终究会达到预定的目标。所以，管理者的热忱对企业的发展十分重要。

爱默生曾经说过："有史以来，没有任何一项伟大的事业不是因为热忱而成功的。"热忱是一种意识状态，具有极大的感染力，能对周围的人产生重大的影响。优秀的领导者就善于用自己的热忱去感染和影响下属，使大家充满战斗的激情。

张瑞敏在谈到海尔集团的管理经验时，曾说过这样一段话："多年以来，海尔取得了长足的发展，应该说这是企业文化的成功。在海尔，培养人才靠的不是'相马'而是'赛马'。所谓的赛马，指的是在工作中，员工就像一匹匹充满激情的战马，在相互比赛中迸发激情，取得进步。在晋升方面，员工完全凭借自己的表现来上任，竞争不上是员工自己的问题。如果员工认为公司存在不公平，可以提出来。总之，海尔集团就像一个赛马场，海尔集团是一个充满活力的团队。在这里，他们的干部平均年龄只有26岁，充满了朝气。正因为领导干部充满朝气，他们才会很好地影响普通员工。"

优秀的管理者知道，热忱不只是一个空洞的名词，而是一种重要的力量。管理者如果失去热忱，就如同花儿失去了阳光和雨露，整个团队都会萎靡不振；就如同汽车没油，随时都可能抛锚。可以说，热忱是企业发展的源动力，没有热忱，管理者的能力就发挥不出来。因此，管理者一定要充满热忱。

060 让公司成为温暖的大家庭

在公司中，管理者与员工并不应该只是雇主与雇员、领导者与被领导者的关系，他们之间更是家人的关系。大家在一起共事，只有职位的不同，而没有人格的高低贵贱之分，大家应该在一个民主的氛围中，为企业的发展共同努力。

有一家集团化大企业，每两个月就会搞一次"会餐"，虽然饭菜没有什么特别的，只是一次自助餐形式的聚餐，但是，公司要求员工把配偶和孩子都带来参加。聚餐在公司的食堂内举行，在那里，大家可以无拘无束地享受自己喜欢的食物，开怀畅饮，公司的领导也会和员工一起举杯，感谢他们为公司做出的贡献。

家属们在享受美食的同时，还会领到公司赠送的纪念品。当每个小家庭都融入这个大集体之后，员工们从自己家人的脸上感受到了公司对自己的重视，也意识到了自己在这个大家庭中所扮演的角色和重要性。

这家企业的领导者是聪明的，他们通过重视员工的家人来表达对员工的重视，他们通过聚餐的形式和员工实现了很好的交流和互动，拉近了员工们的心，把大家团结在一起。这种做法把公司营造成温暖的大家庭，极大地增强了企业的凝聚力。

在现代企业中，每一个员工的内心深处都有一种强烈的愿望，希望成为企业的主人，渴望主宰自己的命运。因此，管理者不能再用专制的手段管理企业，而要把所有员工视为家庭成员，视为兄弟姐妹，和大家一起努力铸就温暖的大家庭。这样，大家才会对企业充满归属感，才会甘心为企业做贡献。

061 处变不惊，体现出大将风度

一个优秀的管理者，一定要有处变不惊的修养，否则难堪大任。可以假设一种场景，公司经营突然出现危机，产品质量问题被曝光，管理者一听当场急得慌乱起来。下属们看在眼里，会作何感想呢？下属们肯定会想：大事不好了，公司要完蛋了，还是赶紧撤吧！管理者应该成为下属的"定心丸"，要发挥安抚人心的作用。越是在危机面前，越要处变不惊，这样的管理者才能体现出大将风范。

战国时代，秦国独强，各国都惧怕秦国，经常割城池给秦国。有一次，赵国得到一块和氏璧，相传价值连城，秦王得知这一消息后，就打起了和氏璧的主意。秦王派使者前往赵国，表明愿意用15座城池换和氏璧。赵王心想：秦王一向只想占便宜，从来不肯吃亏，这一次这么大方，肯定有问题。如果不答应秦王的要求，又担心秦王发兵。答应吧，又怕上当。赵王思来想去，不知道怎么办，就和大臣们商量，但大臣们也想不出好办法。

后来蔺相如自告奋勇，带着和氏璧去面见秦王。秦王看到和氏璧后，爱不释手，妄图占为己有。蔺相如察言观色，深知秦王的小心思，于是谎称和氏璧有瑕疵。然而，当他把和氏璧拿到手里之后，马上做出要摔碎的姿势，说："秦王，如果你不讲道理，想霸占和氏璧，我蔺某就血溅三尺，连璧玉一起摔碎。到那时，玉碎了，大王的信用也碎了，人人都会指责您的不是。"秦王讪讪地笑了笑，最终被蔺相如的处变不惊折服。处变不惊是一种超强应变力的表现，即当事物发展的偶然性表现在面前时，善于灵活地处理的能力。

作为一名管理者，纵然判断力和预见性再强，也不可能完全预见事物的发展，因此，突发事件是难免的。这就要求管理者必须具备处变不惊、临危不惧的应变能力，最大限度地将偶然因素变成实现目标的有利因素。

062 继续往你"取经"的地方去

马云曾说过一句经典的话:"在创业的道路上,我们没有退路,最大的失败就是放弃。"他把"永不放弃"作为自己的座右铭,在企业最困难的时期用来鼓舞自己的斗志。其实,不只是马云,世界上那些成就大业的人,都有永不放弃的精神。世界上没有一步登天的事,所有成大业者的背后都是坚持与不放弃。不放弃意味着顽强地走下去,哪怕前进的路上布满了荆棘,也会不达目的誓不罢休。肯德基创始人哈兰·山德士的成功创业,就是一个绝好的例子。

人到了65岁,大都在安享晚年,哈兰·山德士却选择了创业。当时他身无分文,非常贫穷,靠着政府发放的救济金生活。一次,他望着手中的105美元救济金,问自己:难道我一辈子都这样活下去吗?我是否应该做点什么?

从那之后,哈兰·山德士开始思考干点什么,结果想到了炸鸡秘方,于是决定用这个秘方赚取财富。虽然有了创业项目和计划,但是山德士身无分文,没有人脉,没有精力,怎样才能创业呢?思来想去,哈兰·山德士认为,只有想办法与人合伙,用别人的钱,给自己赚钱。可是,谁愿意把钱交给一个65岁的老头经营呢?可想而知,山德士的创业之路非常艰辛,没有顽强的毅力是很难走下去的。

山德士是怎么做的呢?他每天带着创业计划,挨家挨户地敲门,把自己的创业想法告诉每一个人、每一家餐馆。结果呢?和很多人预想的那样,他看到的都是别人的嘲讽,听到的都是别人的冷言冷语。所有的人都认为,这么大年纪的老头创业,不是开玩笑吗?但是,山德士没有放弃,他坚信自己的创业计划能实现。他认为,别人拒绝他,其实是上帝在考验他。就这样,他凭借一腔热情坚持前行,在经历了1008次拒绝后,有人接受了他的计划。于是,有了今天遍及全球的肯德基。

　　有谁能做到在1008次拒绝之后,依然坚持并不言放弃呢?在这个世界上,能做到这一点的,除了山德士恐怕不会再有第二人了。这种"狠"是对自己的,哪怕最后失败了,也不窝囊地度过一生。作为一名企业老板,一定要有这种魄力,正如那句话说的"人就应该对自己狠一点",做老板也应该对自己狠一点,苦苦地坚持下去,才能赢得最后的成功。

　　一个人一生的成败,全在于他的意志力强弱。一个企业的成败,则在于老板的意志力强弱。世界上没有常胜将军,挫折和失败是正常的。真正成就大业的老板不是没有遭遇过挫折、经历过危机,而是在危机之中能保持自信,并找到机会;真正成就大业的老板不是没有遭遇过失败,而是在失败之后,依然能找到出路。当代企业家要拥有唐僧一样的信念,要像他一样非要到西天把真经取回,不达目的誓不罢休,历经万难也再所不辞。

中篇

管事先管人，管人要管心

063 要看清大势所趋和人心所向

作为一名企业管理者，与执行者其实没有天然的界线，因为两者之间相互联系，如果一定要区分开来，那么他们最大的区别表现在战略远见上——管理者应该高瞻远瞩，是出色的战略规划师，而执行者应该脚踏实地，是出色的实干家。如果一个管理者没有远见，那么本质上称不上合格的管理者。

在这个信息瞬息万变，科学、经济和文化飞速发展的时代，如果企业管理者不能比员工看得远，不具备远见卓识，就很难做出大势所趋的发展战略，企业就难以获得长远的发展。反之，如果管理者具有远见卓识，对残酷的现实有充分的理解和准确的预测，企业发展就会顺利许多。

1990年夏秋之际，美军空降兵出现在撒哈拉沙漠上空，第二年海湾战争正式打响了。当时人们根本没有把海湾战争与中国的修船业联系起来，但是吴国志——上海外轮修理厂的管理者，大胆提出了"海湾离我们不远"的观点。为什么吴国志认为海湾战争与公司发展有关系呢？来看看他的分析：海湾战争打响，必然影响石油的生产，石油产量严重减少之后，必将影响香港的油运业，香港的船只在大陆的修理业务就会急剧下降，上海外轮修理厂当然会受到影响。

据此，吴国志当机立断调整经营策略，决定开辟新的市场。吴国志将公司置身于国际大舞台上来考虑，通过分析世界政治、经济形势的变化来制定企业发展战略。正因为他的远见，公司没有受到海湾战争的影响，相反，公司发展越来越红火，而同行的生意在海湾战争之后日渐凋零。

西方有位管理大师曾经说过这样一句话："如果一位管理者不能预见未来或者不愿预见未来，那么他将被视为伦理丧失。"可见，远见卓识对于一位管理者的意义有多么重要。管理者要想提高战略远见，首先应该学会把握事物发展的规律，其次要培养洞察力和创造力，再次，要学会用普遍联系的观点观察世界，这样才能把客观的物质世界看作一个有联系的大系统。

064 管人是管理之本，管心是管人之本

有人说，一个日本人是一条虫，三个日本人是一条龙。这种说法虽然有些夸张，但用来形容日本人忠于企业、忠于团队还是比较贴切的。在日本，很多员工把公司当成家，视企业如生命，与同事能够精诚合作，当企业遇到困难时，大家抱成一团，共同克服危机。

为什么日本人能做到这些呢？其实，这与日本的企业管理哲学有很大的关系，日本企业推崇以人为本的管理哲学，普遍实行员工终身雇佣制、年功序列制、企业工会制，把员工的利益和企业的利益捆绑在一起。试问，为公司创造利润，就是为自己创造利益，又有谁不愿意努力工作呢？

以人为本的管理哲学，主要体现于管人管心，那就是充分尊重员工，把员工当作企业最重要的资源，根据员工的能力、特长、兴趣、心理状况等综合情况，给员工安排最合适的工作，并在工作中充分考虑员工的成长和价值。这样就能很好地调动员工的工作积极性、主动性和创造性，从而提高了工作效率，为企业创造了利润，为企业发展做出了最大的贡献。与此同时，员工的价值得以体现，需求得以满足，员工才会真心真意地拥护企业。

著名人力资源专家李诚多次在培训课程中告诉创业者："管人管事不如管心。"他认为，企业如果单纯地用管理学来管人，是很难取得理想效果的，还需要用心理学进行干预。在他看来，管心是根本，管心的目的是激发团队的潜能，提升大家的心智，为企业创造更高的利润。

李诚把员工分为四类：第一类是经济人，即需要金钱满足，因为现代

人生活压力太大了；第二类是社会人，即追求信任和理解，在公司工作追求开心；第三类人追求自我实现，他们有很好的人生观、价值观，只想利用工作这个平台实现自我的价值；第四类是复杂人，即全方位追求自我，也可以说是前三种需求的综合体。

要想管好这些人，唯有从心灵入手，帮他们做出与企业发展相统一的职业规划，让他们既能赚到钱，又能快乐地工作，还能实现自我的价值。在这个规划中，要倡导终身雇佣，倡导自我学习和提高，倡导平等竞争的理念，让员工和企业一同成长、一同发展。

对企业管理者而言，只有管住了人，才能把企业管理好，因为企业是由人构成的，企业发展靠的是人。而要管住人，最好的办法是管住人的心，即要采用以人为本的策略，真正赢得人心。这就要求管理者有读懂人心的能力。俗话说："画龙画虎难画骨，知人知面不知心。"要想读懂人心，就要掌握心理学技巧和攻心方法，懂得感情投资。

作为管理者，要做有心人，也许从下属一个无意识的动作、一句不经意的话语中，你就能看出其内心的本意。然后，针对员工的本意，采取最贴心的关怀、最有力的说服、最动情的激励。只有这样，才能激发员工沉睡的潜能，让员工变得更有效率，让业绩有更大的提升。

065 得人心者得天下

俗话说，三个臭皮匠，顶个诸葛亮。刘邦，一介布衣皇帝，出身卑微，却能白手起家，缔造海内一统的伟大功业。而其成功的根本在于网罗各类人才，不但知人善任，更能量才适用，使人各尽所长，竭尽所能为自己做事，因此得以建功立业，青史留名。

因此，想要做一个成功的老板，必须懂得"得人心者得天下"的道理。成功的商人或企业家都懂得关心职工、爱护职工、鼓励职工，他们知道，企业的经营者只有赢得职工的敬仰，才能带领职工勇往直前，扫除企业潜在的障碍。

下属之间的团结，需要管理者不断努力，只有真正赢得了他们的忠诚之心，才能发挥"团队精神"的效力，获得公司发展的动力。日本著名的企业家土光敏夫就十分重视企业员工。年轻时的他为事业不停奋斗，直到古稀之年，依然精力充沛。

有一天，土光敏夫决定亲临视察员工的工作情况。但是，他的分公司遍布日本，对于这样一位年纪大的老人来说，是一件很不容易的事。有人劝他象征性地视察一两家就行，但是遭到了土光敏夫的严厉拒绝，他说："热爱自己的雇员是经营者最根本的问题。一个优秀的企业家，只有做到让职工们具有充分的自信，重视人才的开发与合理的使用，他的事业才能稳步发展。"

于是，接下来的一段时间里，土光敏夫开始了视察旅程，甚至在节假日的时候，他也不忘去工厂里慰问加班的工人。他的平易近人，让他能与所有的员工倾心交谈，打成一片，因此公司的员工们都跟他建立了深厚的感情。

一次，在前往工厂的途中遇上了倾盆大雨，但土光敏夫坚持赶到工厂，冒雨和员工们亲切交谈，并反复阐述"人是最宝贵的财富"这一宗旨。员工们都被他的真诚所感动，在雨中认真倾听他的每一句话，激动的泪水流淌在脸上。当他将要乘车离去时，员工们将他的车团团围住，高声喊道："社长，您放心吧，我们一定努力工作！"

至此，土光敏夫的事业发展得越来越好，这跟企业内部良好的团队凝聚力是分不开的。

只有具备"团队精神"的企业，才是一家真正拥有"持久性"竞争实力的企业。真正聪明的管理者，应该想尽一切办法，把所有有能力的人组织起来，并能充分发挥他们的长处。如果把企业比喻成一只"鹰"，员工就是它身上的"羽毛"。管理者只有爱惜每一根羽毛，才能使企业成为一只拥有强大战斗力的雄鹰。

066 心的境界决定管理的境界

所谓企业管理，是指对企业的生产经营活动进行计划、组织、指挥、协调和控制等一系列职能的总称，是管理者在企业战略思维的引领下，将团队的行为和大家的思想有效地协调起来，将个人的发展与企业的发展结合起来的行为。

在企业管理过程中，老板的境界，决定了管理的境界。如果一个管理者能经常深入自己的心灵，与自己对话，调整好自己的精神状态，把全部的精力、心智、责任心投入到企业中去，尽心尽力地做好每一件事，那么企业必将步入良好的发展轨道。

首先，做老板的不要把喜怒哀乐挂在脸上，特别是不能摆脸色给员工看，更不能动不动就向员工发脾气，这是需要终身修炼的。如果你经常把负面情绪表现在脸上，表现在言谈举止上，这些负面情绪就会传染给员工，影响员工工作的心情、信心，员工跟着你整天提心吊胆，怎么可能把工作做好呢？

做老板有压力，这是肯定的，否则，轻松创业就能成功，谁还打工呢？但是遇到问题要冷静地找解决问题的办法，而不是失态。真正的好老板懂得承受压力，懂得给员工鼓励、加油、打气，给员工带去正能量，让企业在逆境中奋起，在顺境中强大。

其次，与员工保持一定的距离，因为距离产生美。夫妻之间还有秘密，更何况老板和员工之间呢？员工该知道的，就让他们知道，员工不该知道的，最好别让他们知道。因为他们与你所处的高度不一样，各自看问题的角度也不同，再者人多口杂，传来传去对企业的影响也不好。

再次，对员工表现出尊重，因为他们工作也不容易，你多给他们一个微笑、一句赞美，那么他们一整天都会非常开心。做老板不是靠权力来压制人,而是靠魅力来感动人,老板与员工是合作关系,老板不是奴隶主,员工更不是奴隶。你尊重员工才能赢得员工的尊重,你在员工心中才有影响力。

067 让最优秀的人成为自己的左膀右臂

作为公司的管理者,每天都要面对复杂的经营管理工作,应对各种难题和挑战。而个人的才能和精力是有限的,"光杆司令"必定难以应付复杂多变的工作。"众人拾柴火焰高",如果管理者身边聚集一大批智囊团,无疑是如虎添翼。

人才是企业的财富,能够成为管理者的左膀右臂,发挥有效的协调、补充作用。作为管理者,不仅要让自己始终站在企业的最高处,还要打造一个强有力的"嫡系部队",来为自己保驾护航。

管理者没有精力和时间去管控企业的每一位员工,也不能把企业的一切事务都揽在身上。给自己配好副手,不仅能得到好的参谋,更能利用他们去管控几十人、几百人,甚至上千人。管理者不需要做全才或者专才,只需做帅才,统率自己的"嫡系部队"管理好庞大的经济王国即可。

长江集团的巨大成功,很大程度上得益于李嘉诚招揽的智囊团。李嘉诚说:"假如今日没有那么多人替我办事,我就算有三头六臂,也没有办法应付那么多的事情,所以成就事业最关键的是有人帮助你,乐意跟你工作,这就是我的哲学。"而在长江集团内部,长期以来都有"两大元老、三驾马车"的说法。

两大元老,指的是和李嘉诚一起创办长江集团的盛颂声和周千和。盛颂声是管理能手,负责长实的生产工作。周千和是会计能手,管理长实的财务工作。三驾马车指后起之秀霍建宁、周茂年、洪小玲。霍建宁擅长理财,主要负责长实的财务策划;周茂年从小由李嘉诚培养,全面负责长实的房地产发展业务；洪小玲则一手撑起长实楼盘销售的重任。正是有这一大批高端人才的辅佐，李嘉诚才能在一次又一次的商战中大获全胜。

在人才的聘用过程中，有些管理者自尊心非常强，如果发现员工比自己能力强，心里会非常不舒服。有些管理者处于各种考虑，不愿意任用有棱角、能力超过自己的人才，从而导致了人才大量流失、现有员工过于平庸的不利局面。

重用有才能的人，关系到一个公司的发展大计。所以，管理者应该有准确的眼光和宽广的胸怀，善于发掘身边优秀的员工，并让其成为自己的左膀右臂。

068 管得少才能管得好

管理并非管得越多越好，美国通用电气公司 CEO 杰克·韦尔奇一直坚信：管得少就是管得好。但绝大多数企业领导者，却缺乏这方面的自信。公司经营者应该只管自己该管的事，如果事必躬亲，不仅越管越乱，还会消耗太多的时间和精力。

有些企业领导，总喜欢从头管到脚，结果越管越独断专行，长此以往，下属的依赖性越来越强，不仅丧失了原本的工作激情和创造力，做事也畏手畏尾，无形中增加了公司的运营成本。管得多并不是好事，管得少也未必科学，最理想的状态就是"无为而治"，让每个人都学会自我管理。

只给职不给权，事无巨细都由自己拍板，这只会挫伤下属的积极性。企业领导人不要死抓权力不放，要敢于让下属放手去做。被称为"鞋业大王"的环隆企业集团创始人蔡长汀，不仅敢于放权，更敢于把权交给"外人"，这也正是环隆集团不断发展壮大的秘诀之一。

20 世纪 80 年代，蔡长汀四处开疆扩土，随着企业的不断发展，分公司的数量也随之增多，除了"环隆电气公司"和"美国国际开发公司"交由儿子和女婿管理外，其余分公司的管理者均是处事精明的年轻人。

当时，蔡长汀这种大胆放权的做法并不为人所理解，不少人认为他是把自己辛辛苦苦打下的事业，拱手送给了外人。对此，他却十分想得开："交给后生小子啦，我乐得当太上皇不管事。"蔡长汀管得少，也很少过问每笔生意的成败，这就让他腾出了更多的时间去寻找信息，开发市场，联系国际业务。

在管理上，蔡长汀的秘诀只有十六个字，即"一曰知人，二曰善用，三曰放权，四曰无私"。一方面可以让下属独当一面，另一方面自己也可以养精蓄锐，看准商机和市场，随时调整经营策略，从而保证公司的长远发展。

这也管，那也管，并不能证明你管理本事大，恰恰说明你管得不够好。好的管理是不再需要管理，从这个角度来说，最少的管理才是最好的。不少公司原本有一套完善的规章制度，结果领导管得太多，反而让这些制度成了摆设，原本简单的问题也越来越复杂。

所谓"君忙国必乱，君闲国必治"，企业领导者也是一样，管理的本质在于把事情交给他人去做，既然给了下属职务，就要将相应的权力也交给对方。"扶上马，不撒缰"的做法只会挫伤员工的自尊心，所以切忌死抓着权力不放。

069 小公司管事，大公司管人

"小公司管事，大公司管人"，这句话在企业界颇为流行。为什么小公司管事，大公司管人呢？其实这主要是由于小公司和大公司的差异导致的管理策略的不同。小公司人少，事情一般也不那么繁杂，什么事情需要管，老板一目了然，可见，有事管事，是最简单有效的管理方法。

而大公司则不同，大公司人多、事杂，如果还坚持管事为主，那么管理者永远跟在事情后头跑，很难把公司经营管理好。明智的做法是制定制度和流程，通过管人来控制企业流程，让大家各司其职，管好了人，事情也就顺了。

有一家化妆品代理公司旗下的连锁店面有60多家，员工500多人。这样一家公司，应该称得上一家大公司，因为它的店面比较多，人员比较多，涉及的事情也多。按理来说，应该制定合理的工作流程，通过管人来达到管理公司的目的。但是公司老板依然坚持管事，结果公司经常出了事情之后找不到解决方案，公司永远在亡羊补牢。而公司的多名管理者对此感到力不从心，先后离去，老板也非常烦恼……

直到有一天，有位企业管理界的专家给老板出了主意，帮助他制定了详细的工作流程，用制度规范人，以管人为主。至此，公司改变了过去的管理方式，运营也越来越好。

对小公司来说，管事比管人容易得多，但对大公司来说，管好了人，做事才会容易。

因为小公司的人事架构简单明了，没有太多的等级，通常是扁平化管理。很多小公司员工佩戴的胸牌都是一样的，除了名字外，没有任何职务标注。公司内部没有上下级之分，下属对上司也直呼其名，营造出一种平等、随意亲切的氛围。小公司的老板往往敢于打破层级概念，直接深入基层与员工对话，降低交流的难度，有什么事情员工直接和老板反映，然后立即制定解决办法。

相比之下，大公司人事架构复杂，层级分明，通常采取制度化管理、层级化管理。公司上司和下属穿戴显然不同，彼此称呼也不同，在沟通中，下属一般向上司反映情况，沟通不如小公司那么畅通。如果这个时候依然采取管事为主，那么出了问题之后，再层层反映到老板那儿，事情早已变了样，不利于及时解决问题。只有管人，让人对事负责，出了什么事，让相应的人去负责，这样才能及时将问题消除在萌芽状态，从而保证企业的稳定发展。

070 管理不当，一切的努力皆是白费

外行未必管不了内行，但很多企业管理者面对技术部门的专业人员，往往十分"发怵"。一方面拉不下领导的脸面询问，担心被人看成"外行"，什么都不懂；另一方面，恨不得能躲多远就躲多远，但实际上，这样的做法很容易造成管理上的失当。一旦管理出了问题，那么，所有的努力都会付诸东流。

要想成为一个合格的管理者，首先要克服心理障碍，不能因为自己是"外行"，就畏惧管理"内行"。对不熟悉的专业领域不敢管、不去管，员工们难免会胡乱应付，如此一来，工作又怎么能做好呢？

"我不懂电脑，销售也不在行，但是公司里有人懂就行了。"马云就是敢对"内行"下手的领导典范。马云一不懂电脑，二不懂软件和硬件，却可以把电子商务做大做强，这就是管理的力量。

要想避免管理不当，就要聚集一批能够独当一面的干才，不仅要打造明星领导人，更要打造明星团队，如此一来，外行也能领导内行。在马云看来，唐僧师徒的取经团队就是一个成功的典型，唐僧知道孙悟空本事大脾气也大，一定要管紧，所以必要时要念紧箍咒；猪八戒虽然小毛病多，但本事也不小，偶尔批评批评就行；沙僧人老实憨厚，耐力有余而自信不足，要时常给予鼓励。

每个团队都有孙悟空式的干将，也有猪八戒、沙僧式的员工，而领导者需要做的就是充分发挥大家的长处，让员工们各安其位，自己则负责定战略、跟市场，把握大局。如此一来，团队的战斗力自然而然就提高了。

管理不分"外行"和"内行"，内行固然有内行的岗位优势，但外行也有外行的领导优势，恰当的管理就是两者相互配合，紧密合作，只有这样才能提高管理效率。外行未必不能管内行，关键是方法要正确，不要只

在专业性的问题上指手画脚,而要时常检查、督促员工的工作进度,只有这样,才能避免因管理不当而造成的效率低下。

对于自己不熟悉的行业,企业领导者切不可逃避了事,要敢于向员工请教问题,善于把员工的专业技能与领导层的决策巧妙结合起来,既要承认和尊重内行员工的专业技能,还要做好他们的管理工作。

071 以人为本,别把员工当棋子

人们常说,得人心者得天下,企业管理者要想赢得下属的拥戴,就要学会"收买人心"。老子曾经教导我们:"圣人不积,既以为人,己愈有;既以与人,己愈多。"只有给予员工实实在在的恩惠和尊重,才能获取宝贵的"人心"。

有些管理者在员工面前喜欢颐指气使,耀武扬威,不仅没有丝毫的尊重,反倒将其视为实现目标的棋子,如此一来又怎么可能赢得员工的真心拥戴呢?一个把员工当成棋子的管理者,总有一天会变成光杆司令;反之,如果把员工当成大人物一样去看待,那么身为领导者的你,也总有一天会成为大人物。

身为一家大型跨国集团的高层管理者,皮特的地位可谓十分显赫,但他并没有完全地掌控下属,而是始终坚持以人为本,注重倾听员工们的意见和建议,事实证明,这种做法确实令他获利良多。

一年前,这家集团正处于高层主管过度专权的危险期,由于管理层总是专横跋扈地发号施令,结果那些再也忍受不了的员工,便一起到领导办公室下最后通牒:要么你们放松管理,要么我们集体辞职。作为新任领导的皮特,在了解到这些情况之后,决定顺应员工们的要求,适当地改变管理方式。

本着"以人为本"的管理原则,皮特在刚刚入职的几个月中,多次把公司员工召集到一起来商讨公司管理模式的问题。在商讨会上，员工们的发言十分积极，提出了不少很有价值的建议，这时皮特发现自己并不需要对每个决定逐一进行审批，员工们完全可以负责大部分的运营。于是，在维持过去管理架构不变的情况下，皮特改变了发号施令的强硬管理办法，并给予员工们一定的工作自由，结果管理方式改变不到一年，企业的利润就大幅提升。

有些管理者过于看重自己的权威，甚至将倾听下属提议当成一件伤自尊的事，为了所谓的领导威严和自尊，对于员工的情绪和心理需求也不闻不问。殊不知，人都是有感情的动物，你把别人当棋子，也就别怪别人不配合你。

过于森严的等级，只会扼杀员工们的创意和原动力，所以千万别把员工当棋子。没有人愿意被自己的上级压迫，管理者要想与下属建立起相互协作的友好关系，就必须从人格上尊重对方，在工作上认可对方。如果连起码的尊重都没有，还谈什么上下一心呢？

072 没有伯乐，照样可以发现千里马

一个企业没有好的人才，就没有未来可言。精挑细选，才能找到合适的人才。选拔人才的标准有两种：主观标准和客观标准。主观标准就是凭借管理者的个人喜好选拔人才，客观标准则是集聚众人智慧的选拔制度。

历史上大凡有成就的人，无不善于识人、善用人才，中国古代就流传了伯乐相马的佳话。伯乐相马其实就是按照主观标准来选拔人才，强调选拔者高于常人的眼光。然而，并不是所有人都能够充当伯乐。对于芸芸大众来说，分不清马匹优劣的人还是占大多数。这就需要合理科学的人才选拔制度来帮忙。

早在清朝，曾国藩就在《应诏陈言疏》中提出"通过考察核实，发现

和识别优秀人才"的方法。为人才制定一套选拔标准，就能减少个人主观意愿在人才选拔中产生的不良影响，也能够杜绝找靠山、拉关系的不正之风。人才选拔有了客观的标准，对所有人一视同仁，就不会埋没千里马，也不会让能力差的人滥竽充数。

微软公司之所以能在全球范围内迅速发展，是因为他们有优秀的人才作为支撑。微软公司以比尔·盖茨为代表，聚集了一大批拥有雄厚科学技术和专门业务知识的人才。他们了解经营管理的规则，能够在市场竞争中将自身拥有的技术和知识迅速转化为生产力，使微软公司在技术和运作上一路遥遥领先。微软公司在人才选拔上有一套苛刻的制度。它们坚持宁缺毋滥的原则，在选拔人才上绝对不掺杂任何个人情感，能够闯过最后一关的员工往往是那些各方面都非常优秀的人才。

选拔人才是一门艺术，苛刻的制度能够让优秀的人脱颖而出。"实践是检验真理的唯一标准"，实践也是选拔人才必不可少的环节。人才只有在为企业创造出实际效益时，其价值才能够体现。要知道，这一过程并不需要选拔者有多高的眼光和智慧。

制定人才选拔制度一定要全面，其中必须包括态度、能力、人格、心理等四个方面。在制度化的基础上选拔人才，所有人都拥有公平的竞争机会，人才的脱颖而出完全凭借修养和学识，人才选拔工作就会变得简明化、科学化、高效化。

073 从"心"沟通，用智慧化解争执

沟通是我们了解环境、了解世界的一种最基础的方式。大到一个企业，小到一个小组，甚至是两个陌生人之间都需要沟通。沟通不仅仅是说话，它比说话的内涵要丰富。一个手势、一个表情，甚至是一个站位，都代表了很多含义，而且这些含义往往是无法用语言来表达的。

在沟通的时候，我们要用"心"。杰克·韦尔奇说过这样一句话："管理就是沟通、沟通、再沟通。"可以说，管理者的最基本能力就是有效沟通，它比技能本身更重要。把下属叫到办公室不是沟通，粗暴的问话不是沟通。沟通是双向的，是一种积极的互动。

许多管理者在实际的企业生活中所扮演的，非但不是一个优秀的沟通者，反而是一个蹩脚的听众。他们没有耐心听别人把话说完，反而经常心不在焉，百无聊赖。这是对沟通的误解。沟通看起来没有直接的效果，但这是一种精神激励，一种团队气氛的打造。每个人都渴望被了解、被尊重。

IBM公司一直以来都认为，良好的沟通是能确保职工的认同和忠诚的一种重要手段，能使员工感受到自己是公司的一员，而不只是依令行事的雇员。只有这样才能发挥员工的积极性和自主意识。公司要求每一位管理者都要深入基层，去了解最基本的问题，包括员工的愿望、目标和不满，从而提高士气。当出现问题的时候，批评是必要的，但是公司也得确保批评的正当性和合理性。批评之后一定要提出解决办法，使员工能够改正，恢复自尊和重建信心。公司还建立了员工的陈述制度，使员工的声音可以直接传达到管理层。

民主的气氛，带来的不仅是具体问题的解决方案，更是一种积极响应的态度。员工感觉自己受到了重视，自然会上下一心，为公司效命。

有句话说得好，态度决定一切。而态度的传达，来自沟通。最可怕的不是有反对的声音，而是没有声音。没有交流，就意味着热情的熄灭，这对一个企业来说是致命的打击。我们不能仅仅停留在"想"去交流，而是要将交流制度化、规范化，用行动表达自己渴望员工参与公司管理的态度。

074 会激励、善批评，把庸才变干将

美国著名企业家玫琳凯·艾施曾经说过："绝不可只批评不表扬，这是我严格遵循的一个原则。你无论批评什么表现或者批评哪个人，也得找点值得表扬的事情留在批评后。这叫作'先批评，再表扬'。"

"先批评，再表扬"既可以让员工认识到自己的不足，又不至于打击员工的信心，还能使员工感受到领导者的重视，可谓一举三得。因此，这一招经常被管理者运用，日本索尼公司的创始人盛田昭夫就深谙此道。

索尼公司是一家靠生产电子产品生存的企业，随身听是该公司的重要产品之一。一次，公司一批销往东南亚的随身听的外包装出了问题，但并不影响内在质量。负责外包装的分公司赶紧更换包装，解决了问题，盛田昭夫却不依不饶。

盛田昭夫把那家分公司的厂长叫到董事会议上，要求他陈述自己的错误。然后，在会议上他当着所有董事的面，严厉地批评这位厂长，并要求全公司以此为戒。这位厂长在索尼公司工作了几十年，第一次在众人面前受到如此严厉的批评，他感到非常难堪，禁不住失声痛哭。在场的董事们都感觉盛田昭夫做得太过分了。

会议结束后，这位厂长垂头丧气地走出会议室，他心里正考虑准备提前退休。这时盛田昭夫的秘书走了过来，邀请他一块儿去喝酒。厂长哪里有心情喝酒，无奈之下，秘书只好硬拉着他去了酒吧。

厂长对秘书说："我是被总公司抛弃的人，你怎么还这样看得起我。"

秘书说："董事长一点也没有忘记你为公司做的贡献，今天的事情也是出于无奈。会后，他害怕你为这事伤心，特地让我请你喝酒。"

接着，秘书对厂长说了一些安慰的话，安抚了他极度不平衡的心态。喝完酒后，秘书送厂长回家，刚进家门，厂长的妻子就迎了上来，说：

"亲爱的,你真是受总公司重视的人。"厂长觉得奇怪,这时妻子拿来一束鲜花和一张贺卡,说:"今天是我们结婚20周年的纪念日,公司派人给我们送来了鲜花和贺卡。"厂长一听,恍然大悟,他整天忙着工作,早就把结婚纪念日忘在脑后。但是公司居然没有忘记,这让他备受感动。盛田昭夫的这一举动,使厂长心甘情愿继续为公司效力。

从盛田昭夫的做法中我们发现:批评、责骂乃至惩罚,并不是领导者的根本目的,他们的最终目的是教育员工,调动员工的积极性。因此,在批评员工之后,一定不要忘了给两颗"甜枣",免得下属误以为你对他有成见,不喜欢他,对他感到失望。这样不仅能让下属受伤的心得到安慰,还能让他心服口服,虚心改正自己的错误,更加努力地为公司创造价值。

高明的管理者懂得在批评员工之后,及时用一两句温馨的话语安慰员工,或在事后向下属表示:我重视你、看你有前途,觉得你是可造之材,才会骂你。被斥责的下属,听了这样的话,必然能体会到领导"爱之深,责之切"的心理,从而发愤图强,努力工作。

075 好员工不是管出来的,而是夸出来的

每个老板都希望自己有一大批好员工。马云喜欢"聪明而且踏踏实实做事的人",比尔·盖茨希望自己的员工"忠实、诚信、勤奋",星巴克董事长舒尔茨青睐"拥有老板没有的专长和特质"的员工,沃尔玛创始人最看重具有"工作热情"的员工,而百度的李彦宏常常强调"员工长本事的速度,决定公司前途"。

好员工是从哪里来的?不是天上掉下来的,也不是自我成长起来的。从某种意义上说,好员工是夸奖出来的。

大家都说军队是执行力最强的组织,军人以服从命令为天职。军队为

什么涌现出那么多杰出的"员工",除了别的因素之外,军队有一套激励人进取,激发人潜能的机制,其中最重要的是夸奖。让战士受奖立功,把喜报寄回家。1962年,雷锋在日记中写道:回顾入伍两年来,由于在实际工作中做出了一点成绩,部队党委就授予自己"模范共青团员"和"节约标兵"称号,并给记二等功1次、三等功2次。正是部队不断赞扬、奖赏,鼓舞了雷锋的向上之心、向善之行。

谁都会说学校是教育力最好的机构,学校会让人进步和成长。学校为什么能培育出那么多优秀的"员工"。除了别的条件之外,学校也有一套激励学生努力学习的办法。最近,读五年级的侄女回家兴奋地对我说:"叔叔,你看我得了一块金牌!"我一看,酷似一块运动员的奖牌,可以挂在脖子上那种,上面刻着"创新之星"。它是一种鼓舞,一个导向。

有些老板,总是抱怨员工素质低下,诉说找不到有用的人才。其实,你真心希望员工是什么样的人,他们就会是什么样的人,具体办法就是夸奖。对于新员工要夸奖他们的进步,对于有缺点的员工也要找出他的长处,去激励他们弥补不足,对于那些勤恳的员工,要及时肯定他们的努力。而对于那些优秀的员工,更要给予相应的荣誉和奖励。

韩非子在《八经》中说:"赏莫如厚,使民利之;誉莫如美,使民荣之。"人活一口气,佛受一炷香。所有的人都希望自己有用,都需要被别人认可。我不反对惩罚,也必须要有惩罚,但应该重在夸奖,重在鼓励。

076 既能善用人之长,又要善用人之短

尺有所短,寸有所长。用人之道,关键之一在于用人之长。因此,管理者应该关注员工的优点,尽一切办法让员工把优点发挥出来,对于员工的缺点,可以忽视,不予计较。这样,员工的价值才能得到最大发挥。

美国南北战争时期,林肯任命格兰特将军为总司令。当时有人向林肯

提出不同的意见，他们说格兰特嗜酒如命，难当大任。林肯说："我倒想知道他喝的是什么牌子的酒，我想给别的将军也送上一两桶。"

林肯的意思很明白，将军的主要任务是打仗，能打胜仗的将军就应该得到重用，至于他爱喝酒，不是重大的缺点，没必要太在意。格兰特将军上任之后，美国南北战争发生了转折，北方军最后战胜了南方军。

身为管理者，应该向林肯学习，在用人时不要看人才有什么缺点，而要先看他能做什么。管理大师德鲁克曾经说过，发挥人的长处，才是组织的目的。所以，不仅要容人之长，更要善用人之长，还要善于容人之短，甚至善用人之短。

唐时斋是清朝的一位将军，在他眼里，军营中的每个人都是可用之人，关键是使用得当。他让聋人跟随左右当侍者，可以避免军事机密泄露；他让哑巴送信，这样即使被敌人抓住了，除了搜出信，也问不出什么机密；他让瘸子守炮台，因为他们能够坚守阵地，很难弃阵而逃；他发现盲人听力特别好，于是让盲人埋伏在阵地前，负责监听。

从唐时斋的用人之道中，我们可以发现一个道理：如果将人的短处用在最合适的地方，短处也能变成长处，缺点也会变成优点。

在生产照相感光材料时，要在没有光线的暗室里操作。很多公司花费了很长的时间去训练工人适应黑暗的环境，但美国柯达公司没有这么做，他们发现盲人可以在黑暗的环境里活动自如，于是对盲人稍加培训，让他们负责感光材料的生产工作，结果他们干出的活儿比正常人精细很多。

管理学中有句名言：只有无能的管理者，没有无用的人才。缺点之所以是缺点，关键在于管理者没有透过缺点，看到背后潜在的优点。缺点和优点是相对的，用人的时候不能只注重人才的长处，而忽略人才的短处。用人所长，毫无疑问是值得提倡的，但善用人短，化短为长，才是用人的最高境界。

077 用切身利益拴住人才

俗话说："打江山容易，守江山难。"同样，招聘人才容易，留住人才难。很多企业老板为人才流失急得抓耳挠腮，却不知原因何在。作为人才，他们最希望从企业得到什么呢？答案只有两个字：利益。如果企业不考虑员工的切身利益，不舍得用利益拴住人才，人才早晚会远走高飞。

赵先生是某医药公司的医药销售代表，由于个人能力出众，他进入公司不到三年，就从一名普通员工成长为地区经理，然后又成为公司集团下属一家医药公司的常务副总，全盘管理公司的业务。赵先生不但能力出众，而且人品有目共睹。在工作期间，他重视以身作则，深得下属和客户的尊敬与信任。

老板非常器重赵先生，曾口头许诺，一定在年终大会上满足赵先生的年薪要求，赵先生也深信不疑。可是，年终大会上，公司并未满足赵先生的年薪要求。赵先生非常生气，他找老板理论，老板却用各种理由搪塞，为自己辩解。赵先生很无奈，只好愤然辞职，并且带走了很多稳定的老客户，对企业造成了很大的损失。

人才首先是人，衣食住行，样样需要开支。如果公司舍不得用最切身的利益加以挽留，人才又怎会自降身价待在公司呢？

看到这个案例，不由得让人联想到美国国际电报电话公司的总裁哈罗德·杰尼，他非常重视留住公司的人才，而且他采取的策略很简单，通常他给优秀人才的薪水比同行高 10% 以上。当哈罗德·杰尼发现一位精明强干、富有激情的优秀人才时，他甚至愿意给对方很高的薪水，目的就是要留住人才，为己所用。哈罗德·杰尼认为，老板最愚蠢的行为，莫过于舍不得给高薪，导致员工对薪水不满而另谋高就。

也许你会说，员工来企业只是为了金钱吗？不是，但赚钱是第一要务。特别是对于一个大学毕业不久或家境贫困的员工来说，他们打拼事业的最大目的就是赚钱，这是不争的事实。因此，用切身的利益拴住优秀的人才是明智的。

078 给下属自由发挥的空间

在企业管理中，管理者即使有三头六臂，也不可能事必躬亲、独揽一切。因此，必须学会适时地把权力下放给下属。但是有些管理者把权力下放给下属之后，又担心下属不能把工作做好，于是想方设法去过问、去干涉。殊不知，这样做犯了授权大忌。明智的管理者会充分信任下属，给下属自由发挥的空间。

北欧航空公司存在一些陈规陋习，公司董事长卡尔松先生通过权力下放，给部下充分的信任和活动自由，很好地实现了改革，振兴了公司。

一开始，卡尔松的目标是让北欧航空公司成为欧洲最准时的航空公司。为了实现这个目标，他到处寻找合适的人来负责此事，最后聘请了一位知名的管理顾问。卡尔松对他说："你能告诉我，怎样才能让我们的公司成为北欧最准时的航空公司吗？"管理顾问说："容我思考一周。"

一周后，管理顾问告诉卡尔松："我可以帮你的公司成为北欧最准时的航空公司，但我可能要花6个月时间，还可能花掉你160万美元。"

卡尔松说："太好了，请继续说下去。"因为他估计要花800万美元的代价，管理顾问说："我这里有一份报告，详细说明了方案操作的问题。"

卡尔松说："不必汇报了，你放手去做好了。"

大约四个半月后，管理顾问给了卡尔松这几个月来的成绩报告，这个时候公司已经成为北欧最准时的航空公司。但管理顾问还告诉卡尔松一个好消息：他帮公司节省了160万美元经费中的60万美元，总共只花了100万美元。

管理者在权力下放之后，对下属保持信任，给下属留有自由发挥的空间，有利于调动下属的工作积极性，增强其责任感，还有利于改善双方之间的关系，从而营造合作共事的和谐氛围。通过授权，不仅可以让下属拥有一定的权力和自由，而且也分担了相应的责任，从而调动下属的工作主动性。

079 用好企业中的"二流人才"

在某地的人才招聘会上，一家美国公司北京分公司居然打出"北大、清华毕业生一概不收"的告示，他们的理由是：公司只需要"二流人才"。尽管这种举动引起了颇多争议，但在招聘会中，二流人才受欢迎的现象并不少见。

所谓的"一流""二流"，主要是针对人才毕业的学府、学历而言的。按理说，毕业于清华、北大等高等学府的人才，应该成为企业的"抢手货"，可为什么很多用人单位宁可要"二流人才"，也不要"一流人才"呢？其实，原因有这样几个：

第一，企业的用人标准已经不讲究毕业的院校、学历、籍贯、年龄，而主要看人才的能力。毕业于重点大学、名牌大学的学生，不一定就有真才实学和解决问题的能力。

第二，一流人才要求的待遇相对较高，同样的待遇，一流的人才觉得是理所应得的，而二流人才会感到备受重视，进而努力工作。

第三，二流人才充满潜力，稍加培养，有可能成为一流的人才。再者，二流人才谦卑、踏实、努力，能坚决执行公司的策略。

第四，一流人才企业不敢要，因为"庙小留不住神"。

综合上述原因，很多企业在招聘人才时，宁要二流人才，不要一流人才。事实上，这种现象在美国也很常见，并不是所有的企业都渴望得到哈佛大学毕业的人才。因为哈佛毕业的人才价码太高，鉴于用人成本的考虑，企业更希望用"经济适用"的二流人才。因为有些工作，大专生、本科生就能胜任，如果硬要使用一流人才，那不是大材小用、浪费成本吗？

080 处处设防会损害人才的积极性

员工是企业的财富，是为企业创造财富的生力军。但遗憾的是，有些管理者把员工当成"贼"一样防着，防什么呢？防止员工偷窃公司的财物、重要信息；防止员工上班偷懒，不认真干活；防止员工上班迟到、下班早退；等等。怎么防呢？动用高科技——监控摄像头，全天候24小时无死角监控。试问，在这种环境中工作，员工能身心放松吗？在这样的企业上班，员工会对企业产生归属感吗？

成都一家通信公司的管理者，为了提高公司的业绩，防止员工工作效率低下等问题，他们采取了严格的管理措施。具体怎么做的呢？

公司不惜成本，高价购买现代监控设备，在办公室里安装了8个摄像头。从各个方位对员工的一举一动进行监控，员工有任何开小差的行为，都能从摄像头中清楚地发现，更甭说员工上班迟到和早退了。

工作压力原本就很大的员工，见公司采取这种方式管理，一个个义愤填膺，他们认为公司侵犯了他们的隐私权和自由权，要求公司停止这种不人性化的管理模式。但是公司管理者对员工的不满置之不理。

刚开始一段时间，的确有了明显的收效。员工迟到、早退的现象减少了，也没有员工在工作时开小差。大家看起来都在认真工作，但是工作效率并没有明显的提升。因为公司可以管束员工的身体，却管不住员工的心与精神，员工的心思不在工作上，摄像头能监控到吗？

更严重的是，几个月后，公司的十几个技术骨干集体跳槽到另一家公司。这时公司管理者才慌了神，立即拆除了摄像头，但为时已晚，因为这个不明智的举动已经造成了公司人才流失。

员工不是罪犯,不应该被监控;员工不是家贼,不应该被防备。如果管理者处处设防,表现得极不信任员工,那么将伤害员工的自尊心和感情,很容易打击员工的积极性。因为管人不是办法,最重要的是"管心",只有正确地管心才能赢得人心,才能让员工自觉地遵守公司的制度,认真地对待工作。所以,千万不要把权力当武器,不要把员工当小偷。

081 帮新员工获得团队归宿感

企业在发展过程中,会不断迎来新鲜的血液——新员工。新员工进入公司之后,面临陌生的环境、陌生的同事、陌生的公司制度和企业文化,怎样才能快速融入进来、获得归属感呢?在这个过程中,管理者要做些什么呢?

盛大副总裁朱继盛说:"在我看来,培养新人的团队归属感,核心思想只有一点:给每一个员工以机会,帮助他找到自己的舞台,施展他自己的才华。"朱继盛认为,一个人只有找到了自己的舞台,他才会觉得心安,他才能获得满足感,这是多少金钱都换不来的。

换言之,管理者要善于发掘新员工的专长,给他提供发挥专长的机会。这就要求给员工安排符合他兴趣爱好、优势特长的工作内容。如果新员工工作一段时间后,对其他项目比较感兴趣,而那个项目也恰好需要人,管理者就可以将他安排到那个项目上去,让新员工在自己喜欢的工作上发挥聪明才智,这样有利于他获得成就感。

北京某公司副总胡先生说:"无论你现在是何年龄、何阶层、何职位,一定都曾当过职场'新人'。想想自己第一天进入公司的心情,是兴奋、惶恐、不安,还是自信满满呢?或许都有一些吧!对于新员工的团队归属感建设,首先必须给他安全感,让他感觉自己受到了大家的照顾和重视,这样他才会觉得安心。"

怎样才能让员工获得照顾和重视呢？胡先生给出了一个很好的建议：在新人进入公司时，给他安排一个资深员工担任他的"师父"，让他带着他来适应公司的环境，了解公司的制度、考核、企业文化，一步步带领新人走进他所属的团队。

在工作过程中，新人遇到不懂的问题，都可以向"师傅"请教，"师傅"针对"徒弟"不懂的问题，进行针对性的解惑与辅导，甚至教他如何在团队中与他人相处，如何求同存异，如何发挥自己的战斗力，让"徒弟"感受到整个团队带给他的支持与鼓励。这样，"徒弟"就会渐渐对团队产生依赖，最终激发出他对团队的归属感。

082 不能把资历同能力画等号

管理者在用人时，要特别注意一点：不能把资历同能力画等号。在企业内部，要克服只看资历、不问能力的论资排辈的做法。因为资历只是年限和实践经验的一种反映，并不代表能力。因此，千万不要认为资历越深，经验就越丰富，能力就越强。

有一个机构曾对古今中外的1249名杰出科学家及他们的科研成果进行统计，发现他们大部分年龄在25岁到45岁之间。还有人统计了301位诺贝尔奖的获得者，发现35岁到45岁的获奖者占40%。由此可见，年龄不是衡量人才能力的唯一指标，因此，绝不能把资历与能力画等号。

1970年，麦当劳快餐进入法国，并以惊人的速度扩张，平均每半个月就新开设一家分店。在这种情况下，用人量大增，为了解决企业用人问题，麦当劳公司在招聘人才方面不拘一格，只要有能力，公司就会给他们合适的位子。

在招聘的人员中，既有刚毕业的年轻人，也有在其他地方工作过、具有一定经验的中年人。所有通过考核的求职者，均要在餐厅里实习，以熟悉未来的工作环境，让他们看一看工作环境与自己的意愿是否一致。经过三天的实习，公司会与求职者进行第二次面试，再确定是否录用。

进入麦当劳之后，无论你以前从事何种工作，必须当4~6个月的实习助理，以熟悉各部门的业务。然后，才有机会升为二级助理，再升为一级助理，即成为经理的左膀右臂。进入麦当劳的新人，大概经过2~3年就可以成为快餐店的经理。在麦当劳，有能力才有晋升的空间，文凭的作用几乎可以忽略不计。

同样是初出茅庐，诸葛亮能一鸣惊人，赵括只晓得纸上谈兵。可见，资历与能力不能画等号，有些资历浅的人，有雄才大略；有些资历深的人，却是庸才。因此，不要用资历去评判人才。

083 感情投资比物质刺激更有效

有些企业领导者认为，在这个利欲熏心的社会，谈什么感情、道德啊，这些都是看不见、摸不着的东西，根本就不值得为之花费心思。有些管理者则认为，感情投资是虚幻的东西，没有切实的回报，也达不到立竿见影的效果。如果你也这么想，那么是时候改变一下了。

感情投资虽然是无形的，看不见、摸不着，却能感受得到。感情投资也许不能获得立竿见影的效果，但是它能对员工产生潜移默化的影响，随着时间推移，随着你感情投资越来越多，员工会加倍地回报你，这种回报表现为信服你、敬重你、乐意听从你的安排、愿意遵守公司的规章制度、为公司创造效益。这样一来，你所得到的回报将是不可估量的。

唐太宗李世民就懂得善用感情投资，笼络人心。开国功臣李勣，原名徐世勣，是第一个被赐"国姓"的人。对于这样的重臣，李世民自然忽视不得。

有一次，李勣得了急病。御医开的处方上，有"胡须灰可以救治"这些字。李世民毫不犹豫地剪下自己的胡须送给李勣，古人认为身体发肤，受之父母，不可损伤。因此，他们不剃发，不剪须。而皇帝是龙体，身上的任何一根毛发都珍贵无比。因此，李世民的举动把李勣感动得热泪长流，叩头以至于流血，以表达感激之情。李世民却说："这都是为了国家，不是为了你个人，这有什么可谢的！"

房玄龄也是李世民最为倚重的一位大臣，在朝中长期担任宰相。他对唐朝开国时的制度建立、社会经济的发展，都做过重大的贡献。当房玄龄生病时，李世民为了了解病情，方便探视，竟然命人将皇宫的围墙凿开，以便直接到达房玄龄的家。此外，李世民每天还派人前去问候房玄龄，并派名医为他治疗，让御膳房给他准备三餐。当听到房玄龄的病情有所减轻时，李世民便喜上眉梢，而当他听说房玄龄的病情加重时，马上愁云满面。在房玄龄弥留之际，李世民来到病榻前，与他握手话别，泣不成声。

李世民的做法充满了真情实感，怎能不让李勣、房玄龄等重臣感动，怎能不令他们披肝沥胆地为之效命？可以说，李世民的做法是管理的至高境界，对今天企业管理有非常好的借鉴价值。

感情是领导者与员工之间的心灵桥梁。聪明的领导者都注重感情投资，他们深知这对企业长远发展有不可估量的作用。你要牢记"人非草木，孰能无情"，你更要坚信"精诚所至，金石为开"。在你的感情投资之下，员工一定会被你感染，从而对你充满敬意，这样你的管理将会变得十分简单，你在管理上投入的时间、精力以及金钱，都会大大减少。与此同时，公司所获得的利益，也将源源不断。

084 重视那些出身贫穷的员工

在很多企业中，都有一些出身贫穷的员工，对于这些员工，管理者应该关注他们、关心他们。因为通常来说，贫穷的人面临的困难相对较多，如果企业对他们予以关注，及时给他们帮助，使他们感受到公司的温暖和重视，从而深深赢得他们的心。在往后的日子里，他们定能用心地为公司付出。

老干妈麻辣酱的创始人陶华碧，在经营和管理公司的过程中，十分重视关爱员工，尤其是那些出身贫穷的员工。公司里有一名来自农村的厨师，他的父母早丧，家里还有两个年幼的弟弟。可是他特别爱喝酒，而且爱抽烟。每个月的工资几乎都被他花掉了。

陶华碧得知这一情况后，对这个厨师很是担心。一天下班后，她把这个厨师请到酒桌上，像母亲对孩子一样，和蔼可亲地说："孩子，今天你想喝什么酒，想喝多少酒我都满足你。但是从明天开始，你要戒烟戒酒。因为，家里还有两个年幼的弟弟需要读书，需要你照顾，千万别让他们像我一样大字不识一个。"

一番语重心长的话，触动了这个厨师的内心，厨师当即表示一定会戒烟戒酒。但是陶华碧放心不下，她要求那位厨师每个月只留200元的零花钱，剩余的钱由她代为保管。等到其弟弟上学要用钱时，陶华碧再把钱给他……在陶华碧的关怀下，员工充满激情地对待工作，使公司不断发展壮大。

为什么要强调重视那些出身贫穷的员工呢？因为相对而言，出身贫穷的员工在生活中遇到的困难会更多，他们更需要关爱。当他们遇到困难时，如果管理者能够给予重视和帮助，那么无异于雪中送炭。而在别人最需要的时候予以帮助，可以极大地温暖人心，感动人心。所以，管理者应该重视那些出身贫穷的员工。

085 任用比自己强的人

奥美广告公司总裁大卫·奥格威曾说过："如果你永远都起用比你水平低的人，那么你必将成为弱者。"他用这句话告诫下属：用人时不要嫉贤妒能，而要敢于任用比自己强的人才，只有这样，公司才能做大做强。

有一次在公司董事会上，奥格威在每位董事的桌前放了一个玩具娃娃。董事们都不知道他到底想干什么，他解释道："每个娃娃都代表你们自己，大家不妨打开看看。"董事们打开玩具娃娃，惊讶地发现里面还有一个小的玩具娃娃；再打开它，里面还有一个更小的玩具娃娃。就这样一层层地打开，到最后娃娃里放了一张纸条，上面写着："如果领导者永远都只起用比自己水平低的人，那我们的公司将一步步沦为侏儒公司；如果我们都有胆量和气度任用比自己更强的人，那我们就能成为巨人公司。"

美国钢铁大王安德鲁·卡内基曾经说过："你可以把我的工厂、设备、资金全部夺去，只要保留我的组织和人员，几年后我仍将是钢铁大王。"在他逝世后，人们在他的墓碑上刻了这样一段文字："这里安葬着一个人，他最擅长把那些强过自己的人，组织到为他服务的管理机构之中。"卡内基是一个以追求经济利益最大化为终极目标的商人，但是他在用人上却有极高的觉悟和极大的胸怀，这不得不让人敬佩。作为企业的一名领导者，你是否也该向卡内基学习呢？

在现实中，很多领导者宁愿用顺从听话的"中不溜"，也不用能力出众的强人，其实根本原因是心胸不够宽广，很大程度上是虚荣心、错误的面子观在作怪。在他们看来，任用能力太强的下属，自己的威信会受到挑战，自己的能力会被衬托得更加不足。殊不知，这样的企业是没有希望的。

老板只有真正做到大胆用人，给员工干实事的机会，给他们舞台，给他们位置，才能把优秀人才聚集在身边，共谋大业。

086 每个人都与众不同，对下属区别对待

每个人都有自己的优势，也有自己的不足，每个人都是与众不同的。用人的关键在于区别对待，扬长避短。所谓区别对待，就是指根据员工的

长处、性格、兴趣等，有所区别地使用他们、激励他们，使他们最大限度地发挥自己的作用。

（1）根据员工的长处分配工作。

对一个公司而言，人力资源是相当有限的。因此，管理者要充分发挥人才的长处，而不要埋没人才。为此，管理者要做的是根据员工的长处分配工作。

在楚汉争霸时期，刘邦手下有三个帮手，分别是萧何、张良、韩信，在后来的征战中，刘邦根据他们的优势分配任务，他让萧何负责粮草等后备物资的筹划、运输工作，让张良做帐下的谋士，拜韩信为大将军，专门带兵打仗。最后，刘邦依靠这三个帮手，战胜了不可一世的西楚霸王项羽。由此可见，根据员工的长处分配事务，才能充分利用他们各自的优势，推动企业的发展。

（2）根据员工的性格来管理他们。

不同的人性格特征是不同的，管理者应该充分了解员工的性格，巧妙地运用它，使之能够既显其能，又避其短，这样才能达到最高的管理境界。

心理学家把人的性格分为四种类型，分别是胆汁质、多血质、黏液质、抑郁质。不同性格的员工对工作岗位的适应性不同，所适合的工作也不同。比如，胆汁质的员工精力旺盛、性格刚强，但是缺点是粗心大意，不留意细节，因此，他们适合创新性的工作；多血质的员工性情活跃、反应敏捷、善于交际，对他们可以采取目标管理的方式，给他们设定目标和任务，让他们自行选择方法去执行；黏液质的员工比较安静、忍耐力较强、性格坚定，他们喜欢实事求是，因此，可以把他们安排在持久性强的工作岗位上；抑郁质的员工性情孤僻、细心敏感，对他们可以采取过程管理方式，给他们的任务略超过他们的能力，使他们体验到成功，从而获得信心。

（3）根据员工的兴趣来任用他们。

兴趣是最好的老师，兴趣可以带给人欲望和动机，使人精力高度集中，激活饱满的工作热情，从而发挥出全部的才能。因此，在平时的接触过程中，管理者应试着了解员工的兴趣，尽可能给员工安排一些他们感兴趣的工作，这样一来，员工往往能取得较好的工作效果。

（4）巧妙利用具有"偏才"的员工。

所谓"偏才"，指的是某些特别的才能、优势、技能。如果管理者能够发现员工身上的偏才，予以重用，往往能取得很好的效果。比如，《水浒传》中的时迁，纯粹是一个偷鸡摸狗的混子，但是他有突出的特长——轻功很好，飞檐走壁，人称"鼓上蚤"。在他上梁山之后，他的长处也派上了大用场。每当有重大军事行动时，他都担负窃听情报的工作。由此可见，善于发现并巧妙利用员工的"偏才"，也具有极为重要的意义。

087 评估下属不能感情用事

如果你问管理者："下属是否喜欢被评估？"大多数管理者的第一反应是"不"。的确，在管理者看来，评估是一种相当细致的工作，尤其是当评估涉及员工利益的时候，更容易使下属产生压力。

但实际上，只要评估客观公正，下属不一定会畏惧，不一定会对管理者产生成见。相反，他们甚至可能还会欢迎管理者的评估，因为通过正确的评估，下属可以全面充分地认识到优势与不足，认清自己对工作的贡献，重新确立自己的工作责任。

苏先生是某企业的老板，每个季度他都要费尽心思地对员工做绩效考评，评估员工在这一季度中的表现。绩效考评的表格中标明了工作的数量和质量及合作态度等情况，员工的表现分为五个等级，分别是优秀、良好、一般、及格和不及格。

拿前一次评估来说，除了小胡和小赵之外，其他员工都完成了本职工作。鉴于小胡和小赵是新员工，来公司不到三个月，而且工作量又偏多，因此苏先生给他们也打了"优秀"。

鉴于员工小陈曾经对苏先生的一个决策提出过反对意见，让他觉得没面子，他在"合作态度"一栏上记为"一般"。员工小刘家庭比较困难，苏先生就有意识地提高对他的评价，他想通过这种方式让小刘多拿绩效工资，暗中帮小刘一把。

此外，员工小王的工作质量不好，刚刚到及格的标准，但是鉴于小王平时工作态度不错，为了避免小王难堪，苏先生把他的评价提到"良好"。

从案例中，我们可以发现，苏先生的评价中掺杂了太多的主观色彩，对家庭贫困的员工有同情心，对曾反对过自己的员工有成见，对工作态度好但工作绩效一般的员工有偏袒，这样的评估显然有违客观公正的原则，又有多少实际意义呢？值得我们去思考。

身为老板，不能总是做老好人，对于员工存在的问题不敢指出来，对员工不足之处不好意思提出意见，这样最终坑害的是自己，也无法帮助员工提高自身素质。更重要的是，有失公正的评估会使员工产生不满，还会造成员工与管理者之间的矛盾。比如，上文的苏先生因为员工曾提出反对意见，就心怀芥蒂，做出了不公正的评价，这对员工正确面对工作是极为不利的。所以，在评估下属时一定不要感情用事，而要避免以下三个问题：

（1）眼里只有员工的错误，却没有员工的成果。

无论多么出色的人才，都有犯错误的时候，但是管理者在评估员工业绩的时候，往往更容易关注员工的缺点和不足，而忽略员工的工作成果。针对这种情况，建议管理者在评估员工时不要把评估当成纠错，而要全面客观地评估员工。

（2）用个人感觉代替评估标准。

管理者经常会把自己的主观情感带入评估过程中，这一点从他们的言语中就已经表现出来，比如，他们常说"我感觉""我认为""按我的经验"……问题是，评估有特定的标准，而且标准必须具体、可考量，而不应该单凭管理者的感觉来评估。否则，还有什么公正可言？

(3)只看到下属近期的工作成果。

有些员工在考评之前积极工作,干出了一定的业绩。如果管理者只看下属近期的工作成果,那么做出来的评估一定是有失公允的。对于这种情况,管理者应该注意,不要只看员工近期的表现,而要看员工在整个考评期内的表现。

088 别将工作掺入过多的友谊

中国人向来讲究人情味,讲究哥们儿感情,不少老板喜欢把人情味、友谊带入工作中,管理方式稍有不慎就可能把公司搅得不得安宁,最后朋友之间撕破脸,搞得大家都不愉快。这种情况在很多中小企业很常见。企业管理者习惯于人情化管理,大家在一起称兄道弟,有时候甚至连起码的规矩都忘了。这一点在汉高祖刘邦身上表现很明显。

刘邦在打天下的时候,靠的就是哥们儿义气,每次在打胜仗之后就大宴功臣,和一帮出生入死的兄弟喝得大醉而归。有一次,谋士张良劝谏刘邦,自古以来草莽英雄打天下,文臣谋士治理国家,因此,应该讲究规矩,要把君王和下属划定基本的界限,千万不能扫了君王的威严,坏了朝纲。后来刘邦听从了张良的意见,有意识地避免将哥们儿义气带入公事上,开始按规矩办事了。

柳传志有个朋友兼同事,他们的关系非常要好。早年,他们经常蹬着自行车,一起上下班,一起谈论国家大事,嬉笑怒骂,无话不说。后来,他们一起创业,私底下他们的关系很好,但是在经营企业的过程中,柳传志发现他没有以企业利益为重,于是降了他的职,再后来,他离开了联想。虽然这件事让柳传志比较难过,但是他知道为了企业的发展,必须坚持原则,而不能把友谊掺入工作中。

朋友归朋友,工作归工作,两者绝不能混为一谈。试想一下,你和关系很好的员工一起喝酒,他搂着你的腰、拍着你的肩,这没有关系,但若第二天他上班迟到了,你就应该指出他的错。今天你孩子满月,和你关系很好的下属来送礼,但是明天回到公司,他多报了500元的开支,你就必须指出来。因为公司的规矩和风气,绝不能被友谊破坏了。在这方面,杰克·韦尔奇为我们做出了榜样。

美国通用电器公司前CEO杰克·韦尔奇在回忆录中提到一个故事:韦尔奇的副总跟别人说,一天晚上,韦尔奇请他吃饭,并且非常热心地为他夹菜,还为他斟酒,走的时候还跟他热情地拥抱,但是三天之后,韦尔奇下达人事命令,撤销了他的副总职务——原因是他违反了公司的制度。

杰克·韦尔奇的案例说明,管理者就要像管理者,必须把工作关系和朋友关系分清楚,绝不能把私人感情混入工作中……管理者可以请员工吃饭,可以为员工夹菜、倒酒,但如果员工影响了公司发展,他就必须离开。

089 对下属要讲原则,更要讲人情味

在企业管理中,有些管理者按原则办事,却显得没有人情味。有些管理者表现得很有人情味,却放弃了很多原则,使企业内部失去了规矩。如何才能做到既讲原则,又不失人情味呢?这是每一位管理者都应该去思考的问题。

西洛斯·梅考克是美国国际农机公司创始人,也是世界第一部收割机的发明者,被称为企业界的全才。在几十年的经营生涯中,虽几经起落,历经沧桑,但他总能凭借过人的能力,在遭遇挫折之后赢得成功。

在管理公司方面,他有着左右员工命运的权力,但他从来不滥用职权。相反,他懂得为员工着想,既坚持用制度管理公司,又不伤员工的感情。

有一次，公司一位老员工违反了工作制度——酗酒闹事，迟到早退。按照公司的管理制度，他应该受到开除的处分。当管理人员做出这一决定之后，梅考克很快就批准了。

决定公布之后，那位老员工火冒三丈，大叫委屈，他对梅考克说："公司当年债务累累时，是我和你共患难，三个月没发工资，我毫无怨言，今天我犯了一点错误，你就开除我，真的是一点情义都不讲啊！"

梅考克平静地听完老员工的诉说，答道："这里是公司，公司就要讲规矩。这不是你我两人的私事，我只能按规矩办事，谁都没有例外。"

随后，梅考克了解到那位老员工之所以酗酒闹事、迟到早退，是因为他的妻子去世了，他不得不照顾两个孩子，而其中一个孩子跌断了一条腿，另一个因吃不到母乳整天哭个不停。老员工心烦意乱，极度痛苦，于是借酒消愁，结果误了上班。

得知这一情况之后，梅考克懊恼不已，他立即安慰老员工："你现在什么也不要想，赶紧在家照顾孩子。你不是把我当朋友吗？请你放心，我不会让你走上绝路的。"说着，他从口袋里掏出一沓钞票塞给了老员工，并嘱咐道："回去安心照顾孩子吧，不用担心你的工作。"

听了梅考克的话后，老员工喜出望外："你想撤销开除我的命令吗？"

没想到梅考克说："不，我不希望破坏制度，我相信你也不希望我破坏制度，对吗？"后来，梅考克让这位老员工在他的一家农场当管家，并给他更高的薪酬。

梅考克在处理老员工违反制度的事件时，既坚持了按原则办事，又充分表现了自己的人情味，这是非常可贵的。作为一名管理者，你也应该学会处理这种两难事件。在平时工作中，要注重人情味，给员工家庭般的温暖，以抚慰员工的心灵。

不过，当员工违反了制度时，必须坚持按原则办事，按制度行事，这样才能服众，才能维护制度的威严。当然，在按制度规定处理员工之后，可以根据实际情况，给员工一些安慰或帮助，以抚慰员工受伤的心，让他知道你处理他并非针对他，而是针对他所犯的错。

090 当糊涂时糊涂，放下属一马

自古道："难得糊涂。"这句话对领导者管理企业也很有启发。在管理中，做领导的没必要事事精明，锱铢必较，对于下属所犯的无关紧要的过失，试着装一装糊涂，放下属一马，既能显示出你的大度，又能让你赢得下属的感激，何乐而不为呢？

在《宋史》中，记载了这样一个故事：

有一天，宋太宗和两位重臣在北陵园喝酒，他们一边喝一边聊天。没过多久，两位重臣都喝醉了，竟在宋太宗面前相互炫耀功劳，他们都不认输，都说自己功劳大。到最后，居然斗起嘴来，完全忘了一旁的宋太宗，把君臣礼节抛之脑后。

一旁的侍卫实在看不下去了，便小声地奏请宋太宗，处罚这两位无礼重臣。宋太宗没有同意，只是撤了酒席，派人把他们分别送回家。

第二天上午，两位大臣从沉睡中醒来，想起昨天的事情，惶恐万分，赶忙进宫请罪。宋太宗看着他们战战兢兢的狼狈样子，轻描淡写地说："昨天我也喝醉了，什么也记不起来了。"

两位大臣知道，宋太宗这是装糊涂，有意放他们一马，因此，马上感谢宋太宗的不责之恩。从此以后，两人更加忠心地辅佐宋太宗。

古人说："水至清则无鱼，人至察则无徒。"凡事不要太精明，对于下属那些无伤大雅的小过错，管理者不妨糊涂一点，不去与之计较。比如，上班时间，你发现下属看新闻、玩微博、聊 QQ 时，没必要当场点破，只要你从他身边走过，他肯定就会收敛起来。反之，如果你对下属吹毛求疵，要求他们上班 8 小时一刻也不能分神，那无异于鸡蛋里挑骨头，毕竟上班过程中，也需要片刻放松。

当糊涂的时候装糊涂，可以给员工留一个台阶，留一个面子，避免不必要的尴尬。同时，还能让下属感受到管理者的宽容和大度，从而激发下属的自觉意识，让他更好地约束自己的言行。这样也有助于赢得下属的拥戴，营造和谐的上下级关系。

091 反省任何过失，先从自身开始

曾子曾经说过："吾日三省吾身：为人谋而不忠乎？与朋友交而不信乎？传不习乎？"意思是，每天我都会反省：为人家谋虑，是否尽心了？和朋友交往，我是否诚信？老师传授的知识，我是否精通熟练？

孔子之所以认为曾子能够继承自己的事业，关键在于"反省"二字，他认为，一个善于自我反省的人必有大作为。孔子曾说："什么是最大的勇敢？自我反省，正义不在自己一方，即使对方是普通百姓，我也不恐吓他们；自我反省，正义在自己一方，即使对方有千军万马，我也勇往直前。"

现实生活中，能够时常自我反省的人，并不多见。我们先来看下面的寓言：

有个农夫划着小船运送农产品，天气酷热，他汗流浃背，苦不堪言。这时，农夫看见一条小船沿河而下，朝自己快速驶来，而且那条船没有任何避让的意思。农夫见状，大喊道："让开，快点让开！你这个白痴！"结果，农夫的船和那条船撞在了一起，农夫跳上那条船，才发现上面没有人。原来，那只是一条挣脱了绳索、顺流而下的空船。

这个寓言中的农夫就是一位不懂得自我反省的人，他自己不躲开，却怪罪别人不躲开。一个不懂得自我反省的人，往往会像农夫那么可笑，在问题即将爆发的时候，他盲目地指责别人，却不懂得思考问题背后的本质，不懂得思考自己的不当之处。结果，眼睁睁地看着问题爆发。

人非圣贤，孰能无过。有了过失，如果不自知，不去反省，那是怎样

的悲哀呢？在经营管理企业的过程中，管理者一定要善于自我反省，即检查自己的思想和行为，发现自己的不足、错误，从而改正自己的过失，以实现人生的升华。

从27岁开始，长谷川和广就在东京从事商业顾问一职。他一生中挽救了2400多家濒临破产的企业。由于在商业管理领域的卓越地位，他被日本商界誉为"高恩第二"（卡洛斯·高恩是日本商业管理教父级人物，以重振日产汽车公司闻名）。

在总结自己成功的经验时，长谷川和广说："我相信自我反省的力量。"他在自己的著作里，列出了一个优秀管理者每天必须反省的八个问题：我今天学到了什么？今天有什么新主意？工作中遇到了哪些困难？距离昨天定下的目标有多远？还有哪些问题没解决？如果同事和领导要给我今天的工作表现打分，我能得几分？今天身体感觉怎么样？今天是否过得开心？长谷川和广有一句为人熟知的名言："学习过去，才能拥有未来。"可见他的自我反省程度之甚。

在自省过程中，领导者要勇于否定自己，勇于承认错误，主动接受批评和自我批评。既不自负自傲，也不过分谦卑，认真改正自己的不足。这样，才能逐步完善自己，才能取得更大的进步。

092 搞好生意，而不是搞垮对手

在生意人中间，经常存在一种敏感、微妙的情绪，人们在表面上亲亲热热，假如你生意经营得不怎么样，大家可以相安无事。但是，如果你比其他人强些，这些人就会眼红嫉妒，就可能在背后联手，把你搞垮。即使你的朋友、合伙人，有时也会被这种嫉妒的心理冲昏头脑。嫉妒之心，是人之常情，是自私的属性，我们每个人或多或少都具有这种嫉妒之心。在日常的交谈中，"我知道某公司有麻烦了"这类话总是比"我听说某公司生意兴旺"的话多得多，幸灾乐祸的话总比赞美入耳。

正所谓害人之心不可有，防人之心不可无。老是希望别人倒霉的人，一定不是很有进取心的人，即使有，也很难取得更大的成功。将对手搞垮了，除了满足嫉妒者的自私欲望外，实际上他没有得到任何利益。请记住：你仅仅是个生意人而已！你没有足够的力量改变整个市场的格局。不如把时间和精力放在提高自己的经营方式、服务态度、营销战略上，也许，会收到超乎预期的效果。当你比同行领先了一步，会遭来嫉妒和白眼，可当你比同行领先了一百步，你得到的就可能是尊敬和崇拜。

有些企业老板霸气十足，但体现出来的，更多是愚昧和可笑，一个不懂得与同行搞好关系、不懂得与同行合作的企业，恐怕很难做大做强。一个实力强大的企业，往往依靠几个主要产品或业务赢利，有些产品或业务并非行业最强的。这就好比一个人，他的能力很强，有很多优势，但在某些方面也有不足。如果企业管理者能够认清形势，认清自己的劣势，通过与同行合作，实现优势互补、取长补短，那么就可以实现双赢，于人于己都是有利的。

华人首富李嘉诚的生意做到了全世界，他却没有任何"霸道"作风。相反，他处处表现得很平和，对待同行企业，十分尊重和友好，充分彰显了"王者风范"。当年牛根生等企业家组成一个团队，一起来拜访李嘉诚，当时李嘉诚已经79岁了，但他早早地守候在电梯前。当代表团从电梯里走出来时，他一一和他们握手。席间，李嘉诚逐桌坐下，和每一位成员亲切交谈，回答他们的提问。当代表团告别时，李嘉诚再次将他们送到电梯。

俗话说得好："多一个帮手，就多一条出路。"做生意也应与人为善，而不能不顾同行的利益，否则，就很容易树敌，就会把生意做得越来越孤立。反过来，如果像李嘉诚那样，即使自己是一家独大，也懂得与人合作，并考虑合作者的利益，达到利益均沾，虽然短期内可能少赚一点，但从长远来看，会获得数不尽的合作机会和源源不断的利益。

093 尊重下属，不可践踏下属的自尊

俗语说："人有脸，树有皮。"脸，指的是一个人的自尊。身为管理者，要本着尊重下属的原则与下属相处，千万不要伤害下属的自尊心，更不可恶意地践踏下属的自尊。即便下属犯错了，你在批评下属时也要注意语气、态度和措辞，因为在自尊和人格上，上级与下属是平等的。如果管理者任意践踏下属的自尊，下属往往会被激怒，然后反过来攻击你，刺伤你的自尊。

在印度尼西亚的海洋石油钻井平台上，一位经理看到一位雇工表现比较糟糕，当场怒气冲冲地对一旁的计时员说："告诉那个混账东西，这里不需要懒人，让他跳到海水里，游泳滚开！"

那位雇员听到这句粗鲁的话之后，自尊心受到了极大的创伤，他被彻底激怒了，当即抄起一把斧子就朝经理冲了过来。经理见状，大惊失色，在地上爬着滚落到井架下面的工棚里。那位雇员追到工棚里，恶狠狠地砍破了大门。这时，幸亏其他雇员及时赶到，极力劝阻，才避免了一场可能发生的灾祸。

雇员的行为固然过激，但这是谁引起的呢？很明显，是那位经理出口伤人，践踏了雇员的自尊，才激起了雇员的愤怒和仇恨。身为管理者，应该在找到事实依据的前提下，以理服人地批评下属，而不应该粗暴地指责，甚至侮辱下属。虽然管理者被赋予了权力，但也不应该滥用权力，更不能耀武扬威地伤害员工的自尊。

要知道，没有人喜欢被别人骑在头上、踩在脚下。虽然下属的职位低于管理者，但他们也是有血有肉、有自尊、有感情的人。所以，如果你希望下属尊重你、服从你，而不是抄着斧子追杀你，那么就要学会尊重下属。只有你尊重他们，他们才会尊重你。尊重不需要花多少钱，却能产生

很大的激励效果。比如,你进出公司,向门卫师傅打一声招呼,问一声好,门卫师傅感受到了你的尊重,很可能会更加认真负责。

094 了解下属的痛处,然后机智地避开

有些管理者深得民心,走到哪里都能被欢声笑语、掌声鲜花围绕。在他们下达命令之后,下属绝对服从,立即执行。而有些管理者不得人心,他们所到之处,周围员工死气沉沉,当他们离开之后,大家背后议论抱怨。在他们下达命令之后,下属们磨磨蹭蹭,不愿行动。同样是管理者,为何待遇差距如此之大呢?

领导者常常为了促进与员工的关系而进行一些谈话或者举办一些活动。而如果你在与员工聊天或交谈时,出现了与对方相左的观点,特别是你想说服对方接受你的观点时,那么你最好不要一上来就否定对方的观点,说他的观点是错误的、荒谬的,这样你一定不会获得想要的结果。相反,如果你能机智、委婉地说出你的观点,然后将对方引导到你的观点上来,从而让他们忘记自己原来的观点,这才是最智慧的方法。

每个人都有自己的忌讳,人人也都讨厌别人提及自己的忌讳。有时候,即使是赞美他人,不小心也可能冲撞了对方,引起对方的反感,有时可能还会招来员工的怨恨。乐观、宽容的人,有时会调侃一下自己,但这仅限于对自己。在与他人聊天或交谈时,要合理地避开这类话题,把握好分寸,不要伤害到员工的自尊心。

比如,公司的小刘天生秃头。一天,几个同事在一起聊天,得知小刘的发明专利被批准了,领导快言快语地说道:"你小子,真够牛的,真是热闹的马路不长草,聪明的脑袋不长毛。"说得大家哄堂大笑,小刘却不好意思地红了脸。其实,聊天中开玩笑的人动机大多是友好的,但若不把握好分寸和尺度,就会产生不良后果,所谓"说者无心、听者有意"。因

此，聊天中掌握一些分寸还是很有必要的。

如果你想成为优秀的领导者，你就应该了解丰富的心理学知识，了解下属的心理，从员工的心理出发进行管理。这才是有效的管理方法，也是管理的最高境界。心理学研究证明，一个人的心理需求是其动力的最大来源，每个人都希望被尊重、被信任和被重视。这种心理需求很容易产生，也很容易满足。作为管理者，应该在第一时间洞悉员工的心理，并采取有力的措施来满足它，这样员工才会产生很强的动力。

095 用欣赏的眼光去看待每一位员工

在某公司举行的人力资源管理座谈会上，针对如何强化职工队伍管理问题，一位车间主任说："我认为管理员工没有什么秘诀，那就是多欣赏员工，多表扬员工，少批评员工。当员工能带着愉快的心情去工作时，工作效率才有保障。"

这位车间主任的观点是非常有道理的。其实，公司里不乏优秀的员工，有的员工生产技能高超，有的员工创新意识强烈，有的员工谋划能力惊人，有的员工营销思路开阔，有的员工对产品性能了如指掌，有的员工对竞争策略颇有研究，有的员工为人和善、人际关系很好……对于这些员工，管理者是否擦亮眼睛去发现、去欣赏呢？

一个优秀的管理者，应该善于发现员工的"闪光点"，及时予以表扬，这样能使员工身心愉悦。比如，部门开会时，下属提出了一个建设性的意见，管理者若能予以表扬，予以采纳，那么员工会觉得很有成就感。再比如，员工每天都准时上班，你可以说："你每天都能准时上班，从来没迟到过，我真佩服你能这么守时。"员工被你表扬之后，以后会更加守时。

用欣赏的眼光看待每一位员工，要求管理者在肯定员工优点的同时，对员工的缺点和不足多一点包容，对员工的错误少一点批评。或者用委婉的暗示予以提醒，让员工看到管理者的胸怀，使员工带着感激之情去完善自己，使员工心悦诚服地接纳管理者，这才是高明的管理策略。

096 拿员工当仆人的老板，不是好老板

松下幸之助曾提出过"企业即人，企业最大的资产是人"的口号。这种说法不无道理，公司的最基础部分是员工。再昂贵的机器，再先进的软件，离了人什么也不是。

一个优秀的企业，员工和企业更像是一个荣辱与共的有机整体，互相为对方创造有利条件，达到共赢的状态。所以，一个好的领导要把员工看成企业的管理者、政策的参与者，不能仅仅把员工当成拿自己工资的人，甚至是仆人。

老板王先生总是向朋友抱怨：自己找不到合适的人才。在他看来，现在的年轻人太浮躁了，新员工待不了多久就会辞职。他的朋友韩教授却对他说，员工选择离开并不是员工自己的问题，问题出在公司的制度上。

王先生很不解，他觉得自己没什么错。韩教授说："你看，新人每天都要打扫公司，还要负责订外卖、复印文件，很多主管还让他们去帮自己接孩子。这样的工作环境，新员工看不到未来，自然就会离开。"

王先生则不以为然，说："我既然给了他们薪水，他们就是我的人，我让他们做什么他们就得做什么。我手下的主管都是跟我创业的元老，差使新人干点活也不是什么大事嘛。"韩教授知道，王先生没有听进去自己的话，也就不再多说什么。每次失败之后，王先生总是发牢骚，说现在的年轻人什么苦都吃不了。韩教授则笑而不语。

王先生的行为不能说不对，这样做也有其合理性。但是他忽视了人们心中对自尊的渴望和实现自己价值的要求。员工不仅仅是为了薪水而工作，也为了获得任务达成之后的快感。

仅仅把员工当仆人，自己也不过是个仆人队长而已。我们需要政策的执行人，而不是只会听话的机器；我们需要的是智力的创造者，而不是清洁工。我们需要的是有能力的人，而不是唯唯诺诺、只会溜须拍马的庸才。差使新人做杂活，是对他们的一种磨炼，但是一味的磨炼只能把锋利的刀刃磨平。

合格的老板，懂得爱护员工，把他们当作公司最优秀的资产。为此，他们不仅会在薪酬待遇、办公环境上令众人满意，还会努力营造相互信赖、平等互助的公司文化，建立以公司为家的工作氛围。在这样的公司里，大家只有分工、职位的不同，而没有尊卑、上下的差异。而老板则把员工看作密切合作的伙伴，不会用主仆的思想处理彼此的关系。只有如此，员工才会爱岗敬业，充分施展个人的才华，全心全力实现高绩效的工作目标。

097 柔性管理是人本管理的核心

所谓柔性管理，是指以"人性化"为标志，对员工进行人格化管理的管理模式。柔性管理是相对于"刚性管理"而提出来的，刚性管理是以规章制度为中心，用制度约束员工，而柔性管理是以人为中心，从内心深处激发每个员工的潜力和创造力，使员工心情舒畅、不遗余力地为企业做出贡献。

西汉末年，王莽篡政、残虐天下，在民不聊生、群雄并起的乱世危局中，刘秀凭借自己卓越的领导才能，不断壮大自己的实力，最后推翻了王莽，清除了封建割据势力，完成了统一大业。在此基础上，他还建立了安定的社会秩序，使百姓安居乐业，国家繁荣富强，史称"光武中兴"。

刘秀认为，在管理中应该以柔克刚，即对人要仁德宽厚、广施恩泽，表达厚爱。对待下属，应该宽容豁达；对待百姓，要以宽松为本；对待功臣，要高秩厚礼。刘秀还总结道："吾理天下，亦欲以柔道行之。"从现代科学管理的角度来看，刘秀真正实践了柔性管理。

日本"经营之神"松下幸之助也非常重视柔性管理。有一次，他在餐厅招待客人，一行六个人都点了牛排。当大家吃完牛排时，松下幸之助让助理把餐厅的烹调牛排的主厨叫过来，并强调："不要找经理，找主厨。"

主厨见到松下幸之助后，显得有些紧张，因为他知道客人来头很大。没想到，松下幸之助对主厨说："你烹调的牛排，真的很好吃，你是位非常出色的厨师，但是我已经80岁了，胃口大不如前。"

大家听松下幸之助这样说，都觉得很困惑，他们不知道松下幸之助到底想说什么，过了一会儿他们才明白，松下幸之助说："我把你叫来，是想告诉你，当你看到我只吃了一半的牛排被送回厨房时，不要难过，因为那不是你的问题。"

试问，如果你是那位主厨，你听到松下幸之助说的那番话后，会是什么感受？你会不会觉得备受尊重呢？而一旁的客人听到松下幸之助如此尊重他人，更加佩服其人格，更愿意与他做生意了。

松下幸之助曾说过，当公司只有一百人时，他必须站在员工的最前面，以命令的口气，指挥部属工作；当公司的员工达到一千人时，他必须站在员工的中间，诚恳地请求员工鼎力相助；当公司的员工达到一万人时，他只需要站在员工的后面，心存感激就可以了；当公司的员工达到五万或十万人时，他除了心存感激，还必须双手合十，以拜佛的虔诚之心来领导大家。

从松下幸之助的话中，我们看到了柔性管理对企业发展的重要性。真正在乎下属内心感受的领导是英明的，因为这样做，可以完全捕获下属的心，让下属心甘情愿为他赴汤蹈火。要知道，对别人的关心和善待，往往能产生极好的效果。

098 可以看破，不能说破

中国人最讲究什么？面子，任何时候，都不要轻易伤害别人的面子，而要给别人一个体面的台阶，这也是给自己留一个余地。因此，做人不能太聪明，有些事情可以看破，心里清楚就可以了，千万不要自作聪明地说出来。因为一旦说破了，就可能伤了别人的面子，就容易引来别人的怨恨甚至是报复。杨修之死就是最好的例证。

三国时期的杨修才思敏捷，一度深得曹操的器重。然而，由于他不懂得"看破不说破"的处世之道，屡次让曹操"没面子"，最后惹恼了曹操，被曹操处死了。

曹操生性多疑，怕有人趁他睡觉时谋害自己，于是吩咐左右说："我梦中好杀人，凡我睡着的时候，你们切勿近前。"一天，曹操在帐中睡觉，故意把被子弄到地上去，一个近侍见状，就过去帮他把被子盖好。结果，曹操跳起来拔剑杀了近侍，然后又到床上睡觉。醒来之后，曹操假装什么都不知道，问："何人杀了我近侍？"大家如实相告，曹操假惺惺地表示痛苦，并厚葬了那位近侍。

人们都以为曹操真的是梦中杀人，只有杨修看破了这一迷局。当那位近侍下葬时，杨修对着尸体哀叹道："丞相非在梦中，君乃在梦中耳！"曹操得知这个消息后，从此十分厌恶杨修。

后来，发生了"鸡肋事件"。曹操率军攻打刘备的汉中之地，但刘备兵强马壮，一时间难以攻克。在退不可退，攻又难攻的两难之际，下属问曹操："今夜军中的口令用什么？"曹操见盘中有一根鸡的肋骨，便随口道："鸡肋！"杨修自以为是，认为鸡肋是指汉中，弃之可惜，食之无味，这是曹操的心情。于是吩咐士兵收拾行装，准备撤兵。结果，曹操一怒之下，以"扰乱军心"之罪杀了杨修。

杨修作为下属，处处说破上司的意图，让上司很没面子，结果招致杀身之祸。同样，作为上司，如果处处点破下属，让下属难堪，也会招致下属的怨恨和厌烦。因此，管理者也要恪守"可以看破，但不要说破"的处世之道。比如，下属和女朋友闹矛盾了，领导看出了下属不悦，猜测下属发生了什么事，但不要在大庭广众之下说出来，否则，下属会很难堪的。

在电视剧《新结婚时代》中，小西的爸爸说过这样一句话："为什么非要把话说破呢？人都是有面子的，你把他捅穿了，于事无补不说，很可能会将矛盾激化。"看破但不说破，确实是一种领导智慧，是一条非常重要的管理技巧。

099 细心寻找可以赞美员工的机会

说到赞美员工，有些管理者可能觉得员工没有什么优点，倒是觉得员工有很多缺点与不足，不去批评员工就够可以了，怎么还要去赞美员工。再说，又能赞美员工什么呢？其实，关键在于找到赞美的机会，请看下面的案例。

有一位年轻人由于没有学历，找工作处处碰壁，最后好不容易进入一家公司做推销员。但是推销工作并不简单，在上班的第一天，他敲了近60家人的大门，但均被冷冰冰的表情拒之门外。第二天，第三天，半个月过去了，他一件产品都没有卖出去。

就在他打算放弃这份工作的时候，他被公司老板叫了过去，老板对他说："年轻人，虽然半个月过去了，你一件产品都没有推销出去，但是你能坚持半个月，这一点非常了不起，你知道吗？很多年轻人来公司，坚持不到一个星期就不干了，你能坚持半个月，这还是头一个啊！就凭这一点，我就觉得你将来有出人头地的机会。"

原本信心全无的年轻人，听到老板的赞美之后，顿时激情澎湃，他马上振作了起来。接着，老板传授了一些推销的经验给他，鼓励他再坚持几天，相信他会取得成果的。年轻人带着这份激情，又去推销了，那天他卖出了两件产品，第二天，他又卖出了三件产品。随着推销产品的数量增多，他的信心越来越强，半年后，他成长为公司的头牌推销员。

员工推销半个月，仍旧一无所获，换作很多管理者，也许会批评员工无能，但是那位老板却从员工的失败中看到了员工的优点，并给予恰当的鼓励，结果使员工重燃信心，从困境中振作起来，最终获得了成功。由此可见，并不是没有赞美的机会，关键在于你是否有发现的眼光。

赞美员工的机会从何而来？也许员工只是捡起了地上的一片垃圾，也许员工只是关掉了别人忘记关的厕所灯，实际上，这都是你赞美他的机会。也许是一句话，也许是一个肯定的眼神，都能带给员工极大的力量。

100 让下属看到工作成果，明白工作的意义

一位心理学家做过这样一个实验，目的是研究工作成果对人工作效率的影响。他花钱雇来一名伐木工人，给他一把锋利的斧头，让他砍树，结果，伐木工人砍树的效率非常高。

后来，心理学家给伐木工人双倍的工资，让他继续砍树，不同的是，这次要用斧头背部砍树。伐木工人干了半天，也没砍倒一棵树，气得他扔掉斧头，大声说："不干了。"

心理学家问他："你为什么不干呢？我给你的可是双倍的薪水。"

伐木工人说："因为我看不到木屑飞出来，也看不到树木倒下去，干得一点劲都没有。"

心理学家经过研究认为，伐木工人所说的"木屑飞出来、树木倒下去"，指的就是工作成果。不管是什么原因导致的有劳无获，都会使人产生消极的情绪，严重影响工作效率。

其实，哪个下属不希望看到"木屑飞出来、树木倒下去"呢？因为这些是劳动的最直接的成果，也是自身价值的证明。所以，看到"木屑飞出来、树木倒下去"是每个下属工作的意义所在。任何看不到"木屑飞出来、树木倒下去"的工作，都会使人产生厌倦、抵触的情绪，因为那意味着对工作成果和工作价值的埋没。

即便你给下属双倍、三倍、十倍的工资，下属也干不出成果，他也不愿意继续干。所以，管理者一定要想办法让下属看到工作成果，让下属明白工作的意义。这样才能对下属产生吸引力，才能激励下属积极地工作。

有一家盲人工厂，专门生产各种螺丝钉。按理说，让盲人从事这种十分标准化、专业化、程序控制化的工作是比较合适的，但这种工作无疑是单调的。为了激发盲人员工的工作积极性，公司管理层把他们每天生产的螺丝钉装在一个木桶里，然后让盲人员工戴着手套去摸，使他感受到一天的工作成果。同时，管理层告诉盲人员工："你们生产的螺丝钉是安装在飞机、轮船、各种机床上的，这些产品远销欧美国家和地区。"盲人员工听了这话，内心感受到了安慰和骄傲，深深感受到了自己的劳动价值。

当员工看到工作成果，明白了工作的意义之后，他们就会从自己的工作中获得成就感，体验到深层次的自我满足，获得由衷的自豪感，进而朝着目标有效地努力。因此，管理者一定要确保员工看到"木屑飞出来、树木倒下去"的场景，而不要让员工去猜测自己在干什么，去怀疑自己工作的价值和意义。

101 把了解员工当大事来抓

了解员工的基本情况，并让员工知道领导者在关心他，是优秀管理者惯用的手法。了解了员工的基本情况，才能有针对性地激励员工，做出让员工意想不到的举动，从而点燃员工身上的激情。

小张是一家电子公司的普通员工。说起公司老板，小张充满自豪地称赞道："我们公司老板这人真没的说，太够意思了。不管我挣钱多少，我觉得跟着他干心里舒坦。"为什么小张对老板评价如此之高呢？这与老板为小张做的一件事分不开。

小张刚进公司时，在欢迎新员工的联欢会上，老板致完欢迎词后，对大家说："今天大家欢聚一堂，我向诸位宣布一个消息，今天是咱们新同事小张 23 岁的生日，请小张站起来，走上台来，接受公司对你的祝贺。"

小张感到非常意外，因为他根本没有告诉老板他什么时候过生日。当他走上台时，从外面走进来两位礼仪小姐，他们推着一个车，上面放着一块很大的蛋糕。在这种热烈的气氛中，小张被同事们簇拥着许愿、吹蜡烛。

当时小张感动得不知道说什么才好，他做梦也没想到，自己一个刚进公司的员工，老板居然那么重视他的生日，而且特意为他定做了生日蛋糕。就在小张依然沉浸在感动中时，老板又宣布："为了表达对小张的生日祝福，公司没有准备什么礼物，这个红包请小张收下，希望不要嫌少哦。"

那一刻，小张的心彻底被老板收服了。回到家里，小张打开红包："哇，居然是 1000 元。"小张心想，公司出手真大方，于是暗自下决心，一定要认真对待工作，用心回报公司的厚爱。

看完小张的故事，你是否为他感到庆幸呢？能被公司如此重视，是人生的一件幸事。但我们不由得想问：老板怎么知道一个新员工的生日？当然，其实要知道一个员工的生日，并不是什么难事，只要做有心之人，定能把员工的个人情况了解清楚。这就提醒管理者，一定要把了解员工当成大事来抓。只有了解了员工，才能为员工制定个性化的激励策略，才能想员工之所想，帮员工分担困难，和员工分享喜悦。

很多优秀的管理者都十分重视了解员工，这包括记住员工的名字、生日、年龄、家里有几个兄妹、籍贯、父母的职业、兴趣爱好等。为了便于记忆，他们甚至把这些信息特意写在一个专门的记事本上，时常翻来看一看，以便找到激励员工的机会。

有位管理者曾在本子上记下了员工父亲养了一只兔子，一个月后，他在一次与员工共餐时，问员工："你父亲养的兔子还好吗？现在应该长大了很多吧？"当时员工觉得非常惊喜，他甚至一时想不起来：为什么领导知道他父亲养了兔子，事实上他是在一次平常的聊天中说出来的，没想到领导居然还记得，这让他非常感动。

管理者除了解员工的出身、学历、家庭背景、兴趣、专长之外，还应该了解员工的性格特征、行为习惯，了解员工当下遇到的困难。只有出乎意料地关心员工或提供帮助，才能让员工感觉自己受到了重视。

102 巧用感情杠杆，理智与感情并用

"投之以桃，报之以李。"如果管理者懂得运用感情杠杆，巧妙地迎合员工的内心需求，往往会收到丰厚的"回报"。虽然这叫"感情投资"，看起来有些功利，但实际上，它是一种发自内心、诚心诚意的感情付出，因为这种付出包含了尊重、理解、信任、关心、爱护等，是一种真实感情的流露，绝非虚情假意，玩弄心计。当然，这种笼络人心的行为，既包含了真挚的感情，也包含了理智的思考。

南存辉在创业之初，从上海请来王中江、宋佩良、蒋基兴三位国有企业退休的老同志指导工作，他们为正泰默默奉献，南存辉都铭记在心。

1994年，正泰建厂10周年，南存辉专门花了3000美元，把定居巴西的王中江老人接到厂里，坐上主席台，戴上大红花。

后来，王中江老人在上海去世，人在北京的南存辉得知后，推掉已安排的公务活动，直接赶到上海参加王老的追悼会。

南存辉每次去上海，都要去看望这些公司的元老。

说起南存辉，宋佩良感动地说，南存辉每次到上海，都要去看他，其

中有一年竟然去看了他13次，比自己住在上海的儿子去得还勤！

1999年，正泰创业15周年庆祝大会，年近8旬的宋佩良、蒋基兴又被请来，被授予"正泰元老荣誉奖章"。

不管当初的兄弟跟不跟得上企业发展的步伐，作为精明的商人，对待那些当初一起闯天下的兄弟都应该怀着一种感恩的心理，尽量安排好他们，让他们能够安安心心、平平静静地与公司一起发展，或者离开公司。

在企业管理中，如果管理者能够与下属同甘共苦，处处为下属着想，真心实意地对待下属，还怕下属不忠诚、不为公司的发展竭尽全力吗？

常言道："人非草木，孰能无情。"千金易得，真情难求，尤其是在当今社会，人人追逐利益，人与人之间显得有些冷漠，如果管理者能巧用感情杠杆对待下属，厚养人情、厚施仁义，那么何愁下属不信服管理者、不忠于企业呢？

感情作为人际关系的纽带，存在于管理者与下属之间。这种感情是相互影响的。如果管理者希望下属理解、尊重、信任、支持自己，首先应该理解、尊重、信任、关心、爱护下属。要知道，先有投入才会有产出，先有耕耘才会有收获。这就叫："不行春风，哪得春雨。"

103 站在对方的角度思考

有句话叫"理解万岁"，人与人之间，若能做到相互理解，那么人与人就能和谐相处。在管理中，上下级之间也需要相互理解，有了理解，才有人情味。当上司理解了下属的抱怨、烦恼时，才能认识到自己的策略是否符合民意；当下属理解了上司的想法时，才能明白上司的苦衷。

东汉末年，曹操在官渡之战中打败袁绍，在打扫袁绍住处时，曹军发现很多将私通袁绍的信件，于是把这件事报告给曹操。当时曹操手下给袁绍写过私通信件的文臣武将们个个心惊胆战，有的人甚至吓得坐在地上，心想：这次死定了。但是出乎大家的意料，曹操得知这件事后，把大家都召集过来，然后当众烧了那些信件。

有些属下不明白曹操的用意，就问他为什么这么做？曹操说："我与袁绍开始交兵时，敌强我弱，当时连我都不知道能不能取胜，我手下的文臣武将一样无法预料。因此，他们当时为自己做打算，和袁绍通信，想背叛我也是可以理解的。"曹操凭借这一招，不知道收买了多少人心。

曹操之所以在战场上叱咤风云，就在于他懂得推己及人、收买人心。古人说得好："得人心者得天下。"同样，要想在商战中战无不胜，管理者也需要站在别人的角度思考问题。从下属的角度思考问题，才能理解下属的想法，消除下属心头的苦闷；站在客户的角度思考问题，才能理解客户的难处，与客户达成合作。

104 "跟我冲"而不是"给我冲"

在战争片中，我们经常能见到军官坐在马上，挥舞着指挥刀，大声喊道："给我冲！"什么叫"给我冲"，意思是我可以坐在这里指挥，你们要上阵杀敌。如果你们战败了，我可以随时调转马头，赶紧逃跑，输了与我无关，不是我的责任。如果战胜了，功劳是我的，因为我指挥有功。

与"给我冲"差不多，还有三个字叫"跟我冲"。所谓"跟我冲"，就是我带头，你们随后，我们一起去上阵杀敌、攻克困难。如果战败了，我责任首当其冲，你们不用担心我推卸责任。如果战胜了，功劳属于大家。

"给我冲"是一种"言传"，而"跟我冲"是一种"身教"；"给我冲"是空喊口号、纸上谈兵，而"跟我冲"是身先士卒、一马当先。试问，哪个影响力更大？很明显，"跟我冲"三个字更有影响力，更有感染力，更有激励性。身为管理者，你应该对下属高喊"跟我冲"，而不是对下属高喊"给我冲",一字之差,管理效果相差千里。

金宇中是韩国大宇集团创始人,他每天晚上零点睡觉,次日凌晨5点起床,每天工作十几个小时,二十多年如一日。他经常对下属说:"为了公司明天的繁荣,我们必须牺牲今天的享乐,因为我们还是发展中国家。"他的行动感动了整个大宇集团的所有员工,每位员工都自觉地认真对待工作,为公司的利益而努力。

优秀的管理者应该成为员工的榜样,要员工"跟我冲",而不是让员工"给我冲"。因为"跟我冲"这三个字中蕴含了无穷的魔力。从"跟我冲"这三个字中,我们看到了身教重于言传,看到了身先士卒、以身作则、率先垂范的表率作用。

105 给下属带来轻松和谐的气氛

在日本,提到稻盛和夫,几乎无人不知,无人不晓。因为他在商业领域取得了他人难以企及的成就,他曾创办的两家企业先后跻身于世界500强。他经营企业有什么秘诀呢?他说:"作为领导者,首先要满足员工物质和心两方面的幸福,只有我想到了他们以后,他们才能和我一起打天下。"

在这里,稻盛和夫提到了"员工心的幸福",他认为只有员工心里感到幸福,才愿意与企业一同打天下。由此可见,经营人心多么重要。对管理者来说,如果想赢得员工的心,激发员工的潜能,最简单的办法莫过于营造轻松和谐的企业氛围。

一家游戏研发公司的老板规定,只要大家把自己分内的工作完成了,其余的时间就可以自由支配,只要不影响其他人工作就可以。当员工工作找不到灵感时,可以去隔壁的茶水间享用免费的茶水,还可以约几个同事去公司自己开的小吧台聊会天。公司大楼外面还有一片大草坪,每当冬天阳光充足时，员工就会在工作之余去草坪上晒太阳，那种轻松和谐的氛围，让每个员工都流连忘返。

在公司管理层看来，考量公司的环境是否受员工欢迎，标准非常简单，那就是当员工每天早上出门前，是否有主动想去公司的意愿。公司在布置工作环境时，充分听取了员工们的意见和建议，所以，才有了种种轻松的场合。

现代社会，很多公司在一个宽敞的大办公室里办公，里面摆放着十几张办公桌，办公桌之间几乎都被壁板挡住，每个员工都在自己相对封闭的空间工作。如果员工每天只知道噼里啪啦敲击键盘，没有讨论声，没有适当的谈笑；如果管理者脸上没有笑容，总是绷着脸，可想而知，公司的气氛有多么沉闷。在这样的气氛中，员工无形中会感到压力，更容易产生疲惫感。可见，轻松和谐的工作氛围至关重要。

106 良好的环境和氛围能稳定人心

《素书》中有句话："危国无贤人，乱政无善人。"同样，在混乱的公司，人人皆有小人之嫌。这就是说，公司的环境和氛围会对人产生重大的影响。作为公司老板，要想稳住人心，要想催人奋进，就必须创造良好的工作环境和企业氛围。

一个良好的公司环境，首先应该让员工感受到快乐。任何人都喜欢在轻松、愉快的环境中工作，这样大家才会更有效率、更愿意工作下去。所谓快乐的环境，其实主要指公司能让员工感受到自豪感、归属感、荣誉感。比如，有较为满意的薪酬和福利，有舒适的办公环境，能得到公司的尊重和关怀。

美国西南航空公司连续20年保持赢利，其秘诀就在于让员工对公司保持高度的认同，对工作充满热情。为此，他们积极倾听员工的心声，听取员工的建议，还提出了"顾客并不总是对的"的观点。公司总裁赫伯·克勒赫说："实际上，顾客也并不总是对的，他们也经常犯错。我们经常遇到毒瘾者、醉汉或可耻的家伙。这时我们不说顾客永远是对的。我们说：你永远也不要再乘坐西南航空公司的航班了，因为你竟然那样对待我们的员工。"

正因为他们宁愿得罪无理的顾客，也要保护自己的员工，使得每一个员工感受到了公司的尊重与关照。所以，员工以十倍的热情回报公司，服务于顾客。这就是西南航空公司长期赢利的秘诀。

除了良好的环境，还应该给员工以成就感，让员工从事这份工作，能获得社会的认可，得到公司的肯定。这能让员工对公司产生一种归属感，对公司有一种更深的情感寄托。为此，管理者要多对员工进行感情投资，这样才能赢得员工的真心相待。

美国H.J.亨氏公司的亨利·海因茨就做得很好，他从一个种菜卖菜的小贩开始，一步步把生意做大做强，最后以自己的名字创办了亨氏公司。在这期间，他非常注重在公司内营造融洽的工作气氛。他认为，金钱虽然能促进员工努力工作，但快乐的工作环境对员工的激励更大。为此，他打破了老板与员工森严的等级关系，经常走到员工中去，与员工聊天，了解他们对公司的想法，了解他们的生活困难，并给他们以帮助和鼓励。他所到之处，无不谈笑风生，其乐融融，大家这么喜欢他，工作起来自然格外卖力。

107 关键时刻拉下属一把

生活不会一帆风顺，谁都可能遇到困难。有些困难凭借个人的能力是难以克服的，这个时候，企业应该及时站出来，在关键时刻拉员工一把，将员工从水深火热、刀山火海中解救出来。

2001年，李生茂刚进入蒙牛集团，不久后被确诊患了心脏病，必须立刻做手术。可是对于出身寒门的他来说,4.6万元的手术费实在太贵了。父母为了凑齐这笔手术费,东拼西凑,仍然只是杯水车薪。到最后,他们只好狠下心来对李生茂说:"儿子,我们凑不齐4.6万,我们实在没法子了,你再想想办法吧。"

走投无路之际,李生茂找到了公司液态奶事业部的经理白瑛,把自己的情况反映出来。白瑛又将李生茂的情况告诉给公司的高层,最后,这件事惊动了蒙牛党委,他们立刻发出倡议:向李生茂募捐手术费。蒙牛的总裁牛根生带头捐出了1万元,员工们也纷纷解囊相救,最后捐了3万多元。随后,李生茂成功地做了心脏移植手术,从此,他和家人对蒙牛充满了感激之情,在工作中,他更加认真负责。

2002年年末,李生茂荣幸被选中前去参加一个大型的设备维修培训班。与他一起参加这个培训班的还有其他公司的两位设备部的经理,在培训即将结束时,两位设备部的经理表示愿意高薪聘请李生茂。李生茂什么也没说,当场扯开上衣,把胸口的伤疤露给他们看,然后坚定地说:"我不能为钱活着,不能违背良心,虽然你们可以给我高薪,但是蒙牛却给了我第二次生命。"

当员工落难时,企业如果能伸出援手,拉员工一把,那么这种雪中送炭的行为,可能会让员工铭记一生,感动一生。李生茂之所以面对其他企业的高薪聘请不动心,不就是因为当初他心脏移植需要手术费时,公司在关键时刻拉了他一把吗?由此可见,爱护员工、帮助员工,关键时刻拉员工一把,对员工有着非常深远的激励作用。

108 对下属和周围的人主动示好

很多管理者不愿意主动与下属打招呼,一方面,他们觉得大家每天都见面,用不着每次看见都打招呼;另一方面,他们觉得自己是领导,下属应该先和他们打招呼，而不应该是他们先和下属打招呼。还有一个原因是，如果公司较大，人员较多，他们叫不出别人的名字，害怕叫错了，引起不必要的尴尬，所以干脆不打招呼了。

主动与下属打招呼，你所传递的信息是：我心中有你，我眼中有你。试问，哪个下属不喜欢被领导尊重和关注呢？如果你主动与下属打招呼，只要持续一个月，你在下属心目中的影响力会迅速攀升。

见了下属主动打招呼，说明你体恤下属、关注下属、重视下属。通过打招呼，可以营造和谐的人际关系氛围。当你见到公司保安时，主动打招呼："您好，今天是您值班啊，辛苦了！"这时，保安会觉得自己受到了领导的重视，站姿会更加标准，下一次见到你时，他很可能主动帮你提东西；当你见到公司的保洁人员打扫卫生时，主动打招呼："大姐，您辛苦了！您把公司打扫得真干净。"保洁人员会觉得受到了领导的重视，打扫卫生更加认真负责。

尤其是对于那些被冷落的员工，一声主动的轻声问候对他们有着深刻的意义。就这么一句简单的问候，传达的是一种友好，也是一种关怀。换来的是公司全体员工身心愉悦，工作积极性高涨，这样有什么不好呢？所以，领导者永远都要记住一句话：你眼里有别人，别人才会心中有你。

109 只有认真倾听，下属才愿意发表意见

有这样一个案例，对很多管理者都有实战性的启发意义。

有一天，总经理在办公桌前看一份报告，此时，下属小胡敲门进来了，说："总经理，你有时间吗？我想和你谈谈。"迈克说："有时间，你说吧！"说完他继续看报告。

小胡说了几句之后，发现总经理一直在埋头看报告，没有任何回应，于是他停下来了。过了一会儿，总经理发现小胡没有说话，他抬起头，看

到小胡一脸不悦地坐在椅子上。

总经理问:"怎么不说了?"

小胡说:"我等你看完报告再说。"

总经理说:"没有关系,我在听呢!"

小胡说:"不,你根本没有听。"说完这话,小胡走出了总经理的办公室。

总经理感到很疑惑,到了第二天,他才明白昨天的做法多么错误。因为他本来想告诉总经理一个非常重要的市场信息,但总经理不认真倾听,这令小胡非常失望。于是,他干脆辞职,跳槽到了另一家公司,并把这个重要信息告诉了竞争对手。

面对员工热情的意见反馈,管理者如果不去倾听,这不等于让员工的热脸贴到管理者的冷屁股上吗?倾听是实现有效沟通最重要的环节之一,可惜很多管理者并不懂得倾听,这表现为:当下属刚说一半时,管理者发现下属的意见不对,立即打断:"好了,不用说了,你的想法没有用。"当下属说完之后,管理者马上说:"不对,你的想法不对。"当然,还包括案例中的那种情况,下属说的时候,管理者没有认真倾听。

那么,什么才叫认真倾听呢?所谓认真倾听,应该包括这样几个要素:眼睛正视下属,表现出感兴趣的样子;不要打断,不要批评,不要露出不认同的眼神;下属说完之后,管理者最好表现出若有所思的样子,然后再去评价下属的意见;尽量多赏识、少批评,即使批评,也要用词委婉,充分照顾下属的自尊心。如果管理者能做到这几点,那么下属才愿意积极发表意见。

110 送给下属超过预期的礼物

逢年过节、员工生日,老板给员工、领导者给下属送礼物,是老板、领导者笼络人心的常用手段。可是，有些老板、领导者把给下属送礼物当成例行公事的任务，每年都发放一些没有价值的礼物，让下属丝毫打不起精神，自然也起不到激励人心的作用。

身为管理者，要认识到一点：给下属送礼物目的是激励下属，赢得下属的心。因此，与其送下属一些常规性、没有价值感的礼物，不如不送。如果想送，就应该舍得花本钱，送一些真正能令下属心动的礼物。这样才能达到激励下属的目的。

说到令下属心动的礼物，可能有些管理者认为，一定要送下属昂贵的礼物。当然，昂贵的礼物是其中一种，不过，最主要的是要送超过下属预期的礼物。换言之，礼物要给下属惊喜，这样的礼物即便不昂贵，也能令下属心动、兴奋。

除夕将近，还有三天公司就要放假了。那天早上，员工走入公司，发现每个人的办公桌上都有一份礼物。大家充满期待地打开礼物，顿时惊呼起来："没想到，老板居然给员工准备了新年礼物，这也太贴心了吧！"接着，又有员工惊呼："这个礼物这么精美，真的没想到。"

几个后到的员工还没进门，就被先到的同事拉进来了，说："快点啊，你怎么这么晚才到啊，你桌子上有礼物，快去看看。"

大家发现，老板给男员工每人买了一条皮带，给女员工每人买了一条珍珠手链。皮带的皮质很好，珍珠手链也非常精美，看起来很上档次。

大家没有想到，平时看起来高高在上的老板，一贴心起来，居然显得那么和蔼可亲。他送给员工的礼物，完全是站在员工角度来看的，作为女员工，谁不喜欢漂亮的饰品呢？作为男员工，谁不希望有一条显档次的皮带呢？

礼物是否昂贵，是否精美，其实不是最关键的，关键要超乎员工的预期。如果员工预期公司给他们的礼物是一箱苹果、一箱牛奶，老板却给他们每人准备了一箱苹果、一箱牛奶、一个大大的红包，那么多出来的红包就会令员工惊喜不已。由此可见，给员工送礼物也要懂心理学，超乎预期的礼物总是显得那么有心意。

理查德·布朗森是英国维京集团的老板，他曾花费200万英镑，在澳大利亚买下一座 25 万平方米的热带岛屿，送给了全体员工，作为大家的度假胜地。这座小岛靠近澳大利亚昆士兰的冲浪圣地阳光海岸，从高空看下去，小岛的形状酷似心形，被当地人称为"缔造和平"。原本布朗森想把这个岛作为自己的私人度假地，但在得知公司创下了 230% 的利润增长率之后，他决定把这个小岛送给大家作为礼物。这一举动超乎全体员工的预料，大家没想到老板这么大方，他们深受激励。刚买下时，小岛上除了几间简单的木屋，就是原生态的，后来布朗森花巨资在上面建造了度假休闲中心，除了各式水上运动，还建造了网球场、林间跑道。

以往我们经常听到员工给管理者送礼，为的是巴结管理者，拍一拍管理者的马屁，希望得到管理者的关照和提携。而今，聪明的老板懂得换位思考，他们通过给员工送礼物来笼络人心，激励员工奋发努力，这很好地彰显了老板的风范。

111 没有什么比批评更能抹杀一个人的雄心

俗话说，新官上任三把火，在现实生活中，不少管理者把批评下属当作自己立威的重要手段。殊不知，没有什么比批评更能抹杀一个人的雄心，在你立威的同时，下属的工作热情也遭到了毁灭性打击。

培训员工是企业的重要工作之一，作为管理者，能否把兵练好直接关系着整个团队的未来发展。要想赢得部下的认同与拥戴，就必须严格要求。对于个别的落后者，该批评时，就要毫不留情地批评，但批评时也要讲究一定的方法。往往这个时候，被训者难免垂头丧气，灰心绝望，所以领导者要给予适当的鼓励，学会"打完巴掌揉三揉"。

凯瑟琳是一家大型跨国企业的部门经理，她对员工的要求向来严格，大家私下里对她奉行的铁血惩戒措施意见颇多，但碍于上下级之间的关系，也不好说破。

由于公司业务十分繁忙，凯瑟琳所在部门的工作量比平时增加了近一倍，因此她专门召开动员会，要求大家提起精神，努力工作。谁知道，刚开完会的第二天，竟然就有人迟到，而且迟了整整半天，对此，凯瑟琳十分气愤。

办公室里，凯瑟琳不问青红皂白，一顿训斥，迟到的员工自知理亏，虽然低着头一言不发，心里却有苦衷。他本想着早点到公司，把堆在手头的工作都搞定，谁知道火急火燎地出了门，车却坏在了半路。好不容易找人帮忙，把车拖到最近的维修站，匆匆忙忙来了公司，结果还没来得及工作，便受到了如此严厉的批评。

凯瑟琳的批评，严重挫伤了这位员工的工作积极性，他无精打采地回到自己的办公桌前，根本无心工作，领导大吼大叫的震怒表情及失望的眼神都令他万分难受，在这种消极思想的影响下，这位下属的工作效率也越来越低。

当员工犯错误时，大多数管理者都会无意识地把员工当成出气筒，大声责骂员工，甚至小题大做、严厉批评，殊不知，这种不冷静的举动，往往会抹杀一个人在事业上的雄心。

为了避免这种情况的发生，作为管理者，一要把握好批评的尺度，二要找到合适的批评时机。此外，批评的目的是帮助员工改正错误，而非发泄不满，所以一定要考虑对方能否接受，只有下属愿意接受的批评，才是适宜的批评。

112 多下柔性的命令

有些领导对待员工时，喜欢高高在上地指挥，尤其是在下命令的时候，他们总是摆出一幅颐指气使的样子，扯着嗓门大声命令下属："叫你怎么干，你就怎么干！"当下属提出意见时，他们一脸不悦："你是领导还是我是领导？说那么多废话有用吗？"在这种强硬的命令下，下属感受不到领导的尊重，久而久之，就会对领导失去好感和信任，工作的积极性和创造性也会受到极大的打击。

一个优秀的领导，绝对不会用强硬的命令来管理下属，不会以上压下，不会用威胁的语气说话，而是用商量的口气下达命令。比如，他们在下命令时会对下属说："我这里有个任务想交给你去负责，你觉得可以吗？对于这个任务，你有什么想法吗？你觉得难度大吗？需要我为你做什么？"当下属想提出意见和想法时，他们往往会鼓励道："你有什么想法尽管说！"这种温和的语气，可以很好地瓦解下属的逆反情绪，最终赢得下属的服从。

威廉·曼斯菲尔德伯爵曾在给儿子的一封信中这样写道：

"当你下达命令时，如果能以温和的态度命令他人，对方一定会很高兴，并以愉快的心情接受你的命令。可是，如果你粗暴地命令别人，别人大概不会接受你的命令，或者接受了但是不认真去实施。例如，我对下属说：'给我倒一杯白兰地来！'下属接到这个命令时，可能很想把白兰地倒在我的脸上，因为我的态度太恶劣了。"

威廉伯爵告诉儿子，在下达命令的时候，语气里一定要深含"我希望你服从"的意味，表现出一种坚定和冷静的意愿，这是非常必要的。但态度一定要温和，让对方能够愉快地接纳你的命令，这才是明智的。

温和地下达命令又叫"柔性命令"，它是与强硬命令相对而言的。身为管理者，在下达柔性命令时，要注意几点：一要让下属看到你的尊重和诚意；二要让下属看出你是希望他接受你命令的；三是征询下属的意见，看下属实施你的命令时，有什么顾虑和难处。做到了这三点，下属必定乐意接受你的命令。

113 既要会唱红脸,也要会唱白脸

在京剧里,演员的面部都要化妆,这样才能表现出各种不同的人物特征。红色的脸谱表示忠勇,白色的脸谱表示刚烈。俗话说:"既要会唱红脸,也要会唱白脸。"说的是在人际关系中,要学会根据外在的环境调整处事的态度,该强硬时要强硬,该温和时就要温和;该真诚待人时要真诚待人,该阴险狡诈时就要阴险狡诈。

为什么要这样做呢?因为凡事不可走极端,任何一种单一的方法都难解决问题。比如,管理者对下属太宽厚,可能下属会变得无法无天,这样就约束不了下属,管理者也失去了威严。管理者对下属太严格,搞得公司内气氛紧张,毫无生气,也不利于调动下属的工作积极性。因此,管理者既要会唱红脸,也要会唱白脸。

乾隆皇帝就是一位擅长唱红白脸的领导者。他在当政时期,凭借人才济济的智力优势,靠着康熙、雍正给他奠定的丰厚基业,也靠着他本人的雄才韬略,把国家管理得井然有序,深受臣民的颂扬。

乾隆既会文治国家,又擅长武力安邦。他对知识分子唱红脸,采取怀柔政策。他规定:皇族的老老少少见了大学士,都要行半跪礼,称"老先生"。如果这位大学士还是教书育人的老师,大家要称他为"老师",自称"门生"或"晚生",以表现对大学士的尊敬,也表达自己的谦虚之情,这样做无非是想笼络读书人。

为了维护皇权至上、族权至上、朝廷至上的威严,乾隆对目无王法者则会唱白脸。不管你是有意无意,或是或非,都会被捕入狱,轻者"重谴"或"革职",重者"立斩"或"立绞"。在位期间,乾隆大兴文字狱,有案可查的达70余次。可见,白脸唱到了怎样的境界。

身为公司领导,要掌握唱红脸唱白脸的艺术。可以摆出一张微笑的面

孔，对员工们说"可以，很好""大家辛苦了，谢谢"，使大家获得尊重和激励，工作起来更有积极性。也可以摆出一张严肃的面孔，表现出威严的一面，甚至怒发冲冠："不行，重新来。""不能这么做，必须这样……"如此方能使工作有条不紊，更有效率。

114 挖掘员工的内在动力更重要

人之所以积极奋斗，是因为受内在动力的驱使，而内在动力主要源于潜在需求。因此，管理者在激励员工时，应该找到下属的潜在需求，通过满足员工的潜在需求来激发员工的内在动力，使员工在内在动力的驱使下积极工作。

王老板创办了一家房地产销售公司，该公司坐落在中原地区县级城市。公司创办时，为了能吸引优秀的销售人才，王老板给员工定了较高的底薪，外加较高的业绩提成。前来应聘的年轻人很多，而且刚开始工作热情都非常高。

两年后，这些销售员大多成了公司的业务骨干，工资比两年前高了很多，他们的工作热情却慢慢消退了，甚至有人跳槽到提成更低的房地产销售公司。王老板很纳闷，不明白员工为什么要跳槽，于是，他找到"明星员工"小刘，想问明情况，不料小刘对他说："王总，我正想找您呢，我想辞职。"

"为什么啊？"王老板更加不解，"小刘啊，我对你可不薄啊！"

"王总，我知道您对我不薄，待遇也不错，可是我马上要结婚了，女朋友跟我说了，买不起房子就要和我吹了，您说我怎么办？"

王老板气不打一处来，说："什么逻辑，你以为跳槽就能买得起房子吗？别折腾了啊，我很看重你的，你跟我好好干，保证两年后你能买房，而且我还会提拔你做销售部的副经理。"

"实在对不起,王总,我想去的那个公司说了,如果我能在一年内业绩排名前三,不仅买房有优惠,而且公司还会贷款让我交首付。我想,如果我好好努力,一定可以进入前三名。到时候,年底就可以买房了,明年就可以结婚了。"

王老板当即恍然大悟,说:"原来你是冲着房子去的啊,我明白,那几个辞职的同事也和你一样的想法吧?"

"是的,王总。其实我对公司挺有感情的,我喜欢在您手下工作,我觉得咱们公司发展前景很好,可是现实太残酷了,我必须快点买房子结婚。"小刘无奈地说。

"小刘,你先别着急跳槽。给我三天时间,我一定给你一个满意的答复。"

三天之后,王老板针对竞争对手公司,制定了能够满足员工潜在需求的奖励政策,其中有一条是:年底考核,业绩排在前五名的员工,公司授予他"明星员工"称号,除了给他原有的绩效提成外,还提供七折优惠的购房价,而且无息贷款给员工交首付。

新政策出来之后,那些躁动的、想跳槽的员工工作热情再度高涨,公司业绩不断攀升。

员工有怎样的潜在需求呢?这需要管理者去了解,管理者可以与员工进行交流,了解员工内心的愿望。如果公司条件允许,管理者权衡利弊之后,就有必要针对员工的潜在需求,制定一个有效的激励措施,以此激发员工的内在动力。

事实上,找到员工的潜在需求,挖掘员工的内在动力,比单纯用金钱奖励更能激发员工的工作激情。比如,员工想和新婚的妻子度蜜月,公司却说:"公司不能准你假,但是可以奖励你5000元。"试问,准许员工新婚度蜜月与5000元奖金,哪个更能激励员工保持工作激情呢?所以,管理者应当有的放矢,针对员工需求挖掘其潜在动力。

115 创造公平竞争的企业环境

公平的企业环境是每个诚实的员工所期盼的,因为公平可以使员工踏实地、心无杂念地工作,使员工相信:有多少付出,就有多少公平的回报。公平的企业竞争氛围可以让滥竽充数者无法存活,使偷奸耍滑者无处躲藏,使投机取巧者没有机会。可以说,公平竞争的企业环境,是对每个员工的尊重,是对每个辛勤付出的员工的最好保护。

"公平"对每个积极上进的员工来说,都是最好的成长环境,对每个渴望做大做强的企业而言,都是最好的企业风气。那么,怎样才能创造公平竞争的企业环境呢?

日本"经营之神"松下幸之助在谈到如何创造公平公正的竞争氛围时,这样说道:"公平公正有一个前提:各级领导和部门负责人必须一身正气,开放并懂得分享。做到这一点,公司内的人事关系就变得十分简单,员工就可以专心于工作,而不需要关注错综复杂的人事关系,也不需要看上司的脸色行事。"由此可见,要想创造公平竞争的企业环境,关键需要管理者以身作则、率先垂范。

116 有足够的薪酬,还要有足够的重视

很多管理者认为,只要给员工足够的薪酬,员工就会乖乖听话,认真干活,为企业创造效益。事实上,仅仅有足够的薪酬是不够的,还必须对员工有足够的重视。试想一下,如果管理者经常对员工说:"我给你那么多工资,如果你不能给公司创造效益,你就马上给我滚。"员工能感受到

尊重吗？如果管理者经常对员工说："我让你来是解决问题的，如果你不能解决问题，我要你干什么？"这样，员工感受得到重视吗？

不可否认，薪酬很重要，但多数员工认为获取薪酬是工作应得的。如果说薪酬是权利，那么来自领导者的重视就是礼物。员工真正想要的，除了符合期望的工资待遇之外，还有每次完成任务后获得的尊重和赏识。正如玫琳凯化妆品公司创始人所说的那样："这好比每个人的脖子上都挂着一个牌子，上面写着：我需要受重视的感觉。"因此，管理者要重视员工，并让员工真切地感受到你的重视，这样才能更好地激励员工。

要想表达对员工的重视，并不一定要花钱，关键是要让员工看到你的诚意。也许只是一个很小的举动，就能深深打动员工，让他们心甘情愿地追随你。比如，有一家公司的老板每次给员工发放工资时，都会在装工资的信封里塞一张致谢的小纸条，或者直接把感谢的话写在信封上。这个小小的举动让大家感受到公司的认可和重视，很好地激励了大家。再比如，当员工提出建设性的意见时，管理者可以当众赞扬："这个主意真不错，太棒了。"这样，就能让员工获得受重视的感觉。

117 让下属觉得是他自己在做决定

当下属处于主动的状态时，他们的潜能和热情，往往能够得到充分发挥。如果下属处于被动的状态下，那么他们就容易失去自主意识，领导怎么说，他们就怎么干，这样一来，他们的优势和潜能就不容易得到发挥。那么怎样才能让下属处于主动的状态呢？最好的办法是让下属觉得是自己在做决定，这一点，韩国前总统李明博就做得很好。

有一次，李明博看到美术馆、公园等文化服务机构的上下班制度后，感觉很不合理。因为这些机构的上下班时间和其他企业的上下班时间是一样的，这样一来，上班族下班之后想放松一下也没有机会。

虽然李明博觉得这种上下班制度不合理，但是他并没有直接说出来，而是与下属进行了三次"启发性"的谈话，使下属明白他的真实意思。三个月后，下属调整了开馆时间，以便市民在休假日更好地参观这些机构。然后，李明博对下属的决定给予了充分的肯定和赞扬，使下属感到了认可。

与李明博的做法相似，松下幸之助也善于把自己的想法变成下属的想法，让下属觉得是自己在做决策。在日常的经营中，当他有与下属不同的意见时，他不会立即说出自己的意见，而是多与下属交流，与下属探讨，委婉地暗示自己的想法。当他觉得下属的意见比较成熟时，他会对下属说："你的想法真不错，好，就按你说的办吧！"

工作中，管理者需要与下属互动，需要下属积极建言献策，因为下属参与程度越深，积极性越高。在互动交流中，管理者可以充分融合下属的意见，让下属觉得是自己在做决定。这样一来，更有利于激发下属工作的积极性。

118 不给予信任，千金难买员工心

信任，是人的一种精神需求，是管理者对人才的极大褒奖和安慰。来自管理者的信任，可以带给员工信心和力量，使人无所顾忌地发挥自己的才能。然而，有些管理者并不能充分信任员工，他们怀疑员工的能力，甚至有时候还会怀疑员工的人品，这往往会令员工大失所望或火冒三丈。

在企业中，如果管理者对员工不信任，企业的凝聚力就很难增强，经营效益也难以提高，企业的竞争力就会严重受到影响。

美国有一家企业，在1984年的营业额高达33亿美元，拥有4万多名员工，实力可见一斑。可是几年后，公司的凝聚力越来越差，人心涣散。原因就是公司的总裁对本家族以外的高层管理者不放心，也不信任。当外部竞争环境发生变化时，他不及时听取公司管理者的意见，而是把公司的

大权交给了自己的儿子，使本该继承公司权力的经理人遭到冷落，导致许多有才华的经理人在关键时刻离职，公司业绩一塌糊涂，到了不可收拾的地步。

对人才不信任，千金难买员工心。这对企业是非常可怕的，一旦员工感受不到信任，他们就会与公司离心离德。日本松下公司的一位总裁曾经说过："用人的关键在于信赖，用他，就要信任他；不信任他，就不要用他。这样才能让下属全力以赴。"

比尔·盖茨就非常信任员工，他认为自己的员工都很聪明，应该让他们自行决策。如果员工不守法，他会单独处理这个员工，而不是处理所有的员工。在微软，管理者从不规定研究人员的研究期限，只对技术人员规定了期限。因为他们认为，真正的研究是无法限定期限的，但是开发必须有期限。这是研究与开发的最根本区别。

巴特曾是微软的首席技术官，对于盖茨对员工的信任，他颇有感慨。52岁时，他在盖茨的亲自面试下进入微软，在一个相当宽松的工作环境中，独立地研究他感兴趣的问题。有时候，盖茨会问他一些很难解答的问题，比如大型存储量的服务器的整体架构应该是怎样的？对于这类问题，他一般无法马上做出回答，而要在整理一下材料和思路的基础上作答。在盖茨的信任下，巴特可以安心地从事自己喜欢的科学研究，最后他为微软研究出很多高价值的产品。

由此可见，信任员工，可以充分激发员工的创造性，为公司带来不菲的价值，这是金钱所换不来的激励效果。所以，管理者绝不能让员工处在一种被监视、被怀疑的状态下工作，这会让他们背上心理包袱，对企业、对员工都是没有好处的。

119 聆听员工的心声

身为管理者,如果你想知道企业在公众眼中的形象如何,可以通过多种渠道去了解,比如,可以访问客户、股东、商业媒体和金融分析家,让他们发表对你企业的看法。但是,最不可忽视的人应该是本公司的员工,只有认真聆听他们的心声,你才能更好地了解公司的状况。

工业制造商伊顿公司十分重视聆听员工的真实心声。几年前,公司通过21种语言调查了55 000名来自不同地区的员工,调查的内容包括公司的商业道德、价值观、员工敬业度、员工关系、管理层工作效率及战略愿景等。

伊顿的人力资源副总裁库克表示:"员工的反馈对企业的发展很有促进作用,可以帮助公司检查和改进业务运作方式。他们其实已构成了我们的商业战略、财务或继任计划的一部分。"

哈佛大学心理学教授梅奥曾经表示:"凡是公司中有对工作发牢骚的员工,那家公司的老板一定要去聆听他们的心声,这比让员工把牢骚埋在肚子里更容易成功。"

美国心理学家曾做过一次有价值的实验:

这个实验的周期为两年,在两年内,两组专家持续与员工交谈,只不过他们采用的方式不同。在谈话中,一组专家认真地倾听员工对公司的各种不满和意见,并详细地做记录。另一组专家找另一家公司的员工交谈,但是在交谈中,他们不断地反驳和训斥员工对公司的不满心态。

在两年时间里,他们与员工交谈的次数达到两万余次。结果,他们发现前一家公司的生产效率大幅度提升,而后一家公司的生产效率越发低迷。经过研究,心理学家给出结论:前一家公司的员工在发泄之后,感到了心情舒畅,所以干劲高涨。而后一家公司员工内心的不满无处发泄,感到情绪低落，越来越没有工作积极性。由此可见，聆听员工的心声对公司发展的意义有多重要。

120 巧妙利用"刺头"

在企业中，总有一些员工难以驯服，他们就像野马一样，有着桀骜不驯的个性，让领导者颇为头疼。这种人有一个统称，叫"刺头"。不可否认的是，他们也有独特的优势和特长，怎样才能驯服他们为企业所用呢？不妨先来看看林肯是怎么对付"刺头"的。

1860年，林肯当选为美国总统。一天，一个名叫巴恩的银行家拜访他，正巧碰见参议员蔡思走出林肯的办公室。巴恩见到林肯后，对林肯说："如果你要组建内阁，千万不要将蔡思选入，因为他是个自大的家伙，他认为自己比你伟大得多。"

林肯知道蔡思是什么样的人，此人非常狂妄自大，而且嫉妒心极强，他狂热地追求最高的领导权，但落败于林肯，只当了财政部长。不过，他也是个有才能的人，他在财政预算与宏观调控方面有过人的能力。林肯一直非常器重他，因此，总是想方设法减少与他的冲突。

后来，亨利·雷蒙顿——《纽约时报》的主编拜访林肯，再次提醒林肯小心蔡思，据说蔡思最近在狂热地谋求总统职位。林肯幽默地说："你在农村长大吗？你知道马蝇吗？小时候，我和我的兄弟在农场耕地，我赶马、他扶犁。可是那匹马很懒，耕地慢腾腾的。但是有一段时间，它跑得飞快。我观察了一下，发现原来有只马蝇在叮它，于是把马蝇打死了。但我哥哥告诉我，正是那只马蝇，才使得马跑得快。"

然后，林肯对亨利说："现在，正好有只马蝇叮着蔡思先生，这个马蝇叫'总统欲'。只要它能使蔡思跑起来，我还不想打落它。"正是凭借宽广的胸襟和用人才能，林肯成了美国历史上最伟大的总统之一。

从林肯的故事中，我们可以发现：对待"刺头"，管理者首先要有容人的度量，要看到对方的优点，将其优点为我所用，至于他的缺点，只要无伤大雅，不妨睁一只眼闭一只眼吧。这样才能减少与刺头的摩擦，也才能让刺头为企业创造价值和财富。

把眼光放回到企业，你会发现：很多企业也有像蔡思那样的刺头，也许他们狂妄自大，也许他们不守纪律，也许他们偷奸耍滑，但不可否认的是，他们有过人的才能，虽然他们看似目中无人，看似不好好工作，但依然能取得不错的业绩。对于这种员工，管理者总的策略应该是恩威并施、攻心为上、以理服人。不到万不得已，最好不要和他们撕破脸，请他们离开公司。具体而言，管理者可以采取以下几种办法对付"刺头"员工。

（1）冷落法。在一定的时间范围内，当公司其他成员都忙忙碌碌时，管理者对刺头员工可不闻不问——既不给他分派任务，又不搭理他，让他自己去冷静，去反省。直到他坐不住了来找你，你再和他谈话。然后你热情地接待，陈述问题，让他换位思考，意识到自己的不足，主动提出配合你的管理。

（2）打赌法。当刺头员工不顾你的面子，当众让你难堪时，你可以变被动为主动，和他打赌，现场约定：赢了，怎么办，输了，怎么办。赌注的内容以工作为重心，激将他：某件事你一定无法办到。刺头员工一般比较狂妄，这时他一定会和你赌，这样一来，你就很好地驾驭了他。如果他赢了，当众表扬他，给他一些奖励；如果他输了，也不要过分批评，点到即止，让他意识到自己的狂妄是不对的，挫其锐气即可。

（3）树敌法。刺头员工一般属于典型的"负面"代表，针对他们，你可以在集体中找出一个"正面"代表，让两方相互较劲，不断进取，而你只要从中调和，平衡力量即可。这一点就像乾隆皇帝对待纪晓岚和和珅一样。

（4）打压法。在恰当的时机，对刺头员工进行打压。比如，公司中有个员工表现非常优秀，在表扬他的时候，间接地批评刺头员工。虽然你可能不点名，不道姓，但是刺头员工一听就知道你在批评他，从而打击他嚣张的气焰。当他有一些改变时，你再给予肯定，让他慢慢服从你的管理。

121 与下属沟通时多说"我们"

一家分公司的经理接到客户的投诉后，向总公司的经理汇报情况。他说："你的分公司产品质量出现了问题，引起了顾客投诉……"

总经理十分生气地打断他，严厉地质问："你刚才说什么？你说'我'的分公司？"

分公司经理没有听明白，他又将刚才的话重复了一遍："是的，你的分公司……"

总经理怒吼道："你说我的分公司，那你是谁？难道你不是公司的一员吗？"

分公司的经理这才意识到自己的错误，马上纠正道："对不起，是我们分公司的产品质量出了问题……"

"我"与"我们"虽然仅一字之差，但在沟通中，所产生的效果相差甚远，这主要表现为给听者造成的感受不同。当你说"我们"时，听者心里会高兴，因为你把他拉入了你的团队，他觉得和你是一个队伍，好处是双方的；当你说"我"时，听者心里会不舒服，他会觉得话题与他无关，他感觉不到你的重视。

身为管理者，在与员工沟通时，应该常用"我们"开启谈话，而不是"我"。虽然公司是你的，但是你需要员工与你荣辱与共、同甘共苦，而不是将员工与你割裂开来，否则，员工觉得自己是公司的外人，他们就可能不负责地对待工作。

122 将心比心，棘手问题不再棘手

有人说，管理的最终目的是安定人心、提高企业的效益。在提高企业效益的过程中，公司难免会碰到一些人际方面的棘手问题，这时候"将心比心"是解决问题的最好办法。所谓将心比心，指的是拿自己的心去衡量别人的心，形容做事应该替别人着想。

美国前总统里根有一次患病了去医院输液，一位年轻的小护士给他扎针，可是连扎两针都没有把针扎进血管。里根看到针眼处起了包，疼得想抱怨几句，但当看到那位小护士额头上满是汗珠时，突然想到了自己的女儿，于是忍住了抱怨，转而用安慰的口气说："不要紧，再来一次。"

第三针成功地扎进去了，小护士长舒了一口气，对里根说："先生，真是对不起，我是一名实习生，这是我第一次给病人扎针，谢谢你让我扎了三次。刚才我太紧张了，要不是你鼓励我，我真的不敢再给你扎针了。"

里根对小护士说："我的小女儿立志要上医科大学，有一天，她也会有第一位患者，我希望那位患者也能宽容和鼓励她。"在这里，里根想抱怨小护士的时候，想到了自己的小女儿，通过将心比心，他把抱怨变成了鼓励，从而促使小护士能够完成任务。

俗话说："人非圣贤，孰能无过。"下属在工作中出现失误，未能按期完成任务，这样的情况是难免的，这个时候管理者最好去体谅下属，因为很多管理者曾经也做过下属，也犯过错误。试着将心比心，换位思考，问题就能很好地得到解决。否则，一味抱怨、指责下属，只会令下属倍感压力，甚至对管理者产生怨言。

123 忠诚,不是让员工做一个听话的木偶

有一项针对世界著名企业家的调查,其中有一道题:你认为员工最应该具备哪一种品质?结果,所有企业家无一例外地选择了"忠诚"。为什么企业家们都希望员工忠诚呢?如果你认为,企业家希望员工忠诚就是希望员工听话,对管理者唯命是从,那么你就大错特错了。因为一个没有主见、没有思想,整天只知道对管理者唯命是从的员工,并不能给企业的发展带来帮助。

那么,真正的忠诚是什么?其实,通俗一点来讲,忠诚就是跟老板一条心,维护企业的利益,对工作认真负责、尽心尽力。但是忠诚不等于盲从,不等于唯命是从,否则,员工的聪明才智就无从发挥,员工的智慧无法被充分利用,仅靠几个管理者的智慧,企业谈何发展呢?

老赵是一家食品包装设计公司的老板,小张是他公司的设计部经理,非常受他的器重。小张刚进公司时,老赵给了他充分的信任和机会,使小张的才能得到发挥,并一步步提拔他为公司的设计部经理。

后来公司经营不当,面临很大的危机。在这种情况下,员工纷纷离公司而去,小张却坚持留了下来。这是非常难得的。因为小张的能力在行业内颇为有名,有多家企业出高薪想把小张挖走,但小张都拒绝了,他说要报答老赵的知遇之恩。这让老赵非常感动。

就在这个时候,公司谈了一个大项目,这个项目足以挽救公司的命运。老赵非常重视,每天都去设计部看设计进展。这天,老赵看到小张设计的产品包装后,觉得不满意,要把包装的颜色改成黄色。但小张坚决不同意,并与老赵据理力争,这让老赵很不高兴。后来,小张的设计得到了客户的赞赏,老赵这才心服口服。

每个老板都希望员工对自己忠诚,但忠诚不是愚忠。在这一点上,小

张做得很好，当他的设计观点与老板产生分歧时，他没有放弃自己的观点。员工的这种敢于坚持的勇气，值得每一位管理者尊敬。

小张对公司的忠诚不是表现在对老板唯命是从，而是表现在对陷入困境的公司不离不弃上。在企业中，如果你遇到了像小张这样的员工，一定要珍惜和重用他，给他更多的信任和支持。这样，他对公司更忠诚，团队才更稳定。

124 让部下产生"自己人"意识

在心理学上，有个著名的自己人效应，也称同体效应。它是指人们对"自己人"所说的话更信赖、更容易接受。在企业管理中，管理者如果想让自己的言行更具影响力，可以想办法让下属产生自己人意识。因为当下属把你当成自己人，把你与他归为同一类人时，会对你产生更强烈的信任感。

怎样才能让下属产生"自己人"意识呢？最好的办法是对下属进行感情投资，与下属建立充分的信任感、亲密感，消除下属的顾虑和担忧，让下属感受到你的重视与关爱，进而愿意尽自己所能，踏实工作，充分发挥自己的潜力。

陶华碧——一个没有上过学、仅会写自己名字的农村妇女，居然在短短6年时间内，创办了一家资产高达13亿元的私营企业——"老干妈"公司。她是怎样做到这点的呢？她又是怎样管理1300多名员工的呢？

记者通过采访发现，陶华碧的成功很大程度上在于他实行亲情化管理，自始至终对员工进行感情投资，使员工感受到在公司就像在家一样，从而把自己当成企业的"自己人"。

陶华碧十分重视员工的利益，在员工的福利待遇上，她充分考虑了公司地处偏远、交通不便、员工吃饭难等问题，定下了包吃、包住的待遇。

即便公司如今员工多达1300人，这个规定仍然没有废除，要知道，这么庞大的企业，对全体员工实行包吃、包住，哪家企业做得到？然而，陶华碧不管花多大的"血本"也始终坚持这么去做。

除此之外，陶华碧还擅长在人们想不到的地方关心人、体谅人。比如，当员工出差时，她总是像老妈妈送儿女远行一样，亲手为员工煮上几个鸡蛋，然后把员工送到厂门口，直到看到员工坐上了公交车才离去。这些做法深深赢得了员工的心，使员工产生了自己人的意识。因此，大家在工作中能够保持积极性。

在员工的心目中，陶华碧就像母亲一样和蔼可亲、可爱可敬。因此，在公司里，没有人叫她董事长，大家都喜欢叫她"老干妈"。

身为企业的老板，谁能像陶华碧一样对待员工呢？有多少人能像他那样从细微处关心每个员工呢？尽管陶华碧没有文化知识，但她懂得一个道理：关心一个人，感动一群人；关心一群人，感动整个集体。这种亲情化的感情投资，使"老干妈"公司的凝聚力只增不减。这就是让员工产生"自己人"意识，对企业发展所产生的积极作用。

125 只需下达目标，不必布置细节

有这样一类管理者：每次分派工作、下达目标时，都会事无巨细地布置。比如，让员工布置会议室时，他们会告诉员工放多少把椅子，买多少茶叶、水果，会议室里的会标写多大的字、找谁写、用什么纸张等，一一都要安排。也许一开始下属尚能接受，但是时间一长，大家就会产生反感，感觉领导管得太细太严了，自己一点自由发挥的余地都没有，这样他们的积极性就会受到打击。

事实上，有很多事情，管理者只要向下属下达目标就可以了，不必去布置过多的细节。举个例子，管理者让员工去推销一批商品，只需要告诉

员工销售的价格就行了，而没必要告诉员工去哪里推销、用什么办法推销、怎么进门、怎么介绍产品、怎么道别等。再比如，管理者让下属购买一些办公用品，只需告诉下属买什么、什么时候买，而不需要告诉下属去哪里买、怎么砍价。

管理要讲究适可而止，因为过度的管理反而会弄巧成拙，会妨碍员工积极性、聪明才智的发挥。原本解决问题的办法有五种，你交代给下属一种办法，这种办法不一定是最好的，也许员工有更好的办法，但是由于你交代了这种办法，员工很可能就不敢用自己的办法，害怕万一用自己的办法办砸了，于是只好按照你交代的办。这样就会使员工失去发挥潜能的机会，久而久之，员工的积极性就会受挫，还会变得不爱动脑筋思考，习惯于依赖领导的安排。

布置细节太多对培养员工的实际工作能力也不利，这一点很好理解。因为员工按照领导的交代去办，执行过程变得轻车熟路。在这个过程中，员工不用担心会出现意外，甚至即使出现了意外，领导者也为他布置好了应付的对策。因此，员工的实际能力就得不到锻炼。所以，在下达目标时，不必布置细节。

126 和谐管理绝不是讨好员工

什么叫"和谐管理"？所谓和谐管理，其实是指管理者运用和谐的心态进行管理。当管理者处于紧张的竞争氛围中和不良的环境里时，首先应该学会自我超越，用平常心和愉快的心情去管理企业。

和谐管理还指管理者与下属之间的关系保持和谐，即看人、识人、选人、用人、育人、管人、容人、留人等方面，能够做到从容有序、随机应变、得心应手。和谐管理更是指管理者对人做到人尽其才，对物做到物尽其用。

在《庄子》中，子舆是一个有很多缺陷的人，他不但驼背、隆肩，更是脖颈朝天。换作很多人如果有这样的缺陷，或许会很自卑。但是当朋友问子舆是否讨厌自己的样子时，子舆却回答说："不，我为什么要讨厌自己的样子呢？"

子舆的态度是：如果上天让他的左臂变成一只鸡，他就用它在凌晨来报晓；如果上天让他的右臂变成弹弓，他就用它去打斑鸠烤了吃；如果上天让他的尾椎骨变成车轮，精神变成了马，他便乘着它遨游世界。

子舆说："上天赋予我的一切，都可以充分使用，为什么要讨厌它呢？得，是时机；失，是顺应。安于时机而顺应变化，所以哀怨不会入侵到我心中。"

作为管理者，如果你能让你的下属像子舆一样坦然地接受你的命令，服从你的安排，充满喜悦地去对待工作，让他们顺应条件发挥自己的独特才能，那么下属的劣势也能转化为优势，这就是和谐管理。和谐管理既指人与外界环境的和谐相处，也指上下级之间的和谐相处。

某企业一名员工的父亲遭遇了车祸，重伤住院。他的家庭很贫困，而他刚工作没多久，没有什么储蓄，无法支付几万元的医疗费。就在这名员工犯难时，公司果断地拿出5万元钱借给他，并由于他在工作中的良好表现，特批给他半个月的假。这名员工十分感动，回家处理好一切事务后，立即赶回来上班。他说："公司就像家庭一样温暖，我一定努力学习操作技术，为公司创造更多的价值，这样才对得起'家人'。"

对员工实施亲情化管理，营造和谐的气氛，并非刻意讨好员工，事实上也是为了企业着想。试想一下，如果员工家里出事了，管理者却不通人情，不准假、不帮忙，员工是不是会觉得寒心呢？就算你把他强留在工作岗位上，他也无法静下心来工作，又怎样为公司创造价值呢？而当企业帮助了员工，赢得了员工的感激，员工再以数十倍的激情对待工作，回报企业的恩情，这样是不是更好呢？所以说，关心帮助员工，让员工与企业之间的关系更加和谐，这种做法对企业和员工双方皆为有利。

127 领导要为下属的过错承担责任

有人曾说过:"世界上只有两种人不会犯错误,一是没有出生的,二是已经去世的。"下属也会犯错,有些错误是不经意间犯下的,而有些错误则是因管理者决策失误导致的。无论何种类型的错误,身为管理者,都有必要站出来为下属的过错承担责任。做一个有担当的管理者,才能得到下属的敬佩,才能赢得下属的信任和追随。

著名管理培训大师余世维曾在多家企业担任领导,他在每个公司任职,都深得员工的尊敬和佩服。很多人之所以心甘情愿地跟随他,就是因为他勇于为下属的过错承担责任,而不是把过错归咎于下属,推卸自身的责任。

有一次,公司与客户签定了一项协议,要生产一批轿车并销往大陆市场。余世维和对方谈妥条件之后,把最后剩余的细节交给下属去办理,临行之前特别交代下属车门插销的生产方法。

等到快要交货的时候,下属慌忙地跑来报告,说大事不好了,原来,他把余世维交代的插销的事情忘了。当时余世维也惊出一身冷汗,因为50辆豪华轿车少了插销,怎么卖出去呢?

几秒钟后,余世维镇定下来了,他向董事长汇报了情况,董事长非常气愤,说:"是谁犯的错,把他给我找来。"余世维并没有"出卖"下属,而是说:"是我的错,我一时疏忽才这样的,我愿意承担全部责任。"然后他在董事长面前下军令状:如果不能把50辆车卖出去,任凭公司处置。

凭着一股不服输的勇气,余世维在五日内带领员工给所有轿车配上插销,然后挨家挨户推销,最后把这批车全部卖出去了。属下非常感动,除了努力工作,用优异的业绩回报他,还能做什么呢?

优秀的领导者是不会轻易逃避责任的，他们明白：下属有了过错，就是自己的过错。因为下属之所以犯错，与自己没有尽到责任有关。如果要受处罚，领导者首当其冲，不找借口，不为自己辩解，而是勇敢地承担责任。这样才能让下属放下心中的包袱，减轻心理压力，轻松地面对接下来的工作。

华人富商李嘉诚经常说："员工犯错误，领导者要承担大部分的责任，甚至是全部的责任，员工的错误就是公司的错，也就是领导者犯下的错误。"这样才能消除错误对员工造成的心理阴影，才能赢得员工的信任和支持。

128 设立让员工全力追求的目标

美国行为学家 J. 吉格勒提出，设定一个高目标就等于达到了目标的一部分。在企业管理中，有人曾做过一个调查，他们问员工：你最需要领导者做什么？70%的受访者回答："希望领导者有明确的目标或方向。"而当他们问领导者"你最需要员工做什么"时，80%的领导者回答："希望员工朝着目标前进。"从这项调查中可以看出，设立一个富有挑战性的目标，在企业管理中何等重要！

领导者在企业管理中的首要任务，就是为每个员工设定一个具体的、明晰的、有挑战性的目标。之所以要强调有挑战性，是因为明确而富有挑战性的目标，比不明确或不富有挑战性的目标更能激励员工奋发向上。

摩托罗拉公司创始人高尔文就重视为员工设定看似富有挑战性的目标。比如，20世纪40年代末，摩托罗拉公司刚进军电视机市场，当时高尔文向电视机部门提出了一个看似无法完成的目标：在第一个销售年，把电视机定价为179.95美元，要求卖出10万台，还必须保证利润。

一位员工抱怨道:"一年卖出10万台,那是不可能完成的任务,那意味着我们的电视机销量必须升至行业的第三或第四名,而我们最好的销量也只排在行业的第七或第八名。"

一位产品工程师说:"我们把电视机的售价定得太低了,怎么可能保证利润呢?因为我们没有把握保证成本低于200美元。"

高尔文却说:"你们一定要卖出10万台。在你们按179.95美元的价格卖出10万台电视机之前,我不希望你们说做不到,我不希望看到任何成本报表,你们一定要努力做到这一点。"

之后,高尔文通过一系列的激励奖惩措施,促使员工为了实现目标刻苦钻研创新,想方设法节省成本,最后,不到一年时间,他们实现了10万台电视机的销量,在电视机领域的销售排名第四。

试想一下,面对没有挑战性的目标时,员工会尽全力吗?不会,他们往往会放松对自己的要求,也许会上班偷懒,下班早退。而富有挑战性的目标需要员工全力奋斗,员工在完成这个目标时,要付出更多的精力,要保持专注,保持高效,否则,他就可能完不成目标。而当他们完成了某个富有挑战性的目标时,他们会感到自豪,这种自豪感会促使他们更加积极地工作,从而让整个团队高效地运作。

129 懂得为下属着想,让你赢得下属的尊重

经常听到管理者抱怨下属不服从管理,没有领会自己的意图,没有把事情顺利办好。还有一些管理者抱怨下属目中无人,对他们不尊重……为什么下属会这样呢?作为管理者,是否反省过自己,是不是自己的管理方式不好,是不是自己阐述意图时没有讲明白,是不是自己平时对下属缺少尊重、没有为下属着想呢?如果管理者懂得换位思考,设身处地为下属着想,那么,就容易搞清楚这其中的原因,也更容易赢得

下属的尊重了。

松下幸之助说过这样一段话：假如你和课长一起加班到深夜，虽然你年轻力壮不觉得累，年长的课长却会感到疲惫。这时你是否会说上一句"课长，我帮您揉揉肩吧"？当然，你的课长很少会说："好，你给我揉揉肩吧！"但是他内心会很高兴，课长可能会说："真不好意思，这么晚了还把你留在这儿加班，今晚原本有约会吧？"松下幸之助说，这种心灵的交流是开展工作的动力。

从松下幸之助的这段话中，我们可以深刻地体会到：作为管理者，在与下属交往的过程中，更应该主动地换位思考，为下属着想。假如你和下属加班到深夜，你主动问候下属："累了吧，我这儿有咖啡，给你泡一杯怎么样？"同样的，下属一般不会说："好的，你给我泡一杯。"但是他内心会对你充满感激，觉得你重视他。这样一来，加班造成的疲惫感，可能一下子烟消云散了。

如果你经常设身处地地为下属着想，对下属表现出关心，那么自然而然，下属也会更加敬重你，更加服从你。这种关心能够帮助你在管理中取得更大的成功，也能帮企业实现更好的发展。那么，你怎么知道下属怎么想的，需要哪些关心和激励呢？不妨看一个小故事：

有一次，阿凡提对一个朋友说："我能猜出你心里在想什么，你相信吗？"

朋友说："那你猜猜吧，我现在在想什么？"

阿凡提说："你正在想我能不能猜出你在想什么。"

初看这个故事，你会觉得阿凡提在捉弄朋友，但深入一想，你会发现：阿凡提所说的，不就是人内心的奥秘吗？这不就是站在对方的角度想问题吗？同样，在对待下属时，不妨站在下属的角度想一想，下属最渴望什么，然后有针对性地给予他关心和帮助，这样往往能产生极佳的激励效果。

130 批评时要力争做到心平气和

"王皓你就是懦弱、胆怯，你应该好好总结一下，为什么总是在这样的时候不堪一击？"主教练刘国梁劈头盖脸地怒骂乒乓球队队员王皓，这一幕发生在比赛之后，而且被电视直播出来，全国人民都看到了。

在总教练如此猛烈、毫不留情的批评声中，全场16名中国球员大气不敢出一声，王皓更是一脸惶恐，这样的批评是否有效呢？王皓在被批评时是怎样一种心情呢？这一幕让人忍不住联想到在公司里，员工遭到了老板或上司的猛烈批评，例如："你怎么办事的！不会看清楚了再拿来？""你到底长脑子了吗？""跟你说了多少遍，怎么还不知道？""再干不好就给我滚蛋"……

大部分管理者认为，员工犯了错误，领导者当然会生气，批评员工是天经地义、无可辩驳的。因此，在员工犯错之后，上司带着情绪批评员工，我们将此理解为一种自然的反应，因为老板或上司的职位赋予了批评员工的权力。

但是有调查表明，在企业管理界，管理者的批评是员工产生挫折感的直接原因。年薪百万的职业经理人施考伯有一句名言："世界上极易扼杀一个人雄心的，就是他上司的批评。"管理者若不想扼杀员工的雄心，在批评员工之前，应该先管理好自己的情绪，最好能做到心平气和。

有专家总结过，情商高的管理者在批评员工时，有四个共同的特点。第一个特点是就事论事，当员工表现不佳时，他们往往先把事实讲清楚，比如"今天上班，你为什么迟到了半个小时呢？"而不是说："你到底在搞什么？怎么上班迟到了？"因为这样的批评不是就事论事，容易让员工误以为管理者讨厌自己，会给员工带去消极的影响和打击。

第二个特点是，明确地告诉员工自己的感受。他们会明确地对员工说:"这件事你没有办好,我觉得很失望。"

第三个特点是,给员工一个明确的目标,希望员工努力达到。当员工上班迟到了,他们会说:"我希望你以后可以准时上班。"而不是说:"以后不准再迟到了。"

第四个特点是,动之以情地说服员工做事。比如,他们会说:"我希望你以后准时上班,这样我们相处得会更融洽,对公司管理也有好处。"或者诱之以利地说:"我希望你以后准时上班,这样你才有全勤奖金。"

如果你能做到上面四点,那么你在批评员工时,就容易做到心平气和了,这样所取得的批评效果往往会如你所愿,员工会更加敬重你。

131 采取灵活多变的薪酬方式激励员工

众所周知,在马斯洛需求层级理论中,人的需求是分层次的,只有满足了低层次的需求之后,才会考虑高层次的需求。尽管工资只是作为满足低层次需求的保障条件,但是对绝大多数人来说,薪酬激励依然那么具有诱惑力和激励作用。

对于工资低的公司,即便企业文化搞得再好,也难以激励人心、留住人才。对于工资较高的公司,员工也不会拒绝薪酬激励。因此,管理者一定要认识到薪酬在激励中的作用。为了能让薪酬发挥最大的激励作用,管理者应采取灵活多变的薪酬方式。

一般来说,灵活多变的薪酬方式包括以下几个方面:

(1) 基于岗位的技能工资。

什么岗位对应什么样的技能和素质,什么样的技能和素质对应什么幅度的工资。通俗地说,这相当于很多企业所说的基本工资,基本工资是对一个员工基本能力的认可,也是对员工生活的基本保障,能给员工一定的安全感。

（2）按劳取酬的工资制。

在基本工资的基础上，结合按劳取酬的工资制，这种薪酬方式对勤劳肯干的员工，对知识水平高、能力强的员工是最好的认可，对他们最有激励性、最有吸引力。同时，对偷奸耍滑、不思进取的员工有很大的约束。举个例子，如果公司主要实行按劳取酬的薪酬方式，那么得过且过、混日子的员工由于不踏实工作，没有多少业绩，肯定无法获得理想的收入。在这种情况下，他们要么说服自己认真工作，要么选择离开。

（3）灵活的奖金制度。

奖金作为薪酬的一部分，相对于基本工资，主要是对员工为公司所做的贡献的一种奖励。在国内，很多企业的奖金在相当程度上失去了激励的意义，变成了固定的附加工资。美国通用电气公司针对奖金制度发放中的利与弊进行了研究，建立了一套灵活的奖金发放制度，对员工起到了很好的激励作用。

通用电气公司割断了奖金与权力之间的"脐带"，也就是员工的奖金多少，与其职位高低没有联系，这样一来，高职位者再也不能高枕无忧地拿高额的奖金，而低职位者也不需要担心自己的付出得不到公司的认可。换言之，全体员工的奖金都依据员工的业绩来设定，使奖金起到了真正激励先进的作用，也有利于防止高层领导放松工作、不劳而获。

当然，通用电气公司的奖金是可逆的，即不把奖金固定化，每个员工、每个月的奖金都是起伏不定的。这样避免员工把奖金看作一种理所当然的收益，无形中让奖金沦为一种"额外工资"。通用电气公司根据员工的表现随时调整奖金的数额，让员工既有成就感，也有危机感，从而能很好地鞭策他们做好本职工作。

（4）团队奖金。

尽管奖励团队不如奖励个人有效果，但为了防止上下级之间由于工资待遇相差太多造成心态不平衡，导致合作不力，为了促使员工相互之间紧密合作，设置团队奖金还是很有必要的。有些企业用于奖励团队的资金占到员工收入的很大比重，对打造团队精神有很好的作用。

(5) 津贴、红包。

所谓津贴，包括手机费用补贴、交通费用补贴、午餐饭补等等，而红包主要包括过年、过节（特指传统佳节）、员工生日等日子向员工发放的红包。关于津贴、红包的数额，公司最好执行统一标准，当然，销售人员与坐班人员由于工作性质不同，津贴可以不一样。虽然津贴、红包数额可能不多，但是能让员工看到公司对大家的人文关怀，对员工也能产生一定的激励作用。

132 被下属爱戴是卓有成效管理的开始

每个管理者都希望被下属爱戴，都希望得到下属的支持，因为这才是卓有成效管理的开始。那么，怎样才能被下属爱戴呢？怎样才能带给下属影响力和感染力呢？无疑这是每个管理者都需要深入思考的问题。下面就来介绍几种办法，让管理者赢得下属的爱戴、在下属心目中保持影响力和感染力。

（1）拥有充沛的激情。

作为管理者，你是带着一种精神去工作，还是以一种无所谓的心态去工作，将直接影响你在下属心目中的位置。有的管理者总是抱怨下属没有工作激情。其实，不妨先检讨一下自己是否精力充沛，你是否用自己的激情去影响下属？优秀的管理者应该以团队为荣，满腔热情地对待工作，并用自己的热情带动员工，这样才能传递给员工正能量。尤其是在企业面临困境的时期，管理者的精神状态直接影响整个企业的气氛。如果管理者情绪低落、心猿意马，那么下属可能早就逃之夭夭了。

（2）成为"实力派"管理者。

无论在什么时代，下属最关心的还是领袖的能力，所谓"实力为王"，就是这个道理。如果只要你出马，什么困难都能解决，下属还会不信服你吗？如今的职场新人，可谓爱憎分明，对有能力的领袖充满崇拜之情，而对外强中干的管理者则不屑一顾。因此，你要不断强化自己的工作能力，用你的经历、阅历、眼界、组织协调能力、沟通能力等，去为企业创造价值，去影响你的下属，那么你就很容易赢得下属的敬佩。

（3）成就你的下属。

身为管理者，如果想成为下属心目中的精神领袖，除了爱你的事业、保持激情，给下属更好的激励外，你还要成就你的下属，让下属在团队中获得进步、获得成就。比如，你可以让每个下属都分享团队的荣誉，而不是归功于自己，这样才能成为被下属迷恋的领导。

（4）注重品格修养，成就第一影响力。

很多人追随一个领导者，往往是因为领导者的品格。大凡品格高尚的领导者，即使没有特别圆滑的领导技巧，也会具备天然的号召力。曾经有个调查显示：上司的哪种行为最让你痛恨？结果，排在首位的是不诚信。可见，诚信对于领导者的重要性。因此，管理者应该说话算数、一诺千金，对每一次采取的行动、所做的决策负责到底，这不仅是责任感的体现，更是人品的体现。如果管理者能做到"我要么不承诺，如果承诺，一定兑现"，那么自然会被下属信赖。

133 让下属利益与公司利益紧密相关

人们只对对自己有利的东西负责任，如果做一件事对自己没有利，大多数人是不会认真做好的。因此，在企业管理中，只有把公司利益与个人利益联系起来，公司的利益才能得到保证。

佳美公司是一家大型装修公司，工程项目遍布全国各地。在管理中，佳美公司的管理者碰到了一个头疼的问题：公司配备给员工的装修工具丢失率极高、损坏率极高，严重影响了正常工作的开展，同时，公司也为此支付了高昂的费用。

为了解决这个问题，公司采用严格的监督办法，包括工具借用登记、检查和维修。公司还通过严格的监督程序来规范员工的工作态度，可是效果并不明显，为此还浪费了大量的人力和物力。

后来，公司的管理者不断摸索，决定采用一套新的工具管理制度：工程队和员工自行购买工具，所有权归员工，费用由公司和个人平摊。实行这个制度半年后，效果非常好，工具丢失和损坏的情况大为改善，工具使用率得到了相当程度的提高。

半年后，公司进一步做出规定：所有小型的电动工具都由员工自行购买，公司每日补贴1元，工具的所有权仍归员工。从此以后，公司的工具使用率出奇地好，解决了多年来未曾解决的问题。

一切管理的出发点是人，而不是事，因此，要想管好事，首先要管好人。要想管好人，必须有一个合理的制度。经济学家哈耶克曾经说过："一种坏的制度使好人做坏事，而一种好的制度会使坏人也做好事，制度并不是要改变人利己的本性，而是要利用人这种无法改变的利己心去做有利于社会的事。"

如果公司的制度没有让员工的利益与公司的利益紧密相关，员工就会失去工作的动力。反之，如果公司给员工提供的报酬让员工感觉物超所值，他们就会按照公司的意愿去做事。要记住，人们永远不会安心地接受强迫的改变，所以，制度要顺应人的本性，而不是力图改变这种本性。

134 激发员工的使命感

工作是为了赚钱、养家糊口、图生存，这没有错，如果工作仅仅是为了赚钱，那么，比尔·盖茨为什么还要工作呢？因为他工作不是为了赚钱，他曾经说过："我不是在为金钱工作，钱让我感到很累。工作中获得的成就感和体现出来的使命感才是我真正在意的。"

作为管理者，不应该让员工觉得工作只是为了赚钱，还应该让员工明白工作的崇高使命。要知道，世界上绝大多数百年企业，都有自己明确的使命。比如，迪士尼公司是使人们更快乐；索尼公司是通过技术造福大众；惠普公司是为人们的幸福和发展做出技术贡献；沃尔玛公司是让百姓买到实惠的东西。当员工有了使命感之后，他才会把工作、公司当成自己的事业来经营。

工地上有三个人在建房子，有人问他们同样的问题："你在干什么？"

第一个工人说："我在砌砖。"

第二个工人说："我在建房子。"

第三个工人说："我在建造世界上最宏伟的建筑。"

多年以后，第一个工人还在砌砖，第二个工人成了包工头，第三个工人成了建筑师，他设计了很多宏伟的建筑。

为什么从事相同的工作，三个工人的回答却大不相同呢？其实，这与他们对工作的使命感的认识有直接关系。当一个员工没有使命感时，他认为工作只是谋生的手段，是痛苦的事情，而当一个员工有了使命感之后，他才会把工作当成事业去经营。

杰克·韦尔奇曾经说过："使命感指引人们向何处前进。"在他看来，使命感不是虚无缥缈的东西，而是实实在在的，它指引着我们前进的方向。有效的使命感可以使人在可能实现的目标和不可能实现的目标之间寻求一种平衡，使人有一个清晰的方向，以实现最终的目标为导向。

135 让员工把工作当成自己的事业

什么东西才会让员工不计利益得失而拼搏？也许是马斯洛层级需求理论中的最高层次——自我实现的心理需求，让员工对企业产生归属感、认同感和成就感，而企业要为员工提供实现愿望的平台和途径。

企业管理者一定要明白，员工与你之间并非只是雇佣与被雇佣关系，如果真是那样，员工只是工作的机器，在这种情况下，员工只是把工作当成工作，他们的潜能得不到激发，企业是不可能长久兴旺发达的。只有将员工的利益与企业利益结合起来，员工才会把工作当成自己的事业，为企业的腾飞做贡献。

在康柏公司的招聘会上，他们会问应聘者："你希望公司给你什么？"他们会告诉应聘者："我们给你的不仅是金钱，更重要的是前途和发展，这些是你所获得的隐性利益。"隐性利益就像职业发展的利息，比薪金更有价值，它能激发员工为企业创造价值的愿望。而当员工打算跳槽时，公司不会用加薪的办法留住员工，因为他们知道，金钱所起到的留人作用是短暂的，不能从根本上唤起员工对工作的渴望和热爱。

与康柏公司相同，微软公司也重视为员工提供实现自我的平台，以使员工把工作当成自己的事业。在微软，每一位员工都会得到赏识，他们的管理模式是"责任到人"。在微软（中国）公司的市场推广部，每一种产品项目下面，都有一个产品经理。他们负责产品的定位和市场推广等一系列的工作，这对员工充满了挑战性和吸引力。

要想真正留住人才，使人才有用武之地，靠的是事业，给员工一份事业，员工才会给你一份惊喜。正所谓"授人以鱼不如授人以渔"。仅仅给员工金钱是不够的，还应该给员工心理上的成功感。这样才能令员工欢欣鼓舞，员工才会把工作当成自己的事业，最终受益的是企业和员工双方。

136 用情感安抚下属"骚动的心"

每当传统佳节、年关临近时，员工的心就开始骚动，尤其是一些不按国家政策规定放假的公司的员工，更是会猜测公司会放几天假，还会猜想过节公司会发什么礼品、年底的年终奖能否兑现。员工的心一旦骚动了，必然影响士气，影响工作效率。因此，管理者要想办法安抚下属骚动的心。

一天，一位员工接到母亲的来电，在电话中，母亲激动地说："儿子啊，一定要好好工作呀，不要辜负老板的一份好意。"

母亲接着说："今天是中秋节，家里收到了你们公司寄来的月饼，还有你们老板亲自写的贺卡，说你在公司表现很好，让我们放心，你今后一定要努力啊……"那位员工听到母亲的话，顿时感受到了老板的重视和信任，以后没有理由不认真工作。

别看这小小的月饼，也事关员工的情绪。年年都发吧，员工嫌公司没新意；如果干脆不发，员工又会抱怨公司太小气。英明的领导选择既要发，又要发出新意，对员工产生激励性。因为他们知道，传统佳节员工最渴盼得到公司的关怀，小小的月饼若能发出新意，让员工看到公司的重视，就能深得人心。

事实证明，员工的内心骚动时，公司并不需要花多么庞大的费用去安抚，关键在于付出感情。比如，对员工嘘寒问暖，一样能让员工感到暖心。

137 容才留才，防止"跳槽"

你想留住人才吗？那就学会包容、宽容他们。既要容人之才，不因他们的能力强于你自己而嫉贤妒能；又要容人之短，不因他们有缺点与不足而苛责；还要容人之过，不因人才犯了错或工作失误而抱怨、指责他们。

某公司的董事长鼓励员工积极创新，还针对创新制定了一系列的奖励措施。在奖励措施中，有这样一条：即使创新失败，但依然值得肯定，依然会得到公司的奖励。这位充满"探险"精神的董事长认为，再优秀的人才也会犯错，如果一个人从来没有犯错，那多半是因为他毫无建树。在管理中，他经常鼓励员工别怕犯错误，不要畏惧失败。正因为他对人才有这般容忍的态度，才使公司持续发展。

工作并不总是顺利的，人才失败也很正常，可怕的是人才失败后，管理者就不再信任他、不再重用他，这样人才将会非常失落，对管理者也会产生失望之情。如果一个管理者做不到"容才"，不容忍人才因为创新引起的失败，无异于在给人才的思想上枷锁，束缚人才的手脚。在这种情况下，人才的价值是难以最大化发挥的。

真正聪明的老板，懂得对人才大度、包容、忍让，他们不会因为人才的缺点，不会因为人才在创新路上的失败而对人才心存不满。相反，他们还会真心地安慰员工，鼓励他们："我相信你，下次再努力，一定能行的。"这样能让人才获得向上的源泉。

另外，优秀的人才往往个性突出，有些自大，可能在无意间冒犯了管理者，对此，管理者也应该多多包容。有些管理者有一种"老虎的屁股摸不得"或"太岁头上的土不能动"的心态，一旦被冒犯，就会动怒，甚至伺机报复。

真正有远见、有度量的管理者，是不会轻易给冒犯者"穿小鞋"的，他们懂得以企业为重，从大局出发，毫不介意。因为他们知道，这些"胆大包天"的冒犯者大都是性格耿直、行事光明的人，这正是难得的人才，是企业发展的希望所在。

138 常对下属说"你的工作很重要"

人类本性最深的企图之一是期望被人夸奖和肯定。如果你想下属感到自己很重要，不妨常对下属说："你的工作很重要。"因为把一份重要的工作安排给下属，同样能让下属感觉自己被重视、被需要。因此，千万不要辜负下属渴望被肯定、被欣赏的心理。

某宾馆有一位前台小姐，工作勤勤恳恳、认真负责，深受顾客的好评。但是有一天，她却突然递交了辞职报告。这让宾馆的老板十分不解。因为这家宾馆的工资待遇在当地算是比较高的，而且她工作一直很努力，为什么突然不想干了呢？

老板找到那位前台员工，问她为什么要辞职，她说："太没有意思了，我感觉干得好干得坏一个样。虽然工资待遇不错，但是我总觉得这份工作有些卑微，我希望做更重要的工作，以体现我的价值。"

也许，很多企业留不住员工，就是因为员工觉得工作卑微。在社会的大舞台上，每个人都希望自己充当重要的角色，作为管理者，一定要认识到员工渴望获得重视的心理。怎样才能让员工感到自己重要呢？最简单的一个办法就是向员工阐述其工作的重要性。

管理者既可以告诉员工："你的工作是公司运行的重要一环，缺少了这一环，公司就会瘫痪。"也可以告诉员工："你的工作是为社会服务的，公司生产的产品被顾客购买到家里，发挥着重要的作用，这就是你的价值所在。"

曾有人问一位微软员工："你为什么留在微软？"得到的回答是："因为在微软工作我收获了成就感，我觉得自己的价值得到了体现，我有这样的工作很满足。"微软的员工之所以感到有价值，是因为他们的管理者通过各种手段，使员工有机会在每一个重要的岗位上发挥聪明才智。

139 与员工分享胜利果实

在工作中，当某个项目取得成功时，获得最大褒奖的往往都是管理者。尽管我们建议管理者要推功揽过，但属于管理者的头功是跑不掉的。那么，当管理者获得荣誉和奖励之后，该怎样对待这个胜利果实呢？是一人独享，还是和下属们一同分享？

陈先生是某公司的总经理，由于近日在与德国商人的谈判中大杀对方的威风，压低了对方所要的价格，为公司节省了几十万元，也让公司扬眉吐气，士气大涨。

获得生意上的胜利之后，陈先生没有忘记和自己一起奋战多个昼夜、共同商讨谈判方案的员工们，他慷慨解囊，宴请诸员工周末随他一起去狂欢。他请大家吃了一顿饭，然后和大家去KTV唱歌，玩得都非常尽兴。虽然花了几千元，他却得到了员工的爱戴，赢得了员工的一片忠心，今后大家跟着他干活格外卖力。

陈先生的案例告诉我们，与下属们分享胜利果实，对员工是一种很好的激励。身为管理者，无论是公司赢利了，还是管理者个人晋级加薪了，都是一件可喜的事情，这个时候千万别忘了那些为你打江山的员工，要设法让他们也有所晋升、得到奖励，这才是对员工最大的关心和激励。当你获得胜利果实之后，高兴地和大家一起分享喜悦，必然会使他们与你上下一心，齐心合力，动力十足。

140 不吝关爱，"爱心"比"拳头"更管用

人非草木，孰能无情，更何况是与你朝夕相处的下属呢？因此，如果你能关爱下属，而不是对下属挥舞着"拳头"、骂骂咧咧，那么下属就愿意服从你的领导。尤其是当下属过失犯错时，如果你能宽大为怀，那么就很容易感动下属，使他尽职尽责地为你效力。

汉宣帝刘询执政时期，丙吉是当朝的丞相。他的属下有个车夫，非常爱喝酒。喝醉之后，行为也不检点。有一次，他喝酒之后驾车护送丙吉外出，途中在车上呕吐。相府总管得知此事后，痛骂车夫一顿，还准备将他辞退。丙吉却说："他如果因为醉酒失事而遭辞退，还有哪里收容他呢？总管忍忍吧，不过就是把车上的被褥弄脏了罢了。"不仅如此，丙吉还主

动关心车夫的身体状况，问是否需要停下来休息。这件事让车夫非常感动，从此之后，他发誓不再过度饮酒。

一天，车夫出门时，看见一个驿站骑手拿着一个奇怪的口袋，好像是送紧急文书的。于是，他上前打听，经过一番询问，得知边疆遭到敌人的侵犯，于是迅速把这件事报告给丙吉。丙吉马上召集一些官员，组织军队收服边疆。不久后，汉宣帝召见丞相和御史大夫，询问敌人入侵情况，丙吉一一作答，而御史大夫什么也不知道，最后被降职了，而丙吉守护边疆有功，得到了皇帝的褒奖。

从这个故事中，我们可以看出，作为领导者，一要心怀仁慈，心胸开阔。对待下属的小过错，不要太过苛责，怀着一颗关爱之心去宽容他、原谅他，更能促其改正错误，尽职效忠。

同样的道理，在企业管理中，管理者关心员工、帮员工解除后顾之忧，也是调动员工积极性的重要方法。比如，当了解到下属家庭遇到困难时，给予下属安慰、鼓励和适当的帮助。当下属或其家人生病了，抽出时间去探望、慰问一下，或准下属几天假，让他好好休息，好好陪护家人。

不要认为这些是小事，就不去重视，要知道，这些小事往往最能打动下属，最能收服人心。这些不仅能够感动当事者本人，还能让其他下属看到管理者对下属的爱护，从而体会到公司对员工的尊重。

141 恩威并举，让员工既服从又感激

作为企业的管理者，说话办事都要有章法，在处理事情方面，要有手段、有技巧，这样才能让员工既服从你又感激你。这其中重要的一招就是恩威并举，既对员工施予恩惠，又对员工晓以利害，必要时严厉惩处，所谓一手软，一手硬，软硬兼施，让员工不得不乖乖臣服，同时还对你感恩

戴德。清代著名的"红顶商人"胡雪岩把这一招运用得非常绝妙，让下属们佩服得五体投地。

很多人都知道，胡雪岩的生命中有两个贵人，分别是王有龄和左宗棠。但其实，在他遇到这两个贵人之前，他还遇到过一个贵人，这个人就是阜康钱庄的于老板。胡雪岩给于老板打工，在于老板的栽培、赏识下，胡雪岩得到了很好的锻炼。于老板就像胡雪岩的父亲，他临死之前，将阜康钱庄托付给了胡雪岩。

胡雪岩处理完于老板的丧事之后，又花了两个多月的时间祭奠他，前前后后总共花了三个月时间。三个月后，他回到钱庄，马上召集大家开会："于老板走了，大家都很伤心，我守孝三个月，虽然在这段时间内，我没有过问具体的事情，但大家这三个月做了什么，怎么做的，我都心知肚明，有些人趁机偷懒，我也知道，但是我不为难大家，只希望大家跟着我好好干。从今往后，每个人的年薪在目前基础上增加10%。"看似平常的一番话，充满了恩与威，既震慑了偷奸耍滑者，又笼络了人心。

在用人、驾驭人方面，胡雪岩可谓一绝。他收服人心最常用的方法就是恩威并举，对于软角色，他会先给其好处，让他们感激涕零，然后又暗中晓以利害，让对方知道自己是个"狠"角色。这样一来，对方就不会欺负他是个心软的人。对于狠角色，胡雪岩会先给他们下马威，不断地逼对方，直到把他们逼到绝路上，然后突然收起"大棒"，拿出"胡萝卜"，这时那些狠角色往往心悦诚服，不敢再有二心。

在施恩的时候，要注意把握员工的喜好，有些员工爱钱，有些员工爱名，有些人两者兼有，你要做的就是尽可能满足他。在示威时，要抓住员工的软肋，所谓"打蛇打七寸"，才能一招制胜。

142 以心换心,用你的诚心换来别人的真心

曾看到这样一篇新闻报道:

2000年冬,陕西长安县的一对老夫妻在冰天雪地中救了一只可怜的小猴子。由于小家伙胃口特别好,吃的东西特别多,贫穷的老夫妻只好在它身体恢复之后,把它送回山里。没想到,小猴子又跑回来了,但是小猴子并不白吃,而是回来报恩的,它白天跟着主人去放羊,其间还去山上找野果。有一次,遇到了黑熊袭击羊群,小猴子利用自身的灵活性与黑熊搏斗,最后赶走了黑熊。后来,小猴子留在老夫妇家里,成了他们放羊的得力帮手。

从这个报道中,我们可以看到动物的"同态心理"。所谓同态心理,是指用别人对待自己的态度去对待别人,也就是说,以心换心,以德报德。动物尚且有如此感恩之心,作为有着聪明才智和思想情感的人类,更应该学会以心换心、以情换情。

身为企业管理者,如果想赢得员工的真心,就必须让他们看到你的诚心。要知道,下属需要关怀,需要尊重,需要帮助,需要赞美,只要管理者主动付出诚心,满足下属被关怀、被尊重、被帮助、被赞美的需求,就能赢得下属的感激和回报。小到一次简单的请客吃饭,不经意间的嘘寒问暖,大到一次雪中送炭的鼎力相助,都有利于赢得下属的好感,激发下属的工作积极性,获得下属对公司的真心回馈。

常言道:"滴水之恩当涌泉相报。"这句话形象地表达了人的心理特征。当你给予、扶助、善待下属之后,你将换来下属的尊重、认同、配合、积极负责。作为管理者,不就是希望下属服从命令、听从指挥,在下属心中有威望吗?不就是希望下属在自己的带领下,坚决贯彻执行公司策略吗?所以,赶紧学会设身处地地为下属着想,将心比心地关心、爱护下

属吧,你的诚心将换来下属的真心拥戴。

143 赢得人心,仁义比金钱更有效

说到赢得人心,就不得不提到清代著名的"红顶商人"胡雪岩,他既能在官场混得开,又能在商场中混得来,靠的就是"仁义"二字。在他看来,仁义比金钱更有效,有时候,他宁愿舍弃千金,也要留住人才,留住人心。

胡雪岩对待员工讲究仁义,对待顾客也懂得用仁义收买人心。胡庆余堂开张初期,胡雪岩经常穿着官服、头戴花翎、胸挂朝珠,热情地接待顾客。有一次,有位顾客来胡庆余堂买了一盒胡氏辟瘟丹,拿到药之后,打开一看,露出了不满意的神情。

一旁的胡雪岩见状,赶忙过来查看,见药有欠缺之处,他向顾客再三致歉,然后让店员给顾客换新药。不巧的是,当天的辟瘟丹已经卖完,胡雪岩考虑顾客远道而来,便让顾客留下来住几天,并保证三天之内,一定会把新药赶制出来。三天后,胡雪岩兑现了诺言,把新配制的辟瘟丹给了顾客。顾客非常感动,没想到胡大官人服务这么周到。后来,他到处宣扬胡雪岩的仁义待客之道,给胡庆余堂做了很好的广告。

从胡雪岩的故事中,我们看到了他的仁义。他不仅对员工仁义,对待顾客也诚意相待,真正把顾客当成了上帝。在那个年代,能做到这一点,真的非常不易,难怪胡雪岩能把生意做得那么大。

144 切忌厚此薄彼，新老员工一视同仁

有些企业管理者对待新老员工时，感情色彩太重，对老员工偏袒、厚爱，对新员工冷漠、苛刻。这种截然不同的态度很容易增加新员工的心理负担，引起新员工的不满。在利益分配时，管理者如果不能一视同仁、平等对待，就会在无形中造成下属之间的心理隔阂，不利于新老员工之间和谐相处以及团队建设。

有个网友在网上发帖子，发泄内心的不满，帖子的内容大致是这样的：

到今天为止，我来公司已经两个月了，有些同事比我来公司还晚，甚至有刚来的，对于我们这些未转正的员工，公司给予的福利待遇与老员工完全不同。这不，中秋节来临，公司通知了中秋福利的规定：老员工每人一桶花生油，一箱苹果，一箱牛奶；新员工只有一桶花生油。

在帖子中，该网友大发不满，他怎么也想不明白，同是公司的员工，为什么公司所给的福利却相差很大，为什么公司不能一视同仁地对待新老员工呢？尽管自己入职不久，但踏入公司门一天，也是公司的人，也为公司做一天的事……原本发放福利是一种激励策略，但因为福利发放不公，造成了新员工不满。作为企业管理者，怎么能允许这种情况存在呢？

公司是一个团队，身为管理者，你应该时刻想到如何维护团队的团结，如何激励全体的士气，任何决策的出台，都应本着团结人心的目的。对于公司的新员工而言，他们是公司的新鲜血液，他们的加入可以对老员工形成挑战，让他们不至于故步自封，让他们保持进取心和赶超的精神。新员工就像一潭活水，可以调动整个团队的氛围。可以说，新员工的作用

是不可估量的。

身为管理者,一定要重视新员工,协调好新员工与老员工之间的关系。只有一视同仁、平等对待新老员工,才能营造公平公正的团队氛围,才能使新员工迸发出激情,更加努力地工作,也才能使老员工再接再厉,保证不落人后。这样,新老员工才能融为一体,共同努力,共同进步,这样的团队才能充满战斗力,干劲十足。

145 有十分的把握,说七分的话

杯子留有空间,才有容纳新鲜液体的空间;气球留有空间,才不会因充气而爆炸;说话留有空间,才不会因意外事件而下不了台,才有转身的余地。所以,不要把话说得太满,有百分之百的把握,只说七成,既给别人留点悬念,也给自己留些余地。这样,当事情办成时,别人会惊喜于你的努力,当事情没办成时,别人也不会责怪你。

一天,员工向老板提了一个请求,希望公司准许他请一周的假,因为他的家里发生了一些事情,必须回家处理。当时老板不假思索地答应了:"没问题,家里有事你就回去处理事情吧!"可是第二天,老板却对那位员工说:"下周无法准你一周的假期,因为公司有很多事情要做,不能缺少人手,我只能准你3天假。"

员工很恼火,说:"什么?我都和家人通电话商量好了,你怎么能出尔反尔呢?"

老板说:"你不知道,事情不像你想得那么简单,我得为公司的利益着想啊!"

员工说:"昨天你答应得那么爽快,今天却说有难度,为什么昨天你没想到有难度……"

有些管理者面对员工的请求和求助时，往往会拍着胸脯说："没问题，放心吧！"可话说出之后，又改变了主意，这种出尔反尔或不守承诺的行为，很容易惹恼员工，从而失去员工的信任。这就是把话说得太满给自己造成的窘迫。

管理者说话要注意分寸，切忌把话说得太满，因为凡事总有意外，有些并不是你所能预料的，为了应对意外，为了让你在意外面前能够从容地转身，即使你有十分的把握，也需说七分的话，为自己留有余地。

下篇

团队打天下，制度定江山

146 一流企业靠制度，二流企业靠人才

常听闻一句老话，打江山容易，守江山难。打江山靠的是人才，守江山的关键在于治理，而治理的关键则在于制度。如果企业没有科学合理的制度，主要靠"人治"，企业或许可以繁荣一时，但是很难繁荣一世。许多百年老店、大型的跨国公司告诉我们，靠制度管理的公司才能持久地发展下去，人才只是必不可少的因素，而制度才是真正的"老板"。

华盛顿之所以受美国人敬重，关键就在于他带领美国人民缔造了《美利坚合众国宪法》，并且让每个美国人都遵守这部宪法，虽然华盛顿早已不在人世，但是美国人还是按照这部宪法在做事，一直沿用至今。制度衍生的是秩序，而秩序让一切简化、条理化。可见，制度才是真正的权力拥有者。

从前有7个人住在一起，每天大家都要分一锅粥。痛苦的是粥的分量不够，而每个人都想多吃点，因此，关于如何分粥的问题，大家争论不休。一开始，他们决定每天都通过抓阄选出分粥的人，于是每天只有分粥的人是饱的。

后来，他们觉得这种办法不好，于是推出一个德高望重的人出来分粥。有强权就会产生腐败，其他6个人开始挖空心思讨好这个德高望重的人，把整个小团队搞得乌烟瘴气。再后来，大家决定选出由3人组成的分粥委员会以及4人的评选委员会，结果分粥委员会成员经常相互攻击、相互扯皮，等把粥吃到嘴里时，粥已经凉了。最后，大家终于想出一个公平的办法：每个人轮流一天来分粥，但分粥的人要等其他人都挑完后，自己再去挑。为了不让自己吃到最少的那碗粥，每个人都会努力分得平均。如果分得不平均，最后自己只能拿到最少的那碗粥，也只能怨自己。自从实行这个分粥规则之后，大家才停止了抱怨和争吵。

一个仅仅由 7 个人所组成的团队,都会因为一个小小的分粥问题而产生巨大的分歧,由此可见,假如制度、规则不合理,团队将永无宁日,连人心都不稳了,又谈何进步?唯有制定公平、合理的制度、规则,才能让大家信服,大家才会遵守制度和规则,企业才有希望获得发展。

俗话说:"打天下容易,守天下难。"当企业经历了创业的艰难期之后,在市场上站稳脚跟,管理者们就应该开始意识到:用创业时的管人管事的老方法来管理企业已经行不通了,新的阶段需要调整的还有方式方法。因此他们都迫切地需要一个公平合理的企业制度来规范企业,请记住,优秀的企业制度,才是成就伟大公司的保障。

147 制度化:用铁的纪律约束每一个员工

作为一个管理者,你是否有时会感到焦头烂额呢?由于员工不规则的操作,或细枝末节上的琐事,你是否会烦恼呢?其实,要想消除这一切烦恼,你只需要一个完善合理的制度。它就像一把锋利的剑,可以为你斩断一切纷扰。合理的制度可以使企业纷繁复杂的事务处理起来变得简单,你再也不需要在琐事上投入大量宝贵的时间。在如今这个日新月异的时代,企业的外部环境时刻都在发生变化,因此,企业的制度也应该与时俱进,跟随企业内外部环境的变化,适时地进行调整,使其更符合企业发展的需要,这样才能保证企业获得长足的发展。

杜邦公司创立于 1802 年,至今已有 200 多年的历史,是世界 500 强企业中寿命最长的企业之一。它的长寿与杜邦家族不断进行制度调整、改革、创新有直接的关系。

在杜邦公司的发展早期,公司的管理明显带有个人英雄主义色彩,公司所有事务都由创始人亨利·杜邦一人说了算。这种管理模式持续了 39 年,并且取得了不错的效果,但是当亨利卸任之后,杜邦公司由于缺少优秀的制度，马上陷入了混乱。由于继承人管理经验不足，公司效益迅速下滑，公司差一点就倒闭了。

面对危机，杜邦公司废除了单人决策的管理模式，制定了集团式的管理模式。杜邦家族成员不再事必躬亲，而是让执行委员用制度去管理公司。这样大大提高了管理效率，促进了公司的发展。在杜邦公司后来的发展过程中，公司不断结合客观环境的变化和企业发展的需要，适时调整和完善公司制度，这是杜邦公司获得持久发展的重要原因。

从最初的个人英雄主义，到后来的用制度管理公司，这是杜邦公司的一大进步。在杜邦家族的历史上，不乏响当当的大人物。但是，200多年过去了，有多少人还记得他们？杜邦的员工却在公司制度的规范下，持续不断地前赴后继，为公司做贡献。这说明打造一个伟大的企业离不开优秀的制度。

其实，对任何一个企业来说，用制度管理公司，并不断创新和完善制度，都是企业"定江山"的法宝。身为管理者，一定要认识到完善合理的制度对企业发展的意义。

完善的制度体现了公平，维护了正义，使员工获得一视同仁的对待，这样可以提高员工的工作效率。在竞争激烈的今天，员工的工作效率提高了，企业的生产效益就会大大提升，企业的综合竞争力也会水涨船高。完善合理的制度维护了公平与正义，使员工感到制度是对事不对人的，这样他们更愿意遵守制度、自觉地维护制度。有了公平合理的制度，管理者再也不用因人为管理造成的不公平而烦恼。

148 人性有弱点，制度是最好的老板

在一些企业，很多员工怕老板，尤其是犯错误的员工。他们为什么怕老板呢？因为老板似乎有生杀予夺的大权，决定着他们的前途和命运。员

工怕老板是好事儿吗？当然不是。为什么呢？如果员工很害怕老板，他的工作就无法轻松起来，尤其是在与老板沟通时就会显得谨小慎微、唯唯诺诺，这同样不利于工作。员工什么都不怕行不行？当然也不行。因为如果员工什么都不怕，那他就会无法无天，做事就没了规矩。那么，让员工怕什么呢？怕制度，只有让他怕制度，而不是怕老板，才能在人性化和制度化之间找到平衡点，才有利于企业的运作。

万科集团的网站上曾写有这样一段话："良好的制度也是产生利润的生产要素。万科反对黑箱操作，提倡信息资源共享，沟通顺畅。公司鼓励相互之间坦诚地交流、友善地沟通。万科对内平等，对外开放，致力于建设'阳光照亮的体制'。"这正是万科重视企业制度的真实写照。

冯仑认为，一个公司要想取得真正的进步，单靠人的力量是不行的，因为那样只能换来一时的效益，并不能带来长久的发展。只有靠制度的力量才能使公司获得真正的进步。只有把精力用在制定公司战略和不断完善推进战略实施的制度上，企业才能获得真正的进步。

企业的管理者在建立起持续创造财富的制度后，就应该淡化个人的作用。因为企业有了好的机制，无论是选拔人还是淘汰人，都会按部就班地进行。这条法则在房地产企业同样适用。王石曾把大部分时间花在登山、做公益事业上，但万科并没有因此停下前进的步伐。对此，王石解释说："这与万科的制度化、专业化运作是分不开的。当公司度过创业阶段后，个人英雄主义必须让位给企业的制度化管理。"当组织强大的时候，制度的作用就越来越明显。它能够使企业得到很好的管理，让企业不断地创造财富，也从而解放了企业的管理者。"王石对万科的贡献，在于他不厌其烦地建造了终于可以自动行驶的'万科牌汽车'。管理在于细节、在于耐心、在于持久，这一点，万科人做到了，所以万科创造了我们不可比拟的成功。"冯仑说道。

正因为万科有一套非常完善的制度，王石才有时间去爬山、旅游、参加各种活动。冯仑说："万科的董事长不忙，为什么不忙？因为它制度的力量最强大，它定制度，它创造制度，它培训人。制度在管事，员工在创造绩效，就是这么一个过程。"

在冯仑看来，建立制度不难，难在坚持执行制度。建立制度其实并不难，就是把大量经常发生的事情用标准化的行为模式进行管理，然后用来约束员工，让他们放弃个人立场，对制度负责。如果是大量发生的、经常的行为，就要把它按照一种取向进行标准化，然后用这个标准化的行为去约束员工，让他们对制度产生崇拜。

149 管人要用制度说话，"人治"不如"法治"

在中国的传统文化中，"人治"重于"法治"，往往是重人不重制度，大小事情都由领导说了算，没有太多的规章可以遵循。"人治"一般都是根据人的主观意志做出的抉择，存在主观随意的风险，因此，在公司的管理方法上，不应该采取"人治"，以防止出现管理问题上的漏洞。

一个公司能够获得长久发展的关键，在于有完善的纪律和制度保障。大到一个国家，小到一个企业，都离不开制度的约束。企业内的员工都必须遵守既定的规章制度，任何人都没有超越制度的权利。

实行"法治"，可以让企业的工作运转有序，让员工的行为有度，也可以为管理者提供有章可循的管理方式。同时，制度就是规矩，国内外著名的企业都高度重视"法治"，都有健全合理的规章制度和执法机制。

公司内部的管理者，在维护制度面前，从来不会讲究"人情"，任何人因为任何原因违反了制度规定，都会受到相应的惩罚。有的人说东芝公司的规定有些不近人情，但是，也正是因为有这么严格的要求，其电子产品的造型和外观十分完美，令人爱不释手，公司才能在行业内占有自己的一席之地。

企业和社会一样，是一种关于人的组织。因为人的复杂性、多样性，所以要求企业有一套用于约束、规范、整合人的制度，而不能单纯只依靠人来管人。现代的企业，要想求发展，必须创造出公平合理的竞争环境，绝不能再把传统的"人情"放在第一位。

管理者需要对员工进行长期的职业道德教育：只有遵守制度，按制度办事才能得到利益，如有违反，便会受到严厉的惩罚。这样做，是要不断地落实制度的执行力，让其发挥效力，实现公司与员工利益的双赢。

150 建立制度的人，绝不能凌驾于制度之上

俗话说："王子犯法，与庶民同罪。"企业管理也是如此。实际上，领导者违背公平原则，在公事裁决上破坏企业的规章制度，不仅会损伤自己的领导形象，还会失去下属的信任与拥戴。

作为建立制度的人，管理者一定要带头遵守，绝不能凭借特权而凌驾于制度之上。然而在现实生活中，不少管理者总会给自己的"违章"找理由，以至于上梁不正下梁歪，整个企业没人把制度当回事，原本详细而严谨的条款就这样成了"摆设"。没有制度的约束，企业自然会陷入混乱状态，生产效率也必定会随之降低。

作为联想集团的一名高层管理者，柳传志曾定下"迟到就罚站一分钟"的制度，作为建立制度的人，柳传志本人也迟到过，但他并没有借助特权而凌驾于制度之上，而是主动遵守。联想之所以能够取得今天的成功，与他严谨的管理作风是分不开的。

该制度起源于一次会议，由于每次会议总有人迟到，柳传志为此十分恼火，便规定"开会如果有人迟到，就罚站一分钟！"这一举措效果十分显著，上午10点开会，时间还不到，参会人员就基本到齐了。有一次，刚准备开会，门开了，原来是柳传志的老上级迟到了。

对于这样的突发状况，柳传志也皱起了眉头，如果就这样算了，那么

规定就白定了,但让老上级罚站确实很对不起老人家。权衡利弊得失之后,他一狠心让老领导在会议室门口站了一分钟。不久后,柳传志参加联想高层领导会议,谁知电梯出现故障,他竟然被困其中,这直接导致了他开会迟到的尴尬结局。

在众多下属面前承认错误并罚站,这实在是一件丢脸的事。但柳传志知道公平很重要,如果自己带头打破了这种公平,丢的可就不是面子而是威信了,所以他没有做任何解释,而是自觉地站到会议室门口,罚站一分钟。

越是建立制度的人,越不能凌驾于制度之上。上行则下效,只有管理者带头遵守制度,员工才能重视制度,并切身体会到制度的威严。反之,员工们则会对上司权力高于制度的做法产生不满,并产生逆反的情绪。

每个企业都有属于自己的一套管理制度,但并不是每个管理者都能够严格执行,这就是企业与企业之间的差距。对于管理者而言,制定规章制度并不难,难的是能否以身作则把制度执行好、贯彻好。在执行"法令"的过程中,只有时刻维护"一视同仁"的公平原则,才能依靠制度,打下一片江山。

151 管理,就是用好的制度取代不好的制度

制度并非一成不变的,企业的发展阶段不同,外部的市场竞争环境不同,管理制度也要有所不同。作为管理者,职责之一就是用好的制度取代不好的制度。俗话说:"制度不完善,麻烦就不断。"这种说法并非危言耸听,如果我们总是满足于已有的制度,而不懂根据时代变化去完善它,那么,必然会在不知不觉中落后于竞争对手。

有一部分管理人员,错误地以为完善的制度是可以一劳永逸的,他们花大力气打造一套所谓的"完美"制度,而后便一头扎进去,盲目地贯彻

执行。殊不知，市场是瞬间万变的，客户需求也会发生变化，如果企业制度不能与市场、与客户相契合，那还不如没有制度。

老陈是某冰箱公司的业务经理，为了迎接即将到来的五一劳动节，公司决定给消费者让利，以促进终端销售。高层管理人员经过反复协商，最终确定了促销方案，即消费者买冰箱，便可以获赠一只电火锅。

在促销期间，作为业务经理的老陈，接到不少消费者的投诉，不少客户都对不给包装袋的行为表达了抱怨，为了一个免费的赠品，还要自己掏腰包买包装袋，心里很憋屈。公司并没有专门关于赠品的管理规定，对于赠品的包装问题，常常是员工按照个人意愿来解决，所以免不了与客户发生争执。

尽管企业制度已经算得上完善，但客户的需求在变，所以制度也要跟着完善。为了减少消费者的投诉，老陈将这件事反馈给了分公司总经理。几个高层管理人员一碰头，立马传达指令：所有赠品均提供包装，销售员不得因此而与客户发生争执，违背规定者，将给予严厉警告。

果不其然，消费者关于赠品问题的投诉少了很多。促销活动结束后，总经理将这条指令写进了公司的规章制度。此后，再也没有发生过因赠品包装而引发投诉的现象，该品牌的冰箱市场口碑也越来越好。

随着企业的成长和市场环境的变化，对企业制度进行修补、完善或调整是十分必要的。试想，如果固守原来的制度，且对新出现的问题不予理会，肯定会被消费者所抛弃，被市场所淘汰。

对制度进行适当的修补、调整，并不会破坏制度建设的稳定性和权威性，反而会有利于企业的成长。作为管理者，我们要时刻准备用更好的制度取代原来的旧制度。一个优秀的管理者，往往懂得审时度势，他们依据周围环境及企业自身的变化不断完善制度，这才是值得我们学习和借鉴的地方。

152 制度是创造一切财富的机器

蒙牛集团创始人牛根生说："一项事业能不能成功，关键靠制度设计。"企业制度是企业文化的重要组成部分，是企业得以生存和有序运转的必要条件。有了规章制度，严格按规章制度办事，企业的各项工作才能有条不紊地进行，企业才能高速有效地运转。没有制度，就没有正常的生产和管理，企业就会陷入一片混乱之中。因此，制度也是企业盈利的保证。

"无以规矩不成方圆。"没有制度的公司无法运转。人人都向往自由，但是，肆无忌惮的自由就会产生严重的危害。个人的行为只有得到合理的约束，才能产生正能量。企业制度限制了员工的绝对自由，却保证了员工行为的积极性。企业要想做大做强，就必须有一套行之有效的制度。良好的制度，能够规范公司的日常管理，统一员工的行为，保证各项工作的有序进行。

企业制度一经建立，就必须严格执行。如此，企业制度的积极作用才能够发挥出来。企业领导必须以身作则，为员工树立遵纪守法的榜样；员工要积极配合管理者工作，自觉遵守企业制度；监督工作自然必不可少，同事之间要互相监督，上下级之间更要相互监督。

顺美服装自1992年起，连续15年被评为北京市著名商标。顺美服装的成功，得益于它详细、全面、可行性强的公司制度——《顺美员工行为规范》。这份规范历经两年才修订出台，包括公司概况、员工如何在集体中生活、如何工作及应有的礼仪礼貌等各方面的内容，是顺美员工的行为基本准则。它不仅教人以经商之道、办事之道，还教人做人之道和处世之道。正是这套具体细致的制度使顺美服装有限公司的大小事务都有章可循、有法可依。顺美服装有限公司的巨大成功引得众多民营公司和中外合资公司竞相学习。

纵观成功的企业，都有一个共同的特点，那就是按制度办事，用制度管人。制度高于技术，制度是创造一切财富的工具，更是第一生产力，现代市场中的竞争优势，归根到底是制度的优势。

制度是实现目的的手段，更是创造财富的手段。没有合理科学的制度，或者有了制度却不执行，员工的行为就得不到约束，公司的生产经营就无法正常进行，盈利目标就无法实现。所以，要想经营好一家公司，先得制定并执行好相应的制度。

153 建立人性化的制度，让管理更具生命力

现实企业管理中，有不少管理者过于死板，在执行制度时，只会一味钻牛角尖，不懂变通，反倒给员工们留下了"冷酷无情"的印象。试问，有谁会对冷血的上司掏心掏肺呢？所以说，过于严苛的管理并不可取。

通常来说，过于苛刻的制度，会让员工们内心不安，制度的目的在于规范大家的工作，而不是给员工制造麻烦。所以管理者在建立制度时，一定要尽量人性化，这样才能消除员工们的不安，让管理更具有生命力。一个明智的管理者，能在权限的许可范围内让制度活起来，从而改善上下级之间的紧张关系，进而实现队伍的和谐与团结。

只讲制度不讲感情，容易伤了员工的心；而只讲感情不讲制度，企业又会陷入混乱的管理状态。管理者在处理公司事宜时，必须一视同仁。不能因为亲疏关系有所偏颇，也不能依据功劳大小而尺度不一。如果对某人从轻处理，或者对某人处罚过重，管理者在员工中的威信就会减弱，就不利于企业的稳定和发展。但是，制度不能成为对员工冷漠的借口。管理者在执行制度时，要充分考虑员工的情绪，给员工足够的尊重和关爱，在制度允许的范围内给员工以帮助。

GE 公司的前任总裁雷杰·H. 琼斯，曾在公司直属的一家企业做主管。某天，琼斯巡视生产线时，发现有一位员工在睡觉。琼斯推了他好几下，他才醒来。员工双眼布满血丝，神情恍惚，按照生产部门制度，在工作时间睡觉是要记过处分的。琼斯叫来生产线组长，给这位员工记了过。当生产线组长准备批评员工时，琼斯拉住了他。他为员工批了半天假，让员工回去好好休息，又找来与该员工关系要好的人了解情况。

原来该员工的妻子出了车祸，他在家里要照顾妻子，还要照顾孩子，根本没时间休息。了解到这个情况之后，琼斯向人事管理部门申请让该员工带薪休假。琼斯的做法赢得了员工的赞赏和信任，生活和工作上出现问题，他们都愿意去征求琼斯的意见。而琼斯的号召总能得到积极的响应，车间的生产效率不断提高。

琼斯既处罚了犯错的员工，维护了公司制度的权威性，又为员工解决了实际困难，体现了对员工的尊重。严格执行公司制度，并不意味着不讲人情，成功的管理者在一碗水端平的同时，还会充分考虑到人情世故。

赏罚分明可以鼓舞士气，尊重员工可以提高企业的凝聚力，成功的管理者都明白这个道理。在快速发展的企业中，老板都会严格地约束员工的日常行为，其公司氛围却轻松和谐，主要原因在于老板在铁面无私的同时，还有一颗火热的心。

154 有了制度不执行，比没有制度还糟糕

制度是企业发展壮大的先决条件。但是，有了良好的制度，并不等于企业就可以高枕无忧了。在制度的执行和遵守上出现差错，比没有制度还要糟糕。在执行制度上出现问题，会给员工造成"制度是一纸空文"的心理，严重影响企业的日常管理；在遵守制度上出现问题，员工就会错误不断，公司也会因此蒙受巨大的损失。因此，管理者必须十分注重制度的执

行和遵守。

定制度容易，执行制度难，让每个人都遵守制度更难。如果想让公司制度切实发挥它的作用，管理者必须严格执行制度，坚决按照制度办事，绝不能偏听偏信，杜绝息事宁人的想法；员工必须对公司制度绝对服从，不能钻制度的空子，也不能得过且过。

没有制度很可怕，有了制度不执行更可怕。有时候，公司的很多事情并不坏在制度上，而是坏在对制度的执行上。某造纸厂生产车间发生了严重的火灾，价值几十万元的成品和原材料化为灰烬，一名员工被大火吞噬，失去了宝贵的生命。事后，心力交瘁的厂长做了深刻反省，他将这场大火的起因归结于所有人对制度的轻视。

该生产车间在改组之后，有许多插座空闲下来。有时车间工人在工作时间手机没电了，就会用它们来充电。这些插座是建厂之初安装的，大部分都已经老化，很容易出现故障。公司就制定一条纪律：严禁使用车间的插座。然而，长时间来车间插座没有出现任何问题，管理层就睁一只眼闭一只眼。慢慢地，有些胆大的员工开始在加班的时候用电饭煲煮夜宵。一天夜班，某生产线组长应大家要求，为大家煮方便面当夜宵。长时间的连续使用，电饭煲劣质的电线胶皮开始熔化，随后插座喷出火星。电饭煲旁边放置的纸张被火星喷到之后迅速燃烧，造成了这场重大生产事故。

倘若该造纸厂的管理人员在制度制定之初就严格执行，员工就不会在车间大肆用电，这场事故也就不会发生。管理企业离不开良好的制度。若不能严格执行制度，再好的制度也会变成摆设。

企业执行力的大小，是衡量其竞争力的关键因素之一。把制度束之高阁，让制度成为一纸空文，只会助长我行我素、任性妄为的不良作风，长此以往，企业的向心力和凝聚力就会降低，竞争力就会减弱。只有按制度办事，制度的威慑力才能呈现出来，违反制度的人才能够从中吸取教训，其他人才会引以为戒。

155 用制度告诉员工，努力了就会得到回报

员工与企业其实是个共同体，一损俱损、一荣俱荣。员工的努力工作，能够换来企业的发展壮大；企业的发展壮大，会为员工提供更多、更好的机会。树立员工与企业利益共享的理念，是管理者最重要的工作之一。

如果说领导者是企业的头脑，资金是企业的血液，硬件设施是企业的骨骼，那么，员工就是企业的细胞。细胞老化企业就会衰弱，而企业停止呼吸，细胞就会坏死。所以，员工与企业相辅相成、休戚相关。要想让企业与员工达成这种共识，就需要用制度来说话。

首先，管理者要制定健全科学的薪资制度。薪资制度要与员工表现相联系，奖励先进，惩罚落后。合理地分配不同职位薪资水平，拉开适度的差距，有利于激起员工的进取心。其次，管理者要制定符合员工需要的福利制度。福利制度设计得好，不仅能够解决员工的后顾之忧，提升员工对企业的忠诚度，还能提高员工工作的积极性。最后，管理者应注重对员工的培训，给员工成长发展的空间。对优秀的员工进行培训和提升，有助于其他员工见贤思齐。

爱立信能从一个只有10名雇员的小公司发展成为今天的世界电信巨头，与其注重对员工的价值进行开发、使员工与企业的利益一致的做法是分不开的。

爱立信从成立开始，大部分时间保持着飞速发展的势头，然而规模的不断扩大，致使其出现了规模管理的难题。为了解决难题，爱立信高层创立了成功的人力资源开发模式。管理者注重对员工的创新力、管控力的开发，因此设立了合理的奖励制度和内部提升制度。

爱立信的每一位员工，都认为自己是企业必不可少的一部分，他们也

相信：自己只要努力，公司就会给予相应的回报。所以，他们在工作中总能保持充分的积极性，主动地完成任务、达成目标。在长达一个多世纪的发展中，爱立信充分开发和利用了每一位员工的潜力，从而实现了从雄踞国内到进军国际的飞跃。

制定合理的制度，给每一位员工足够的关心和重视，让其个人福利与公司效益密切联系，员工工作积极性就会提高。如果优秀的员工得不到奖励和提升，所有员工的薪资水平差距不大，有困难的员工得不到关怀和帮助，员工对公司的感情就会淡薄，就不能全身心地投入工作。好的管理者总能通过制度体现对员工的关怀，让员工看到有努力就有回报，从而积极工作，为公司创造财富。

156 制度是木板，老板才是填补木板缝的胶

如今，绝大多数企业都制定了十分详细的规章制度，却由于种种原因，造成了制度与员工脱节，结果反倒成了"里外两张皮"。制度的管理对象是员工，只有与员工紧密地黏合在一起，才能起到辅助管理的效果。通俗地说，制度就好比一块木板，老板就是填补木板缝的胶，只有将制度与员工黏合在一起，企业才能从中受益。

有些老板，表面上十分重视公司的制度建设，内心却对制度十分排斥，这样，原有的制度便成了挂在墙上的摆设。这种情况在民营企业尤其多见，要知道，制度是死的，没有老板在制度与员工之间进行调和，制度是不可能起到好的作用的。

日本伊藤洋货行的老板伊藤，就是一个善于填补"制度木板"的管理界大亨。在伊藤看来，制度是一个公司的底线，而自己的职责就是：在守住底线的前提下把制度贯彻好、实行好。

由东食公司跳槽到伊藤洋货行的岸信一雄，是伊藤手下的得力干将。

过去的数十年里,岸信一雄将食品部的业绩提高了数十倍,伊藤洋货行也因此呈现出一片生机勃勃的景象。岸信一雄在经营销售方面的观念十分新潮,他注重开拓,注重交际,在管理上则坚持对下属放任自流,这与伊藤的做事方法迥然不同。

在经营管理理念上,伊藤是典型的保守派,他对下属的要求很严格,很少与那些批发商、零售商们应酬交际,正是这种观念上的差异,让伊藤和岸信一雄产生了较大的分歧。为此,伊藤劝说岸信一雄改变工作态度,并按照公司制度办事,但岸信一雄理直气壮地回答道:"一切都这么好,说明这路线没错,为什么要改?"

制度是木板,而作为老板的伊藤,则很难把公司制度与下属很好地黏合在一起。随着两人的分歧越来越大,岸信一雄的做法离企业的制度也渐行渐远。为了维护秩序和纪律,作为董事长的伊藤,最终决定解雇岸信一雄。

尽管大部分时候,老板需要充当制度与员工之间的黏合剂角色,但这并不是说,所有员工都能很好地与公司制度融为一体。而对于那些经过劝阻仍然一意孤行、坚持与制度背道而驰的员工,哪怕是和岸信一雄一样战功赫赫的元老,也要敢于下狠心,果断将其清除出队伍,否则必然贻害无穷。

157 制度要严谨,切忌朝令夕改

韩非子曾经说过:"烹小鲜而数挠之,则贼其泽;治大国而数变法,则民苦之。"烹饪一条小鱼,如果翻动过于频繁,都会让它破碎不堪;更何况治理国家,如果总是频繁地更换法令,又有哪个百姓会信服呢?其实,不管是治国,还是管理企业,都必须要有一定的"法令",作为管理者,一定要保证"法令"的稳定性,否则就会失去其原有的威严,令下属和员工们变得茫然不堪。

在现代企业管理中，一旦公司制度朝令夕改，员工必然会对领导的威严产生质疑，不仅会认为"领导说话不算数"，还会把上下级之间仅有的那点信任消磨殆尽。所以，管理者要想维持团队的安定团结，在制定和执行制度上一定要严谨，切忌朝令夕改。

郭锋是一家小公司的人事主管，为了调动员工们的积极性，上司授意他设计一套奖励办法，并将这件事情全权交给他负责。接到任务的郭锋十分兴奋，要知道，他在人事管理上可是标准的"菜鸟"，现在居然有机会设计奖励办法，不管是从提升工作能力上来看，还是从自己在公司发展的前途来看，这都是一个好机会。

为了设计出合理的奖励办法，郭锋查询了大量公司案例及资料，经过仔细斟酌，最终制定了一项人文关怀与物质奖励相结合的制度，凡是连续一季度工作考评都为优的员工可额外获得1000元奖金，此外春节等重大节日每位员工都会有一份小礼物。

然而令郭锋失望的是，该奖励制度已经连续实行一个季度了，大家的工作热情没有丝毫提高，反而增加了人事开支，这令他郁闷不已，看来这个制度似乎并不合大家的心意。于是，郭锋便试图修改奖励规定。平时的工作太忙了，或许大家想要的不是奖金而是假期，紧接着他就把物质奖励改成了长短不同的休假。

在短短的半年里，公司的奖励制度就改了两次，这让大家颇有微词，工作效率不但没有提高半分，反倒呈现出下降的趋势。实际上，再好的制度，如果总是改来改去，也难以逃脱"形同虚设"的命运。

所以，企业管理者一定要保证制度的严谨性，一旦确定了就不要轻易修改，以免令员工对制度产生质疑，影响了"法令"的威严。此外，在完善制度的过程中，还要注意保护制度的延续性，杜绝"一朝天子一朝臣"的情况发生。

158 制度面前，功劳大于苦劳

在企业的日常管理中，有些管理者往往无意识地用情感代替了原则，甚至因为与员工的私人关系而迁就他们犯错，事实上这种做法并不明智。制度就是制度，规定就是规定，在公事面前，理智大于情感，功劳大于苦劳。

如果仅仅因为对方有苦劳，就处处宽恕，那么企业制度的威严何在？如此一来，不仅会令那些犯错的员工有恃无恐，还可能惹祸上身，影响自身管理工作的完成，以及职位的升迁。所以，管理者在与员工的交往过程中，一定要廉洁奉公，始终坚持公事公办的原则，切不可在公事之中掺杂私人情感，否则很可能授人以柄，甚至处处被裙带关系所牵绊，影响正常工作的开展。

事实证明，越是管理严格的公司越有活力，工作效率也会相对较高。从这个角度来看，看重员工的苦劳，并不是明智的管理之道。通用汽车公司以生产众多的世界品牌汽车而闻名全球。该公司规模巨大，雇佣员工几十万人，如此数量庞大的员工，如果没有铁的纪律，管理者处处对有苦劳的员工网开一面，根本不可能有今天如此骄人的业绩。

在通用汽车公司创立之初，福特占据着45%的市场份额，是汽车行业不折不扣的老大，为了超越福特，通用汽车公司的管理高层A.P.斯隆坦言："公司组织混乱、管理无方、纪律也十分松弛，要想扩大市场份额，公司的经营管理体制就必须进行重大改革。"

尽管公司有不少劳苦功高的老员工，但改革不能讲情面，更不能照顾某一部分员工，只有大刀阔斧，才能挽救企业于危难。随即，A.P.斯隆提出了"集中政策、分散经营"的改革思路。首先他结合当时公司的情况，制定了一套严格的纪律，并贯彻执行下去；其次，他将公司的任务分为决策和执行两类，并制定了各级部门的规章制度。

经过改革之后，整个通用汽车公司焕然一新，分工明确了，赏罚也更加分明，此举大大提升了公司的整体效率。所以，管理者在改革制度时，不能过于顾及那些有苦劳的老员工，毕竟在制度面前，人人平等，只有快刀斩乱麻，才能将改革对员工的伤害降到最低。

不管是谁，只要违反了制度规定，都必须进行严肃处理。在制度面前，功劳大于苦劳，任何法外开恩的举动，都会破坏制度的公平性。所以管理者在处理员工犯错等事件时，一定要公私分明，切不可因私人感情做出有失公允的决定。

159 明确告诉员工：什么该做，什么不该做

而今，私营企业的竞争之残酷，丝毫不亚于冷兵器时代的血肉拼杀。企业如果没有严明的制度，做不到令行禁止，就不可能在竞争中取胜。俗话说："没有规矩，不成方圆。"规矩、秩序、制度的重要性不言而喻，当一个团队缺少规章、制度、流程时，团队就很容易陷入混乱，这是非常糟糕的事情。

那些国内外著名的企业，无一不具有严明、规范的员工管理制度。正因为东芝公司对工作间的卫生有着十分苛刻的要求，我们才能看到东芝电子产品"容光焕发、姣美可爱"的一面；美国格利森齿轮机床厂规定，只要进入车间，不论是路过还是干活，必须佩戴安全帽，穿硬底皮鞋，并把领带掖在衬衫里面。谁不遵守安全制度，谁就会受到严厉的处罚。

作为一个管理者，最重要的就是建立完善合理的制度，用制度与纪律管理企业，并使制度与纪律成为员工的行动准则。在这一点上，《红楼梦》中的王熙凤就做得非常出色。

宁国府贾蓉的媳妇秦可卿死了，宁国府举办隆重的丧事，每天前来吊

啃的人很多，里里外外的事情也很多，怎样才能把这些杂乱的事情处理好呢？贾蓉的父亲贾珍，把荣国府的王熙凤请来，让她帮忙管理这摊事。王熙凤来到宁国府，首先建立了人事管理制度。她把各项工作都安排到位，让每个人都有事可做，各司其职，互不推诿。谁干什么，谁来监督，清清楚楚。顿时，一个一两百人的集体在规章制度的规范下，形成了一个高效率的执行团队。

此外，王熙凤还建立了考勤制度和物品管理制度。规定什么时候点名，什么时候吃早饭，什么时候领发物品，什么时候请示汇报，谁管什么地方的工作，谁领什么物品等，都规定得非常清楚。在这些制度的规范下，王熙凤把宁国府的丧事处理得有条不紊。试想一下，如果王熙凤不用制度管人，而是靠自己临阵指挥，恐怕一两百人的集体会乱作一团。这个案例告诉我们，用制度管人管事比用人奏效得多。

如果你想让企业完成从"人治"到"法治"的转变，首先要制定出完善合理的制度，其次还要让制度产生威慑力，让大家严格执行。只有这样，公司才会在硬性制度的规范下，稳定有序、高效率地运营。

160 越模棱两可的事情，越应该制度化

企业管理最忌讳的就是差不多，员工的工作要求是怎样就是怎样，如果处处都差不多，那么企业的整体劳动效率就会差很多。对于管理者来说，越是模棱两可的事情越不能打马虎眼，因为这些地方往往最容易出问题，只有尽早实现制度化，才能避免因为制度漏洞而给公司造成不必要的损失。

从专业角度上来讲，制度化的前提是目标本身一定要清晰、可量化，即可度量、可考核、可检查。任何一项工作本身都不可能是模棱两可的，所谓的"模棱两可"不过就是工作内容不好量化，检查工作比较费时费

力，但这并不能成为我们拒绝制度的理由。

李明是一家塑料生产企业的生产部经理，自企业成立以来，废品率便一直居高不下，而且成品也常常因达不到客户要求而产生投诉问题。为了改变这一现状，他亲自解决客户的投诉，并试图找到产品质量背后的根本原因。

数据显示，超过80%的客户不满意的原因是：塑料成品中有明显可见的杂质。找到了问题根源后，李明便亲自来到生产车间，询问了几名员工之后，他便发现了一个明显的制度漏洞。尽管生产制度中有"有明显杂质、污点的产品视为废品"的规定，但为了降低废品率，对于那些不太明显的杂质和污点，质检人员也就睁一只眼闭一只眼。

什么样的杂质、污点才算明显，什么样的才算不明显呢？显然每个员工的衡量标准都不同，正是这种模棱两可造成了客户投诉。越是模棱两可的事情，越应该制度化，找到问题根源的李明马上细化了生产制度，要求杂质、污点的直径等于或大于1mm的产品均视为废品，为此他还专门给每位生产人员和质检人员配备了高精度的尺子，以方便大家贯彻执行。

事实证明，李明的这种做法是十分明智的，原来模糊不清的成品衡量标准实现了制度化，有明确详细的条款可循，这样一来不仅保障了产品的质量，也避免了部分马大哈的员工钻制度的空子。

任何一个企业都存在相对模糊的管理区域，作为管理者千万不能任由这些事情模棱两可下去，一定要尽可能地实现制度化。对于那些很难用硬性制度去约束的工作类型，硬制度不好管控，不妨采用软制度，即借助员工满意度或客户满意度打分的方式，对工作进行进一步的监督和检查。

161 "放羊式"管理，必然导致人才的浪费

适当自由的工作氛围，能够激发员工的工作积极性和自主创造性，但过度自由的管理，则会令他们陷入迷茫之中。一旦丧失了工作的方向，工作效率也会随之降低。如今，已有不少企业认识到"放羊式"管理的弊端，并采用责任到人的管理制度来约束员工，以避免造成人才的浪费。

"放羊式"管理的核心缺陷在于职责不清，没有清晰的责任分区，也没有严格明确的工作要求，于是大家把工作你推给我，我推给你，不仅降低了工作效率，还严重影响了员工的士气。最好的解决办法，就是用责任管束下属，激发他们对本职工作的热情。

老张是一家新技术开发企业的总经理，经过长时间的市场调查和谋划，他决定以"新产品"为拳头，在竞争激烈的市场中闯出属于自己的一片天地。紧接着，他便将开发新产品这项艰巨的任务交给了研发部门。

研发部门由12名技术精英组成，都是高薪聘请而来，然而3个月过去了，当他问及新产品的开发进度时，却大吃一惊。这些研发人员有经验、有技术，但那么长时间过去了，新产品的研发工作丝毫没有头绪。问题在于，老张采用"甩包袱"式的方式，把这项任务交给了研发部，但职责并不明确。谁都不知道该项目的带头人是谁，连个拿主意的人都没有，所以才相互推诿、"磨洋工"。

从研发部门的人员构成来看，并非员工能力不足，而是管理方式有问题。"放羊式"的任务分配是造成人才浪费的主因。后来，总经理指定了两名项目负责人，为了明确各个研发人员的具体职责，他还专门任命了一个工作小组长，负责研发各部分工作的人员安排。

管理方式调整后，该部门严格实行责任到人的制度，哪怕是极其细小的工作也能找到具体负责人。很快，研发部懒懒散散"磨洋工"的现象发

生了改观，大家的工作积极性被调动起来了。经过半年的奋战，新产品最终得以问世，并为该企业赢得了不错的经济收益。

　　克服"放羊式"管理弊端的关键就在于明确职责。再优秀的人才管不好，也会变成庸才。为了避免人才浪费，不少企业开始实行责任制，但在进行责任分工时，仍然存在一系列问题，有些工作上的事务，莫名其妙成为"三不管"地带，有些则成为责任交叉地带，你管他也管，到头来管的人越多反而越乱。事实上，这都是责任落实不到位的结果。

　　企业是由多个个体组成的，因此要把整体的工作责任分散开来，进而落实到每一个员工身上，这并不是一项简单的工作。要想把所有的责任都落到实处，就必须遵从这样一条原则，即保证人与责任对应的唯一性。也就是说，在工作职责的分配上，既不能存在空白区域，也不能出现职责交叉的情况。只有这样，才能避免责任落实过程中可能出现的问题，从而避免人才的绝对浪费。

162 不能被量化的工作，正是制度的"短板"所在

　　并不是任何工作都可以量化，尤其是那些带有创造性的工作，我们很难用数值来衡量，而这类不能被量化的工作，正是制度的"短板"所在。作为企业管理者，尽可能地弥补制度的不足，是我们的重要工作之一。

　　但不少管理者似乎并没有意识到这一点，他们把制度当作"金科玉律"，而自己则充当制度的执行者。殊不知，世界上没有绝对完美的制度，仅有执行力是远远不够的。管理者必须看到企业制度背后的短板，并在贯彻执行的过程中，尽可能去弥补公司制度上的不足。

　　王锋是一家大型科研机构的技术主管，他在平时的工作中，就十分注重那些不能被量化的工作。尽管王锋所在的技术部门曾经研发出不少有竞争力的新产品、新技术，但这些成就都是建立在无数次的失败之上的。对

于技术研发，很难用清楚的数据去量化员工的工作，因为谁也不确定，开发一种有价值的新技术需要三个月还是半年。

身为技术主管，王锋很清楚科研工作的特殊性，尽管公司规模不小，企业制度也十分完善，但技术研发是不可量化的工作，因此公司制度在这一领域比较笼统，没有详细具体的管理标准。王锋深知，自己所在的部门正是制度的"短板"所在，基于此，作为该部门的领导，就必须弥补制度不足，做好对下属的监督检查工作。

为了更好地了解员工们的科研进度，王锋要求每位员工每周都要上交一份工作报告，对自己的工作进度、所遇到的问题及取得的成就等一一进行汇报。

为了弥补不能被量化工作的制度"短板"，王锋还充当起了"督察员"的角色。每个工作日，他都会抽出时间到实验室进行不定时抽查，一旦发现有下属"磨洋工"，就会立即批评指正。事实证明，王锋的这种做法，确实在一定程度上提高了员工的工作效率。

作为企业管理者，千万不能忽视那些不能被量化的工作，越是工作内容不好衡量，就越要加强人为管理的力度。制度并非万能的，而对于企业中那些制度触及不到的"边边角角"，我们只能采用监督检查的方式，加以弥补。

163 制度是用来实施的，而不是吓唬人的摆设

如今，绝大多数企业都认识到了制度的重要性，并制定了相对详细完善的管理制度。大到关系公司生死存亡的重要决策，小到员工们的作息时间及领取办公用品的规定，可谓十分齐全。然而不少企业的制度没能很好地贯彻下去，不幸沦为吓唬人的摆设。

作为管理者，我们不能把制度当花瓶，制度制定出来就是为了实施，

如果摆在高高的神龛上，那么对企业的发展是没有任何好处的。在制度的制定和实行上，不能过多地讲求形式，更不能把它当作"面子工程"。只有一板一眼地贯彻实施下去，才能真正实现其价值，从而给企业带来货真价实的实惠。

老张是一家公司的财务总监，手下管理着七八名财务人员。公司关于现金的保管、支取及转账等问题，本有着十分详细的规章制度，但老张觉得按制度办事实在太麻烦，长久以来都按照经验进行粗放式管理。长期也没出过什么大问题，上司也没有详细过问，整个财务部便养成了"无制度"的工作习惯。

然而突如其来的变故，却让老张一下子慌了手脚。原来一名下属保管现金的保险柜被撬，公司第二天要用的20万现金不翼而飞。要知道，公司的防盗措施一直做得很到位，为了防范入室盗窃，还专门购置了国内最先进的保险柜，柜子上不仅配有报警、密码等装置，一旦密码输入错误，还能对操作者进行电击，如此可靠的保险柜，又为什么会失窃呢？

原来整个财务部都视公司的财务制度为摆设，根本不按照制度办事。这位使用保险柜的出纳，平时并没使用这个先进的保险柜，由于他不小心把常用保险柜的钥匙丢了，所以才不得不动用该保险柜。由于担忧不小心输错密码遭电击，所以便不接电源；又怕忘记密码，所以就按数字大小顺序编了1~6的号码；再怕丢了钥匙，最后索性把钥匙扔在了办公室的抽屉里，结果给窃贼提供了作案便利。

制度是用来实施的，企业管理者千万不能过分相信经验，更不能因害怕麻烦就放任下属把"制度"当成摆设。试想，如果老张从始至终都能严格要求员工按照制度办事，那么公司财产失窃的事根本就不会发生，而他本人也不会因此而停薪留职。

规章制度形同虚设，往往是造成企业管理失误的重要原因。所以，广大管理者一定要谨记：制度是用来实施的，只有贯彻下去才有意义。

164 榜样的力量：老板要做遵守制度的表率

有这样一个故事：

有一家企业老板要求在开会期间，不允许接打电话。可是在开会期间，有些领导照旧接电话，有些领导一边拿着电话，一边说："对不起，我这个电话比较重要，是一个大客户。"只有当老板参会时，大家才会自觉地把手机调整为振动或静音模式。而一旦领导没有参会，大家就马上把规定丢在一边。

后来老板发现了这个问题，再次召开会议时，他提来一桶水放在会议室，然后对大家说："从今天开始，谁在会议上接听电话、发短信，一律将其手机扔进这桶水里。"可能是事先安排好的，当老板说完这句话，他的电话居然响了，他看了看电话，然后什么也不说，就把手机扔进了那桶水里。

紧接着，又有一个管理者的手机响了，老板见状，将他的手机拿过来，扔进了那桶水中。老板的这一举动，让在场的所有管理者震撼了。从那以后，再也没有人敢在开会期间接打电话了。

在管理学上，有一个著名的"热炉法则"，它是指当有人违反规章制度时，就像触碰了一只烧红的火炉，一定要让他受到"烫"的处罚。上文案例中的老板的做法与热炉法则不谋而合，起到了很好的反面强化作用。

热炉法则包含4个惩处法则，分别是预警性原则——通红的火炉，就像一盏信号灯，提醒大家不要触碰；必然性原则——只要你摸上去，必然会被烫伤，所以千万不要有侥幸心理；即刻性原则——只要你碰到火炉，瞬间就会被灼伤；公平性原则——不论是谁触碰了火炉，都会被烫伤，火炉不辨亲疏，不分贵贱，一视同仁地对待每个人。

每个企业都应该有自己的规章制度，只要有人违反了，就要受到惩罚。而极为重要的是，作为领导者，更应该遵守规章制度，以身作则。只有做到令行禁止、不徇私情，才能真正实现热炉法则。这要求企业领导者有"铁手腕"，维护制度的威严，不讲任何情面。

165 让谈心成为一种长久的制度

有些企业管理者总是一副高高在上的姿态，除了工作需要，根本不愿意和下属多说一句话，实际上这对提高员工的工作积极性是非常不利的。是人就有喜怒哀乐，从心理学角度而言，一个人只有处于愉快的情绪中才更有效率，所以作为管理者，要时刻了解员工们的情绪状况。

事实证明，一次成功的面谈，往往会给员工内心留下深刻的印象。很多时候，领导的关切话语能使员工认识到自身价值之所在，并对公司产生深厚的感情，从而身体力行地为公司做出更大的贡献。所以，企业管理者不妨借助固定的谈心制度，来帮助员工摆脱不良情绪，从而维持工作上的高效率。

员工是企业的最大财富，为了更好地了解员工们的思想动态，并及时帮助他们解决工作、生活上的问题，江苏科兴监理公司制定了员工谈心制度。

事实上，像江苏科兴监理公司这样的中等规模企业，将谈心作为一种长久制度的做法也算得上一件新鲜事。制度规定：每个部门、管理者和人力资源部都需要各自保留一份谈心档案，以备查验。上级在与下级谈心时，应准备好谈心卡，领导与每个人的谈心次数，每年不得少于10次。

在谈心的内容上，公司并没有进行严格意义上的规定，可以涉及员工的工作情况，也可以是个人职业规划的内容等。此外，要求每位企业管理者，一旦在谈心过程中发现员工存在工作或生活上的困难时，要在职权范围内尽可能地给予帮助。

谈心制度实行以后，公司上下级之间的关系更加密切了，在团结协作上更默契了，工作效率也得到了提高。此外，员工感受到了上级及公司对自己的关心，其忠诚度也有所提高。

尽管谈心制度确实有利于企业的长远发展，但管理者在与员工谈心时，一定要注意方式方法。谈心的目的是了解员工的心理状态，并帮助他们提高效率，而不是给员工添堵。所以，在与下属进行绩效面谈时，不能口无遮拦，伤了对方的自尊心，而是要保持冷静的头脑，用一颗真诚的心去感化和说服对方。

一次成功的面谈，需要一个具体合理的程序，不管是面谈时间、地点，还是谈话内容及开场白，管理者都需要拿捏分寸，只有想方设法让对方说真话、说实话，才能增进双方的默契，最终达到谈心的效果。

166 知人善用，是成功管人的关键

人的能力有高低之分，如何用人管人，对企业的领导者来说，都是一项极其严格的考验。大材小用，难免挫伤员工的工作积极性，从而导致人才流失；而小材大用，又难免会引起工作上的混乱。只有知人善用，把合适的人放到合适的位置上，才是企业发展的长远之道。

要想成功管人，首先要选对人，用好人。管理者在组建团队时，一定要根据不同岗位的需要，吸纳与之匹配的人才。只要善于挖掘，了解其长处、洞察其优势，并深知其短处和不足，就能在选人用人的过程中做到扬长避短，使人才潜力最大化。

在不少管理者眼中，能够担任经理顾问一职的人必定业务能力优秀、专业知识丰富、为人处世相对练达。一家玩具厂却反其道而行之，聘请了一位年仅 18 岁的女孩担任经理顾问一职。此举迅速成为该行业的头号新闻，不少人嘲笑该玩具厂的老板："18 岁的女孩，压根不知道管理为何物，让她当经理顾问，简直是天大的笑话。"此外，还有不少业内人士认为这是明目张胆的炒作。但实际上，该厂并非为了制造轰动效应，此举乃是知人善任的体现。

玩具的主要使用人群是儿童，评判玩具好坏最有发言权的是儿童而非成人。该厂曾经推出过多款玩具，尽管成人觉得有趣，但孩子们并不买账。基于此，玩具厂老板经过深思熟虑，决定聘请一个熟悉各类玩具的女孩当经理顾问，这样一来，在产品设计方面就能更贴近儿童的审美，从而开发出更受他们欢迎的玩具。

事实证明，这种尝试是非常成功的。女孩担任该厂经理顾问后，尤其是在玩具的开发设计方面，提出了不少有价值的建议。经过她把关的玩具一经面世，便受到了孩子们的喜爱，玩具厂的销量也随之大幅增加，利润更是翻了一番。

一个知人善任的管理者，能够清晰地判断出，什么时候用什么样的人。世界上只有混乱的管理，绝没有无用的人才。不管是什么样的人，只要用对了地方，用对了场合，就能起到超乎想象的作用，从这个角度来看，"善任"无疑是衡量企业领导者好坏的一个重要标准。

管理的本质是管人，管人的前提则是用人。只有充分掌握了人才的特点，并结合企业自身的实际情况，才能找到最佳的用人方案，并充分拓展企业的发展空间。身为一个管理者，必须善于区分不同素质和才能的人，把他们放在相应的岗位上，人尽其才，使其各尽所能。只有这样，才能形成稳定的人才结构，从而保证企业的高效运转。

167 管理者不能超越制度权威

在企业中，总有一些管理者喜欢把自己凌驾于制度之上，强行超越制度的权威，任意践踏制度，而自己丝毫不以为然。比如，有些管理者要求员工不能在公司抽烟，自己却一天到晚叼着烟，在员工面前吞云吐雾；有些管理者要求员工不能在上班的时候玩游戏，自己却整天在上班的时候玩游戏；有些管理者要求员工上班不能迟到，自己却经常姗姗来迟……

如此这般，怎能让员工信服呢？这样会严重损害制度的威信，也影响老板的形象。对企业实现规范化、公平化管理是极为不利的。因此，真正高明的管理者，绝不会超越制度的权威，他们懂得带头遵守制度，努力维护制度的权威性。

1946 年，松下公司出现了前所未有的困境。为了走出困境，松下幸之助要求全体员工不准迟到、不得请假。然而，规定出台后不久，松下幸之助本人就迟到了 10 分钟。原因是司机先生没有准时来接他，他只好坐公共汽车，最后迟到了 10 分钟。司机之所以没有准时来接他，是因为主管督促不力，导致司机睡过了头。

松下幸之助没有为自己找借口，而是按照规定批评和处罚了相关人员，也包括自己。首先，他以不忠于职守为理由，处罚了司机；其次，他以监督不力为理由，处罚了司机的直接主管、间接主管，共计 8 人；最后，松下幸之助处罚了自己，而且处罚最重——退还了全月的薪金。

仅仅迟到了 10 分钟，就处罚这么多人，连自己也不放过，有这个必要吗？在松下幸之助看来，这是非常有必要的，因为这样可以维护制度的威信，对全体员工起到教育作用，使大家今后坚决遵守公司的规定。

我们常说："制度面前，人人平等。"意思是，无论你是普通员工，还是高级管理者，在制度面前，都是平等的，谁都没有特权，谁都不能凌驾于制度之上。身为管理者,应该带头做遵守制度和规定的榜样,当自己不小心违反制度时,应该积极接受处罚,这样才能树立公正、平等的企业风气,让员工们信服你。只有你得到了员工的信服和支持,你的管理工作才能顺利地展开。

168 消除迟到、旷工现象,一定要抓住根源

迟到、早退及旷工,是现代企业普遍存在的问题。为了消除这种现象,管理者们往往采用监督惩戒的办法。过去,主要是由专人负责"点到",一旦发现迟到者,轻则批评警告,重则扣除工资,如今不少企业都实行指纹打卡制度,但这种监督惩戒的措施当真有效吗?

从各大企业的实际考勤状况来看,迟到、早退及旷工的现象可以说屡禁不止,即便是加重罚款力度,依然挡不住"迟到大军"的发展壮大,由此看来,监督惩戒的办法是治标不治本,根本无法消除迟到、旷工等现象。治理员工迟到、早退以及旷工,不能搞罚款一刀切,而要抓住现象背后的本质,只有这样,才能彻底改善员工出勤率低的状况。

某大型制造企业的人事经理陈某最近遇到了一个难题,为了保证产量,生产车间采用24小时不停工、三班工人轮流倒的工作制度,但夜班人员的旷工现象十分严重,为了解决这个问题,陈经理专门制定了一项奖惩措施。旷工的状况一经发生,每次罚款30元,考勤良好者除全勤奖外,再额外奖励100元。

然而该奖惩措施实行后,并没能解决夜班员工旷工严重的问题。为此,陈经理不得不将罚款从30元涨到了100元,夜间的督察力度也加大了不少,但旧问题没解决,新问题反而出现了。尽管夜班补助没有任何变化,但大家对上夜班的意见越来越大。

出于稳定员工情绪的考虑,陈经理不得不减轻对旷工人员的惩处力

度，为了找出解决这一难题的有效方法，他找到几名经常旷工的工人谈话。原来前不久厂区改革，夜间餐厅提供食物的制度取消，改为工资补贴，大家为了解决"肚子"问题，只好带一些面包、方便面上岗，但长时间吃这些东西谁能受得了，所以便有员工偷偷旷工出去吃饭。

找到了问题根源，陈经理灵机一动，马上联系了一家餐馆，并给员工发放了简易菜单，夜班人员可以在规定的休息时间订餐，餐馆负责送饭上门，多人订餐还有不同程度的优惠，此举实行以后，旷工现象明显减少，大家对上夜班的态度也有了很大的改观。

员工迟到、早退及旷工的原因是多方面的，不分青红皂白一律"罚款"的做法是很不明智的。有的员工因为生活困难，迟到、旷工也是无奈之举，有些员工则完全是借考勤来发泄对工作、对领导的不满……总之，只有找出根本原因、对症下药，才能彻底消除迟到、早退及旷工现象，实现真正意义上的治标又治本。

169 每个人都应该树立"规则意识"

俗话说得好，无以规矩不成方圆。任何一个企业，都应该有自己的规则制度，都应该严格遵循。家有家法，国有国法，公司制定出来的许多制度，不应该成为一纸空文，作为领导，应该采取强硬的手段坚定地落实。一旦发现有人违反规定，要切实按照规定严加处置，绝不能心慈手软，如果领导本人犯了错误，也应该按规定进行惩罚，不能只束人不束己。

有一次，美国 IBM 老板迈克带客人去参观工厂，走到工厂门口的时候，被一个保安拦了下来，他说："对不起，先生，您不能进去，我们这有规定，进入厂区的员工不戴安全帽不许进工厂。"董事长助理连忙说道："这是这家工厂的老板，要陪同重要的客人参观。"但是守门人却说："这是公司的规定，我必须按规定办事，我必须对你们的安全负责！"这时候，迈克笑着说："他说得非常有道理，如果都不按规定办事，那么迟早会出事故的。咱们还是先戴上安全帽，再进去参观吧。"

规则是大家制定的，每个人都应该严格遵守，公司的老板尚且能够如此，何况普通人呢？中国是一个人情大于法理的社会，在很多情况下，一些地位高、权力大的人往往不遵守规则，他们犯错没关系，下属的错误却绝不容忍，堪称十足的"两面派"。

其实，这种做法是非常错误的，在规则面前，应该对每个人一视同仁，公平公正，不能因为地位的高低、权力的大小而有所不同，古代王子犯法还与民同罪，何况现在呢？如果采用两种标准、两种对策，会让员工怨声载道，无心工作，更不利于企业的发展。

单从规则这点上讲，我们应该多向外国人学习，崇尚自由的外国人具有很强的规则观念，认为坚守规则是天经地义的事情，是判断一个人素质高低的标准。虽然现在崇尚个性、自由是生活的主流，企业领导允许员工拥有不同的观念、思想和不同的生活方式，但是，现代的生活也是一种社会生活，一样也需要人与人进行沟通。如果企业没有让大家都接受的规则，交往就无法继续，企业的秩序也会变得一团混乱。

所以说，我们每个人都应该有一个强烈的规则意识，善为人者能自为，善治人者能自治。一个企业要想在激烈的竞争中得到发展，领导者必须要有自律意识，身体力行、以身作则，这样才能调动企业里其他人。而作为员工，也要严格要求自己。遵守规则，只有双方共同努力，才能创造出美好的明天。

170 及时向能力低下者亮红牌

选对人才，才能办对事情。尤其是安排重大任务时，领导者必须对下属的能力有全面的把握、深刻的认识，在人尽其才的基础上顺利完成工作目标。在此，尤其需要警惕那些能力低下的员工被委以重任，一旦出现问题，将会产生连锁反应，影响工作大局。历史上，诸葛亮错用马谡而丢失街亭，就是最好的例证。不给能力低下者重要的任务，或者不给予超出其能力范围之内的重任，才能实现"用对人，万象更新"的管理目标。

时下，不少公司在人员上开始实行阶梯式管理。所谓阶梯式管理，就是在用工时采取终身员工、固定工、合同工、试用工、临时工等多种形式，根据员工能力进行阶梯式排列，根据级别高低来确定工资收入。这种模式强调流动式管理，员工可上可下，可高可低，不仅有效克服了全员固定、吃大锅饭的弊端，还能及时提醒能力低下者提高工作干劲。

仁福集团是一个大型民企，企业内部实行阶梯式排列，这样员工不仅能看到自己，还能看到别人，通过彼此之间的比较，会自然而然地产生压力，从而激发动力。员工进厂后通常都会先签订3个月的试用合同，根据其表现，再分别签2年、3年的合同，最后才签订长期合同。

长期合同往往不受时间、岗位等条件的限制，只要做得好就会升为固定工，如果做得不好就会随时面临下降的危险，而这一切都取决于个人的能力和表现。通过用工形式的这种流动，员工的收入、培训、福利、医疗、养老金等，也会随之相应变动。只要用工形式升一个台阶，那么，员工的待遇就会上一个档次；反之，用工形式降一个台阶，那么，员工待遇就会减少一部分。

这种动态管理，让员工的身份永远处在变化之中，可上可下。如此一来，员工就会充满危机感，工作也会更加努力。当然管理必须有据可循，条件下发到人，必须要让员工清楚地了解怎样才能得到晋升，以及在什么状况下会面临降级或淘汰。阶梯式的管理方式打破了"铁饭碗"，让那些怀着"不求有功、但求无过"心态的人也能有所触动，进而激发他们的工作热情，使他们更加用心地工作。

171 让3个人做5个人的事,领4个人的薪水

在计划经济时代,人们往往习惯于"人多好办事""人多热情高""人多力量大"的思维原则,但现代化公司往往是跨区域、跨国界生产,这就需要成百上千甚至上万人进行分工协作,不仅仅关系到个体的效率,更关系到团队系统的运转。

在现代企业管理中,往往会出现效率提高的逆反效应,为了维护自尊,很多人会不自觉地表现出逆反的态度,具体表现为"和领导对着干""顶撞上司"。面对这种情况,作为企业管理者,不妨用最少的人办最多的事。毕竟多一个人就会多一分成本,此外,那些多出的人还会干扰踏踏实实干事的员工。所以,出于降低企业经营成本的需求,管理者一定要因事设人。

众所周知,德国大众汽车是一家蜚声国际的大企业。因为前任老板缺乏现代化的经营管理能力,导致该公司的亏损创下了近10亿马克的纪录,这一数字远远大于9亿马克的股金,大众汽车也一度因此濒临破产。

就在这种背景下,施米克当上了大众的老总。为了扭转亏损困境,他开始大刀阔斧地进行改革,第一项措施就是整顿管理班子及相关人员,在亏损的情况下,他居然冒险借债3亿马克作为补偿金,态度坚决地把公司人员由原来的11.2万减少到9.3万人,一举清除了那些因循守旧、争权夺利、不干实事的管理人员,从而为公司的崛起开辟了一条崭新的道路。现在,大众公司的事业如日中天,正是得益于施米克的改革。

当然,在企业内部裁员并不是一个简单的工作,管理者在裁员的时候需要注意两方面的问题:一来,精简人员的最终目的是实现公司整体的优化。只有整体得以优化,才能最终形成富有活力和创造力的新的命运共同体,才会促使公司结构的合理和公司效能的最大发挥,从而获得最佳的效

益。二来，一定要妥善安排好相关的各类人员。精简人员要态度坚决，只有"4个人的饭3个人吃，5个人的活3个人干"，公司的效率才能真正得以提高。

随着现代企业的发展壮大，人才队伍的规模也越来越大，市场竞争的加剧使得绝大部分企业都无力支撑庞大的人力开支，过多的员工不仅不能给企业带来效益，反而会令企业背上沉重的负担。所以，作为管理者，一定要下决心精简人员，敢于淘汰那些效率低下的员工，让团队保持高效率。

172 批评员工之前，先进行自我批评

对犯错的员工进行批评、训导，是企业领导者的主要工作之一。从管理的角度讲，该批评的一定要批评，只有对下属的行为进行变相的引导，才能保证整个团队的高效；但从员工的情感来说，批评是一件令人反感的事情。管理者一旦批评不当，很可能会对员工造成一定的心理伤害，甚至激化上下级之间的矛盾。

在现实生活中，不少管理者只会批评员工，对于自己身上的毛病却视而不见，所以员工常常与领导唱反调，根本起不到教导的作用。所谓"领导"，通俗一点说就是领头人，一个连自我批评都不知为何物的人，又有什么资格去批评别人？甚至要求别人接受你的批评和指责呢？所以，作为一个合格的管理者，与其多怪罪他人，不如多做自我批评。

凯文刚刚在一家网络公司走马上任，作为人事经理，他自认为不是一个求全责备、对下属过于严厉的管理者，但一些工作中所产生的实际情况，却令他苦恼不堪。

这家网络公司主要依靠广告盈利，为了挖掘员工工作潜能，提升公司整体盈利能力，凯文对公司的人事安排进行了十分细致的了解和深入研

究。一系列调研结束后，他发现有相当一部分员工并不适合他们所在的岗位，他们时常会犯错误。遇到这种情况，凯文通常会直言不讳地指出其具体的工作失误，实际上他的批评针对性很强，既没有冤枉员工，也没有言过其实，效果却难遂人意。

没有人认为凯文是一个好管理者，因为他总以自己为中心，拿自己的标准来要求员工，在给大家挑错的同时，从来没有反省过自己。不久后，那些常常被他批评的员工陆续辞职，就连工作任劳任怨的助理，也因为饱受批评丧失了工作积极性。直到此时，他才意识到问题的严重性，但职员的大规模辞职已经严重影响了公司的正常运营，作为人事经理，他不得不承担由此所引发的一系列后果。

自以为是，总是一厢情愿地以自我为中心是所有管理者的通病，一旦员工与自己的期望相背离，就要拿出"批评"的大棒加以驯服，殊不知，这种做法是极不可取的。员工首先是一个独立的人，需要最起码的人格尊重，所以管理者在批评员工之前一定要先自我反省，设身处地地从员工的角度想问题，只有这样，才能避免因批评而导致上下级之间关系的恶化。

管理者在批评员工之前，首先要找准缘由，即为什么要批评对方，是否非得批评不可，批评的理由是否合理正当等，切忌因为自身情绪不佳而胡乱发火；其次要找对批评的方法，对于那些自尊心较强的员工，批评的时候，不妨委婉客气一些，多用先赞扬、后批评、再提建议的"夹心饼干法"。

173 一个响亮的头衔会让他把工作干得更好

中国人讲究"师出有名"，正当的理由、公认的头衔能够满足当事人的被尊重心理。

领导者在安排任务，或者让员工负责某一方面的工作的时候，不妨借用这一法则，给他们一个响亮的头衔，从而鼓舞其卖力干活。为了收到良好的效果，还要注意当着众人的面，在正式的场合，公布你的决定，这样不但能起到宣传的效果，还能让接受头衔的人获得莫大的感动，从而激发出前所未有的工作激情。

对于企业管理者来说，合理地运用虚名并不是一件坏事，反而迎合了下属"归属感""荣誉感"及"存在感"的心理需求。人是群体性动物，需要周遭社会的接纳和认可，这种认可度越高，就越能激发其自信和责任感。所以，管理者要学会给员工戴上耀眼的光环。

杰克是美国一家大型工厂的经理，最近这段时间以来，每当他上下班进出工厂大门时，总是会听到门卫的抱怨。

"经理，什么时候能涨点工资？你看，我每天要管这么多人，还有很多车辆，忙忙碌碌，结果到月底才那么点薪水，实在是太低了，昨天旁边工厂的哥们还在向我炫耀他的高工资呢……"杰克几乎每天都能听到门卫的抱怨，迫于门卫准备辞职的压力，他不得不批准了该名员工的加薪要求。

本以为加薪能够让下属停止抱怨，从此安心认真地工作。谁知道仅仅过去两个月，他又动起了辞职的念头。面对不尽如人意的局面，作为经理，杰克不得不另寻办法，稳住门卫的工作情绪。

一周后，杰克给了门卫一个响亮的头衔——防卫工程师，尽管只是一个虚名，但出乎意料地激发了门卫的工作热情，其工作态度更是发生了翻天覆地的变化，从一开始的抱怨不满，到后来的一丝不苟。可见，一个不需要增加任何成本的漂亮头衔，远比加薪有效。

管理者在激发下属工作积极性时，绝不能只盯着"金钱"。激励的方式有很多种，单纯的物质奖励，所起到的效果是不持久的，而且还会增加企业人力成本。不管是从企业员工的心理需求考虑，还是出于降低企业成本的目的，给员工一个响亮的头衔都是最佳的激励方案。

无论下属的工作对整个企业是否重要，他们都希望得到足够多的重视。相关数据表明，"虚名"对员工的激励作用显而易见，其效果等同于增加了 10% 的薪水。所以，管理者要学会恰当地使用虚名，并借此来提高下属的工作积极性。

174 老少掺用，人才互补

在企业人才结构中，员工与员工之间，最好形成互相补充的关系，这种互补包括才能互补、知识互补，还包括性格互补、年龄互补。年龄互补，体现在不同年龄阶层的人，有不一样的思想和认知，有不一样的性格与经验，有不一样的生理特点和办事风格。

年长的人有长者的沉稳、谨慎和顾全大局，年轻人有年轻人的热情、干劲和灵活创新，中年人有中年人的圆融、理智。如果将这三种人放在一个团队，只要恰当地引导，他们彼此之间就能产生良好的互补效果。

曾经有五位诺贝尔奖获得者，为了解决超导微管理论的创立问题，他们组成一个团队，共同研究这一问题，但是未能成功。后来，这一问题被另外三个人组成的团队成功攻克。这三个人分别是巴丁、康柏和施里弗。

为什么他们会成功呢？原来，巴丁年长，老马识途，负责把握大方向；康柏人到中年，年富力强，思维敏捷；施里弗年轻，善于创新，方法灵活。他们三个人组合在一起，形成了一个可以良性互补的人才结构，这是他们成功的重要原因。

在中国历史上，明朝开国皇帝朱元璋就善于选拔不同年龄的官吏，让他们之间形成年龄互补。朱元璋发现，官吏年过五十，虽然政律精通、业务熟练，但是由于年纪大了，精力跟不上。而年轻的官吏年富力强，精力充沛，但政务不熟，阅历尚欠。所以，朱元璋在中央和地方的各个部门中，让年轻的官吏与年老的官吏搭配工作，相辅相成。这样既可以发挥年轻人精力旺盛、锐意进取的优势，又可以发挥年长者沉稳厚重的长处。

朱元璋还说："十年之后，老者休致，而少者已熟于事。如此则人才不乏，而官吏使得人。"意思就是，当年轻的官吏跟着年老的官吏锻炼出来时，年老的官吏也到了退休的年龄，这样朝廷就不用担心人才出现断层现象，从而保证人才源源不断地为国家服务。

人才对企业的发展极为重要，一旦人才断层，企业的发展就会中断或受到影响，因此，保证人才源源不断，是管理者应该考虑的问题。在这一方面，管理者完全可以借鉴朱元璋的用人策略，既重用年长的人才，又重用年轻的人才，而且把年轻的人才与年长的人才搭配在一起工作，让他们相互学习，相互取长补短，共同配合来完成工作。这样必然会获得"1＋1＞2"的团队效益，从而极大地推动企业的发展。

175 不为开会而开会，一定要解决问题

日本东芝公司董事长兼总裁土光敏夫曾经说过："办企业就是讲效率，首先是管理者要讲效率，会议不应该用长篇大论的报告，报告材料会前分发就可以了。"然而，在大多数国内企业中，不少管理者都喜欢在会议上浪费时间，有事开会，没事也开会，常常一整天什么也没干，时间全都耗在了大大小小的会议上。

会议的种类很多，有决策会、总结会、表扬会、批评会等，不管是哪种类型的会议，都不能为了开会而开会，一定要讲效率。无关紧要的会议尽量不开，能长话短说的问题就不要长篇大论。管理者要争取在最短的时间内，解决该解决的问题，进而通过提高开会效率，节省企业的管理成本。

日本公司十分重视开会效率，不管什么样的会议都是以"小时"为单位来计量，其中太阳公司的会议管理制度，就值得借鉴和学习。该公司为了提高会议效率，实行会议成本分析制度。相关工作人员会把会议时间、人数以及工资，按照会议成本$=6A \times B \times T$（其中：$A=$工资/小时；$B=$与

会人数；T = 会议时间）的公式计算出来，并张贴在会议室最为显眼的黑板上，从而提高每个参会人员的成本意识，尽量缩短开会时间。

无独有偶，美国比奇飞机公司正是靠"劳动生产率会议"制度，成功扭转了劳动生产率日趋下降的颓势。开会是为了解决问题，并非人越多越好，从成本的角度来看，参加会议的人越多，成本也就越高。为此，比奇管理层改良了原来的全体职工大会制度，他们从9000名职工中选出300名代表，以"劳动生产率会议"的形式开展工作。

如果员工有好的工作意见或建议，可以找到任何一名代表填写建议表，提交后由领班、一名会议代表和一名干部的三人决策小组进行评价，建议一旦被采纳，公司将给予建议者一定程度的奖励。会议代表制度大规模缩减了开会人数，不仅提高了会议决策效率，还大大降低了会议成本，这项会议制度为比奇公司带来了巨大效益。

会议是企业管理者向下属传达工作的重要途径，所以开会是领导者必不可少的工作内容之一。既然不能完全杜绝，那么，管理者就必须学会控制会议成本，借助一些技巧，从而达到解决问题的目的。

为了提高会议效率，我们不妨在会前将需要讨论的问题罗列出来，提前交给与会人员，此方法能够大大缩减开会时间。此外，还要杜绝开会迟到现象，尽量开短会，并适当限制参会人数，召集开会人员时也要利索，切不可拖拖拉拉。

176 把握好激励员工的"生命周期"

"一家公司的好坏取决于公司的人才，而人才的能量释放多少则取决于绩效管理。"如今，越来越多的企业管理者开始注重对员工的激励，但能够切实把握好激励周期的领导者并不多见。

随着时间的延续，原来的业务骨干渐渐成了离退休人员，曾经的"新人"早已经独当一面,如果管理者不懂得适当调整人事制度,势必会挫伤后起之秀的工作积极性,从而导致公司员工的断层。所以,作为一个优秀的企业领导人,一定要把握好员工的"生命周期"。

国泰人寿的蔡宏图在掌控人事制度上颇有见地,随着国泰的不断发展,他准确把握住了员工的"生命周期",从而恰到好处地对公司的人事制度进行了调整,这一举措,为国泰人寿的发展扫除了不少障碍。

早期,国泰人寿借鉴日本的人事管理模式,大家一个个排队坐等升迁就可以,然而随着企业的快速发展,论资排辈式管理的缺陷便暴露了出来,最为突出的就是人员结构老龄化,急需年轻人员加入。但论资排辈式的升迁制度限制了年轻人的发展,因此形成了两大难:一是招聘年轻员工难,二是年轻员工升职加薪难。

为了改变这一现状,蔡宏图大刀阔斧地进行了人事改革,对人员升迁和奖励考评等制度都进行了"周期"性调整。改革过后,人员的薪资水平和晋升全部取决于"绩效导向",奖金以及加薪升职的激励行为更加透明化,此举措让这些后起之秀看到了希望,大大激发了他们的工作积极性。

企业要想发展,必须及时补充新鲜血液。企业管理者必须处理好人事制度的变迁和改革,一味地偏袒新员工,容易让老员工心寒;但一味纵容老员工,不给新员工加薪升职空间,则势必会打击他们的工作积极性。因此,处理好新老员工的交替工作,则显得异常重要。

不同的企业,员工的"生命周期"也会有所差异。企业管理者要善于从本行业出发,结合本公司的具体人事制度以及现存的激励机制问题,制定出有针对性的调整对策,只有这样,才能真正做好公司全员的激励工作,把新老员工紧密地团结在一起,真正实现做大做强的目标。

177 奖励不当，就成了变相的惩罚

众所周知，奖励是对人的一种肯定与表扬，但事实上，并不是所有的奖励都能令人感到愉快，从而保持员工积极的工作状态。心理学中有一个著名的"德西效应"，即当一个人进行一项愉快的活动时，如果给他提供奖励，同时奖励又分配不均时，不仅不能起到奖励的效果，反而会演变成一种变相的惩罚。

"德西效应"往往能够在人们不知不觉中改变其行为的动机，员工们原本是为了获得领导赏识而努力工作，老板施以奖励后，便会悄然改变动机，演变成为了奖励而努力工作。这时候，一旦奖励减少，员工们必然心中不满，工作的兴趣也会慢慢降低，并逐渐滋生抱怨的情绪，从而导致工作效率的下降。

众所周知，薪酬是企业管人的有效武器，可以直接影响到员工的工作情绪，可是事实上，很多公司都不愿轻易使用这一武器。一旦使用不好，可能会带来"德西效应"，那样不仅不能激励员工，还可能造成极大的负面影响。

IBM有这样一句话："加薪非必然！"要知道，IBM的工资水平在外企中并不是最高的，也不是最低的，可是IBM有一条令所有员工都坚信不疑的游戏规则，那就是干得好加薪是必然的。

IBM在1996年初推出了个人业绩评估计划（PBC）。PBC可以划分为三个方面：制胜、执行、团队精神，IBM通过这三个方面来考察员工。

IBM薪酬政策的精神主旨是通过制定有竞争力的策略，从而吸引和激励业绩表现优秀的员工继续在自己的岗位上保持高水平。IBM自我独特而有效的薪金管理方式可以达到奖励先进、督促平庸的目标。IBM将外在报酬和内在报酬进行挂钩，从而有效地避免了"德西效应"的产生，这种管

理已经逐渐发展成为一种高绩效的企业文化。

在现代的企业管理中，一些单位表彰活动过多，但根本没有起到肯定和激励的作用。不管是物质奖励还是精神奖励，都不能为了照顾部分人的情绪，而把表彰、荣誉当人情，否则原本的奖励政策，会在"德西效应"的作用下"变味"。

不管哪种形式的奖励，都是为了激发员工的工作积极性，起到树立典型、弘扬先进的作用。所以，管理者一定要警惕"德西效应"，在制定奖励措施时，尽可能规避这些误区，以免错把奖励搞成了惩罚，好心办坏事，反而挫伤了员工的工作热情。

178 递进式处罚比一棒子打死更有效

作为企业负责人，训斥员工在所难免，但并不是所有员工都需要批评，有时候委婉地提醒比"一棒子打死"更能让员工意识到自己的错误。不少管理者一看到下属犯错，便不分青红皂白地一顿批评，殊不知这种"快刀斩乱麻"的做法，对员工而言并不适用。

批评或处罚员工的目的，是督促其改正错误。管理者在处罚员工时，一定要考虑到员工能接受多少。你在下属面前义愤填膺，但并不见得能说到他们心里去，盲目地批评和处罚，只会把员工推向你的对立面，所以不妨试着把"处罚单"改成"改进单"。

人非圣贤，孰能无过。即便是管理者自己也会犯错。既然损失已经造成，火发得再大，批评再严厉，又有什么用呢？

后滕清一算得上是松下的左膀右臂，他曾经担任过一家工厂的厂长，在他任职期间，工厂不幸失火烧掉了。面对如此重大的事故，后滕清一非常惶恐，以为自己不被革职也要降级。谁知松下接到报告后并没有对他做出严厉处罚，只是淡淡地对他说了4个字："好好干吧！"

松下之所以这样做，并不是姑息部下犯错，若是以往，即使是打电话的方式不当，松下也会对其严厉斥责，严格要求下属是松下的一贯作风。然而这次，松下却法外开恩，没有做任何处罚，对此，后滕心里充满了愧疚，反而对松下越发忠心，并以加倍的工作，回报了上司的信任与宽容。

递进式惩罚，远比一棒子打死更有效。事实上，越是有过错的人，越需要一个重新证明自己的机会。这时，如果管理者的处罚过重，只会令他们沮丧，反之，如果能给他们一个改正错误的机会，他们一定会比以往更加努力。

下属如果捅了篓子，先不要忙着训斥，不妨给他一个"戴罪立功"的机会。事实证明，这种步步推后的处罚方式，比疾风暴雨式的批评更能激发员工的工作热情。更重要的是，管理者对待下属的宽容态度，反而令他们心生感激，从而更加衷心地为企业工作。

179 争议面前，做一个公正的裁判

有人的地方就有争端。作为企业管理者，常常要在处理下属关系和矛盾时，充当"裁判"的角色。这时候，你千万不能有意偏袒任何一方，更不能强行改变原本公正的判决结果，否则很可能威信扫地。

在现实生活中，员工因工作而引起激烈的言语冲突，再正常不过。在这种情况面前，不少领导往往是"非礼勿看，非礼勿听"的态度，不管下属争吵得如何厉害，他们都佯装不知，甚至让人误以为耳聋了。实际上这种不作为的管理方法并不明智，因为你的沉默就等于纵容，于是原本的争吵很可能会演变成相互扭打，破坏了公司气氛不说，还会造成员工身体上的损伤。

那么，管理者在争议面前该怎样做呢？

老丁是一家中型企业的部门经理，这天眼看就要下班了，结果办公室走进来了两个怒气冲冲、相互喷火的下属。这两名下属是老丁的得力干

将，现在居然吵得脸红脖子粗。

原来二人在组建分公司的对外发展战略上存在严重分歧，结果说着说着便吵了起来，谁都不是轻易认输的人，所以来找上司老丁评理。作为"裁判"，老丁心里十分纠结，张某虽然有理，但他在平时的工作中异常自大，所以树敌颇多；陈某尽管做事稳妥，但这么长时间过去了，似乎一点长进都没有。在安排组建分公司带头人的事情上，老丁头疼不已。

当断不断，反受其乱。老丁深知这一点，所以哪怕是得罪人，也不能态度暧昧，否则只能让两个人的争论再次升级。考虑到两人都是自己的左膀右臂，所以老丁出言制止了两人的争吵："你们的意见我都听到了，一直这样大声叫嚷下去也不怕同事们看笑话。"

作为部门经理，一旦失了公正，则必定会令某一方不满，从而埋下不稳定因素。出于公正，老丁最终做出了一个决定，将组建分公司的对外战略交给张某负责，公司内部的事情则交由做事稳妥的陈某负责。至此，矛盾才算真正得以化解。

越是在争议面前，企业领导人越要大公无私。只有敢于板起脸面做"包青天"，对事不对人，才能避免因不公正裁决伤了下属的心，引起上下级之间不必要的隔阂。

不要害怕被卷入到下属的争吵旋涡中去，面对员工之间的争吵，管理者要学会主动出击，做一个公正的裁判，尽快解决争端，化解员工之间的矛盾。故意视而不见、充耳不闻只会破坏内部团结，对企业的长远发展而言，是十分不利的。

180 要想赢得下属的信任，就要一碗水端平

子曰："不患寡而患不均。"这句话不仅适用于治理国家，也适用于管理企业。一个团队要想做出成绩，领导者首先得赢得下属的信任，而赢得

信任的关键则在于处事的"公平"。

优秀的管理者，往往能和员工们打成一片，究其原因，主要有以下两点：一是他们在对待下属时总是一碗水端平，不厚此，也不薄彼，一视同仁的做法不会伤了人心；二是他们对待员工很真诚，而且始终坚持着一致性，既不会朝令夕改，也不会空口白牙说瞎话，所以，往往能赢得大家的真心拥戴。

在企业的日常管理中，领导者只有坚持"一视同仁"，才能营造一种公平公正的竞争环境，进而赢得下属的信任。韩国三星集团能够从一个默默无闻的小杂货店发展成为世界跨国公司，与其领导层"君子周而不比"的用人策略是分不开的。

三星选拔人才，从来都是"一碗水端平"，英雄不问出处，只要"具有智能、诚实和健康"就可以参加人才选拔。在招聘大学毕业生时，不管毕业学校是否是名校，也不管所学专业是否对口，所有应聘人员均是同等对待，提供同样的晋升机会，其薪资制度也不存在任何差别。这种公平的组织文化，在很大程度上调动了员工的积极性，促进了三星集团的发展和腾飞。

不管黑猫白猫，抓到老鼠就是好猫。三星集团并不注重员工的出身，而是注重其实际能力。值得一提的是，这种"一碗水端平"的做法并不仅仅停留在口头上，而是深化成为公司的制度。只要有人"违规"，企业领导者就会毫不留情地将其辞退。所有管理层都达成了共识：不正之风是癌症，是传染病，它会使组织面临垮台的危险。在三星内部，绝不允许不公正的现象出现，可以说，严格而"公平"的制度，无疑使企业发展有了可靠的保证。

"公正"是管理与被管理者实现互信的基础与前提。作为一个合格的领导者，只有时刻"一碗水端平"，才能赢得下属的信任，进而最大限度地转动管理魔方，带领整个组织朝着预定的目标前进。

国内的很多管理者深受伦理型的传统文化影响，往往会不自觉地在管理工作中掺杂个人情感，有意或无意地偏袒同学、同乡和朋友，实际上这种做法是要不得的。一旦破坏了公平规则，要想再赢得下属的信任，就很难了。所以，一定要时刻保持清醒的头脑，对所有员工都一视同仁，既不能搞特殊化，也不能把管理权当成谋人情的工具。

181 让拒绝执行命令的下属"靠边站"

并不是所有下属都能不折不扣地执行领导的命令，很多企业管理者，都会面临这样的难题，工作任务已经下达了，结果却未能达到预期。造成这种结果的原因有两个：一是员工能力有限；二是员工有意拒绝命令。

俗话说："金无足赤，人无完人。"如果是能力问题，尚可通过培训和学习来弥补，如果工作态度有问题，那么领导者就必须抛下情面，让拒绝执行命令的下属"靠边站"，只有这样才能保持整个团队的执行力。哪怕是遇到工作能力超强的员工，也千万不能讲情面，否则只能自食恶果。

孟先生就职于一家大型销售公司，身为部门经理，他平时的工作十分繁忙，公司高层为了减轻中层管理人员的工作压力和负担，决定给每个部门经理配备一名助理，并由其本人进行招聘、筛选，以便让各部门经理能找到得心应手的左膀右臂。

通过三轮面试，孟先生最终从众多求职者中选择了一位能力出众、个性鲜明、办事利索的女士。尽管这位女士的工作能力不容置疑，但试用期还没过，孟先生就已经感到头疼不已。多了一个助理，工作负担不仅没有减轻，烦心事反倒增加了不少，这令孟先生哭笑不得。原来这位助理颇为自傲，即便在上司面前，也是一副趾高气扬的样子。

但凡孟先生交给她的工作，她总是表示怀疑，还时常自以为是地评判几句。明明告诉她，先准备开会材料，再去做业绩报表，结果开会时间到了,她还一头扎在报表堆里,孟先生问起原因,对方还理直气壮地答道:"业绩报表很复杂,如果现在不抓紧,什么时候做完?开会多简单,有没有准备材料都不会有事,没材料,你随便讲讲就好了嘛!"

助理是为了解忧,而不是处处与自己对着干,所以该经理果断开除了她,并聘请了一位注重执行的女士,工作果然顺畅了很多。与其接受一个拒绝执行命令的能人,不如要一个指"东"往"东"的平庸者,如果你的某位下属拒绝按照你的要求去做,不要犹豫,让他"靠边站",只有这样,才能保证整个团队的工作效率。

管理者在企业中的地位好比"老虎",该称王的时候就要称王,切不可让"猴子"犯上作乱,否则只能扰乱正常的上下级关系,从而引起管理上的混乱。遇到拒绝执行命令的下属,犯不着发脾气,保持冷静的头脑,迅速让他们"靠边站",才是明智之举。

182 自以为了不起的人,请马上离开

墨菲定律说:"你可以骂一个人长得丑,说他的脚臭,但是你千万不能说他不是人才,否则的话,你就有麻烦了。"不少企业管理者都是"求贤若渴",他们提供高薪,给予升职机会,甚至不惜奖励车子和房子。然而,他们却忽视了那些自以为是、容不得领导说半个"不"字的人。

从管理者的角度而言,那些半成品的"非人才"往往比较省心,合适就留下,不合适则舍去,无论如何都不会对企业产生大的影响。"成品"人才则复杂得多,能力越强,越恃才傲物,他们不会把领导放在眼里,甚至公然挑战领导的权威,来凸显自己的与众不同。遇到这样的员工,忍气吞声并不能解决问题,只有给他们打开离去的大门,才能保住领导的威严,避免内部团结被破坏。

张杰是一家大型制造企业的人事经理，前段时间工厂更新生产线，所以特地高薪聘请了一批熟悉新机床、经验丰富的技工，约翰就是其中的一位。在月底的业绩汇总中，身为人事经理的张杰发现：生产车间多位人员的投诉，都将矛头指向了技工约翰。

"上周二夜班，车床突然出现故障，我找到了当时的维修人员约翰，说明情况后他只是抬头看了我一眼，喃喃地说道：'机床好像是进口的呢，只有我一个人能修，不过这会我需要休息，如果没有耐心等，就去找别人试试运气吧！'说完又接着闭上眼睛睡觉了。"

光这个月，张杰已经收到了多达八次诸如此类的投诉，全部都是针对约翰。从专业技能来看，约翰确实是一个好员工，技术过硬，对各类机床都十分熟悉，只是他过于恃才傲物，自以为很了不起，不仅不把同事们放在眼里，即便是领导的话也是左耳朵进，右耳朵出。因此，不管是普通员工还是上司，对他的评价都十分糟糕。

谦虚使人进步，骄傲使人落后，企业中一旦出现自以为了不起的员工，就会迅速破坏全员虚心努力的工作氛围，所以对于像"约翰"一样恃才傲物的下属，请他们马上离开才是最为明智的决定。

俗话说：一瓶子不满，半瓶子晃荡。那些自以为了不起的人，往往只是在某方面或某个领域出类拔萃，作为企业的领导者，不必为失去这类"人才"而感到遗憾，因为他们带来的麻烦往往多于效益。

183 果断清除团队中的"烂桃子"

企业是由无数个体组成的团队。在一个团队中，有人犯错是很正常的，但作为管理者，要想保持整个团队的顽强战斗力，就必须果断清除团队中的"烂桃子"，否则很可能会引起恶性的连锁反应。

人非圣贤，孰能无过。但并不是任何一个犯错的人都应该被原谅。管理领域最著名的"破窗"理论，就很好地解释了这一现象：当窗户完好无损时，往往没有人主动砸破窗户；反之，一旦窗户出现破损，大家便会降低打破窗户的负罪感，从而逐渐参与到破坏窗户的队伍中去。

在企业团队中也是如此，只要有人开了"坏头"，故意犯了错，那么，就会有越来越多的人跟着犯错，与此同时，大家的观念也会随之发生变化，认为犯错并没有什么大不了的。从管理者的角度来看，这种害群之马万万要不得，他们往往会充当第一个打破"窗户"的角色，进而降低整个团队的工作积极性。所以，团队中一旦出现了"烂桃子"，就要毫不留情地清除，以免"一颗老鼠屎坏了整锅粥"。

小丁是一家顾问公司的人事主管，最近他刚刚开除了一名员工。公司明令禁止员工之间公开讨论薪酬待遇问题，该制度自从制定之日开始，贯彻情况一直良好，直到有"害群之马"的出现。这名员工来公司才一个月，就经常在工作之余与大家讨论薪酬问题。小丁为此提醒过多次，但根本没有什么用。更过分的是，他一边抱怨公司的薪酬制度不合理，待遇太低，一边怂恿大家"跳槽"。

作为人事主管，小丁深知，这样的害群之马如果不清除，那么，表现规矩良好的员工会感到不公，认为公司不在乎员工的表现，可能会生出离职的意愿并付诸行动。一个优秀的企业肯定是由无数个优秀的员工组成，一旦所有的优秀员工都有了离职的念头，那这家公司势必会倒闭。所以，他当机立断，立马开除了这位员工，并专门召开了一次员工大会，组织全体人员深入学习公司的规章制度。由于清除工作比较及时，整个团队的士气并未受到太大的影响。

任何一个团队都有不守规矩的员工，实际上把他们看作"害群之马"一点也不夸张，一方面他们肆意破坏公司规章制度，另一方面他们会让其他员工心存侥幸，认为违章违纪也无大碍，最多被口头批评。如此一来，员工的工作态度势必会受到影响，团队的生产力和士气也会随之降低。

要想保证整个团队的竞争力，作为管理者就必须要防患于未然，在这些"害群之马"影响到全局之前，就把他们彻底清除出队伍，绝不能留半分情面。在实际工作中，不少管理者面对这类员工往往是睁一只眼闭一只眼，这种做法并不明智。对于团队中的"烂桃子"，不能无原则地给予机会，而是要按照规章办事，既然已经"腐烂"，就要毫不留情地清除出队伍，只有这样，整个团队的战斗力才有保证。

184 不淘汰平庸的员工，是对奋斗者的不负责任

不想当将军的士兵不是好士兵，同理，不想当领导的员工也注定永远平庸。好的下属是具有可塑性的，但要想将这些员工培养成卓越人才并不容易。企业要想做大做强，必须培养一批精兵强将，因此，管理者在培养员工的过程中，必须毫不留情地淘汰平庸者，这既是对企业的未来负责，更是对奋斗者的肯定。

不少管理者经常面临这样一个问题：如何解雇那些"鸡肋人物"？一般来说，这些人工作还算努力，懂礼貌，善解人意，甚至在公司里面还有着不错的口碑，然而他们在工作中却经常犯错，哪怕是多次提醒依然不见什么起色。对于这样的人，解雇起来需要很大的勇气，为了企业的发展，不得不淘汰。

阿丽是某科贸公司的经理，最近公司新来了一位女员工，人长得漂亮，性格活泼，却令她头疼不已。该员工工作十分努力，业绩却十分平庸，每次都是打着最低考核标准的擦边球。起初，阿丽认为该员工可能还未融入企业的环境，所以才会业绩平平，毫无起色。

为了帮助她提高业绩水平，作为经理的阿丽专门安排了一位经验丰富的老员工带她，但转眼3个月过去了，该员工的工作状态丝毫没有改变，

更令阿丽头疼的是，她毫无工作积极性，又怎能把工作做好呢？为了帮助这位员工提升业绩，阿丽专门找她谈话，并给予其精神上的支持与鼓励，并许诺，只要她能够超额完成工作任务，一定会给予其丰厚的物质奖励。

然而，阿丽的办法似乎没起一点作用，该员工还是老样子，甚至工作业绩还有下滑的趋势。这样通融一个平庸者，会让那些业绩优秀的员工感到不公。出于这样的考虑，阿丽毫不留情地开除了这名能力平庸的员工。

实际上，每个企业都有工作能力平庸者，他们整天不思进取，上班就是"磨洋工"，拿工资混日子，如果不淘汰这类员工，那些优秀员工就会觉得：不干活也这样，干这么多活也这样，那我为什么非要这样拼命努力呢？一旦员工们有了这种想法，那么企业的整体工作效率必然会降低。

通常来说，企业都会有一套完整的人事体系，对于什么情形下可以与员工解除雇佣合同都有着比较明确的要求，作为公司的管理者，要善于借助这些制度，来清除那些平庸的员工。此外，在人员招聘时，要尽量避开那些没有培养价值的人，只有这样才能从根源上减少平庸者的数量。

185 让每一个被解雇者，都能体面地离开

在市场经济越来越开放的今天，辞退员工已经成为一种常见现象。作为企业的管理者，少不了要与这些被解雇的员工旧部打交道。炒员工鱿鱼并不是一件愉快的事情，但出于违纪、失职或公司经营等问题，企业不得不辞退一部分员工。

尽管从表面上来看，交接完就可以让员工走人，实际上却并非如此。"飞鸟尽、良弓藏""狡兔死、走狗烹"，一旦解雇工作没有做好，不仅会留下卸磨杀驴的恶名，还会让在职员工人心惶惶，无心工作，甚至直接引发"离职潮"。所以，管理者在解雇员工的时候也要讲究技巧，尽量做到

好聚好散。

离开一个组织，意味着一段人生历程的结束。在对待离职员工问题上，美国惠普公司的态度是：不责备、不强留，利索地放人，握手话别。

为了提高员工的专业技能，惠普每年都会在员工培训上投入不少金钱和资源，因此吸引了不少"学本事"的人，他们来惠普只是为了镀金，等本事学到了就可以待价而沽。但公司管理层并没有为难这部分离职者，而是始终奉行着"人家想走，强留也不会安心"的管理理念，给予他们想要的自由。

无独有偶，麦肯锡公司在对待离职员工上打出的则是"友情牌"，麦肯锡咨询公司有一本著名的校友录，公司管理层将每位离职的员工都视为即将毕业的校友，即便这些人离开了咨询师的职业生活发展，但谁又能知道，未来的某天，他们会不会成为自己潜在的客户呢？人走茶不凉，这种体面的离开方式，让麦肯锡的"毕业生网络"几乎遍布各行各业，事实证明这张强大的"人脉网"确实为该公司带来了极其丰厚的回报。

作为一个合格的企业管理者，尤其不能忽视那些被解雇者，本着好聚好散的目标，让他们体面地离开才是明智之举。那么，怎样才能做好这项工作呢？

首先，管理者在解雇方式的选择上不能马虎，尽量不要伤害对方的自尊；其次，解雇的时间最好选在周五下午，避开"观众"，避免让对方难堪；最后，解雇员工要快刀斩乱麻，在解雇前要做好保密工作，知道的人越少越好。

此外，处理好善后工作也十分关键，一方面要结算离职员工的所有工资，另一方面也要对员工进行情绪安抚，必要的话，不妨为其推荐合适的工作单位，或者给他提供一些求职信息。有人突然离职必定会引起大家的好奇，所以管理者在向全体员工解释其离职原因时，既要顾及离职员工的脸面，还要考虑大家的接受能力。只有这样，才能尽可能减少不良的影响。

186 对于不知好歹的人不必一味退让

作为管理者，对员工的要求一定不能太过苛刻，要给员工一定的发展空间。对于执行力不强的员工，要帮助其成长；对于犯过错的员工，要为其提供重新证明自己的机会；对能力强的员工要委以重任。如果员工不识好歹，执行力不强就破罐子破摔，犯错后不知道悔改，能力强就恃才傲物、眼高手低，管理者就要强硬一些，不必一味退让。

人都有欺软怕硬的心理。管理者过于宽容、和蔼，会被员工认为好欺负而无法树立威信。必要的时候采取有力的回击，能让员工明白和蔼不等于软弱，容忍也不是怯懦。如何驾驭员工，关系到管理的成败。一味退让的管理者，总把自己摆在被动的地位，实质上，是员工在管控他，而不是他在驾驭员工。成功的管理者懂得宽严有度，精通人际制胜的策略，在关键时刻应懂得维持自己的尊严。

鸿海集团创始人郭台铭，就非常懂得驾驭人才。对于那些不识好歹的员工，他从来都不姑息。鸿海集团和其他企业一样，非常注重人才的吸引，特别是那些名牌大学毕业、能力又强的人才。但是，这些金凤凰大部分都有恃才傲物的毛病。出身名牌大学就看不起小门小户走出的同事，能力太强就容易自我评价过高。骄傲浮躁、眼高手低的心理，使这些高才生的工作业绩总是差强人意。

郭台铭认为，这些高才生被委以重任但不好好工作就是不识好歹，对于不识好歹的人不必一味退让。于是，他在开例会时，义正词严地说："天才就让他留在天上，天才型研发人员到每一家公司都令人头痛。"许多高才生从老板的话中意识到自己的错误，开始反省自身，踏踏实实地工作。有时候，员工犯错只是一时头脑发热，管理者的严厉批评，则是一剂效果极好的醒神汤。

有些管理者害怕树敌过多，不敢轻易动怒。其实，只有软弱的人，才没有敌人。"笑面佛"一般的管理者，只能得到员工的轻视和不尊重。在特定的时候发怒，具有不可取代的积极作用，有价值的发怒与无意义的发脾气，区别就在于此。

不要害怕得罪人，理智地运用发怒，能够取得意想不到的效果。它可以给执行力不强的员工调整的机会，给犯错的员工当头棒喝，把恃才傲物的员工从半空打落到地面。对员工的错误一味退让，不是对员工的包容和理解，而是对员工和公司未来的不负责。所以，管理者在必要的时候，必须拿出强硬的态度，惩戒员工的不良心理，维护自己的权威地位。在强硬的领导者面前，许多矛盾冲突都会迎刃而解。

187 公平考核，让每一个员工放心

考核员工的工作业绩是企业管理者的例行事务之一，一般来说，企业都有比较完整的考核制度，管理者只需依据考核制度，对每个员工进行评估，进而确定其薪酬等级以及实发工资的数目。但在现实中，不少员工却常常大呼"不公"，这就涉及考核制度的制定及执行问题。

衡量员工的价值，一定要用同一把尺子，如果仅仅因为有人业绩太差，就给他换个短点的尺子，那么业绩优秀的员工必定会感到不公平。所以，管理者一要保证考核制度的公平性，二要保证制度执行的公平性，不管是谁，工作考核时一律按制度来，绝不讲半点情面，只有这样，才能让每个员工放心，不会因考核不公而影响他们的工作情绪。

红豆集团董事局主席周海江曾说："红豆就是要给每个人创造公平竞争的机会，不管你来自哪里，什么学历，只要你有能力，在红豆就不愁没

有机会!"事实上,红豆集团也一直坚定不移地贯彻着"公平考核"的优良传统。

在选团支部书记时,红豆管理层既没有按照个人意愿指定人选,也没有选择"空降式"的"外来和尚",而是在外贸制衣车间里,展开了一场竞争上岗的演讲比赛。只要有参选意向者,都有均等的竞选机会,比赛由评委会现场评分,保证公平、公正和公开,每位参选的员工都是当场公布成绩,谁得分最高,谁就可以成为新任的团支部书记。

在红豆集团,没有所谓的"关系户",一切都是以绩效为导向,只要你的工作能力出众,那么根本不愁得不到重用。最终,一名来自车间一线的工人王奎凭出色的表现当选为团支部书记。王奎学历不高,家乡远在一个偏远农村,但他工作努力,很有上进心,当选后,他激动地说:"如果不是竞争上岗,作为一名一线工人,很难有这样的机会参加公平的竞争。"

红豆公平竞争的考核机制,大大激发了员工们的工作热情,企业的生产效率也随之提高。在红豆集团,团干部全部都是公平地竞争上岗,没人搞小动作,也没人拉关系,集团通过这项制度,让每名员工都有公平竞争的机会,员工安心了,队伍也就团结了。

只有给予下属公平竞争考核的机会,帮助他们实现个人价值和人生目标,企业才能拥有源源不断的发展动力。管理者要想把企业做大做强,就一定要公平考核,最好将考核透明化,这样每个员工对考核内容都能做到心中有数,自然也就能安心工作了。

188 绝不把褒奖留到第二天

美国著名心理学家威廉·詹姆斯曾经说过:"人类本性中最深的企图之一是期望被赞美、钦佩、尊重。"作为企业管理者,恰当地赞美员工,不仅能让对方有一个好心情，更重要的是能够提高他们的工作积极性。所以，千万不要吝啬你的赞美，员工们有值得称赞的地方就要毫不犹豫地褒奖，也绝不能把褒奖留到第二天。

从人性角度来说，有时候一句简单的赞美，就能给人带来温馨与振奋。所以当我们想改变他人时，何不借助于赞美的力量呢？当然，赞美也要讲究技巧与方法，如果褒奖下属的方式不对，往往就会好心办坏事，不仅起不到褒奖的作用，反而会给对方留下虚伪的印象，如此一来就得不偿失了。

杰克·韦尔奇曾就任于一家大型公司，当时他的职位是一个有前途的工作小组的主管。在他的办公室里，有一部专用电话，方便直属的采购人员随时与他交流工作事务。在与这些采购人员谈话的过程中，韦尔奇从来都不吝啬对他们的赞美，哪怕他们在工作上的进步是极其微小的，他也会马上给予褒奖，而不会将这种褒奖留到第二天。

只要采购人员能让卖主降低价格，哪怕降低的幅度很小，也可以给韦尔奇打电话。对于采购人员打来的电话，韦尔奇是相当重视的，不管当时是在谈生意还是和秘书交谈，他都会停下手头的工作，亲自接电话，并毫不吝啬地对下属取得的成绩给予赞美："你真是能干，居然让每吨钢铁的价格又降低了5分钱。"随即，他会坐下来写一封简单的贺信，给这名采购员。

尽管韦尔奇褒奖员工的行动只是象征性的，而且过程也显得含糊而紊乱，但事实证明，这种褒奖的效果是显而易见的。采购部门的员工不仅工作热情高涨，而且体会到了自我价值实现的成就感，因而工作主动性也大为提高。

当下属向你汇报工作时，从内心深处是渴望得到承认与赞美的，如果管理者当时不做出任何反应，必然会令他们感到失望，即便第二天给予褒奖，也很难弥补他们精神上的失落，也很难起到鼓励对方的作用。所以，作为企业管理者，千万别把褒奖留到第二天。

189 荣誉是工作激情的催化剂

从员工的职业发展角度来看，追求更高的荣誉是他们获得成就感的重要途径和目标。马斯洛在需求层次理论中讲到：人们的生存及生理需求一旦得到满足，马上会转而追求更高层次的自我实现。所谓自我实现，即是荣誉的内在表现形式。所以，作为企业管理者，要给予下属适当的荣誉，以满足他们的心理需求，激发其工作潜能。

如今，已经有越来越多的企业开始注重荣誉激励，一般来说，荣誉激励主要包括工作成绩的晋级、升职、选模范、评先进、公开表扬及精神奖励等。经过长期的实践证明，这种激励手法，不仅能点燃员工们的工作激情，更重要的是其成本低廉，激励的效果也比物质激励更为持久。

不同企业所采取的荣誉激励措施往往是千差万别的，但其目的一致，都是为了激发员工的工作激情。著名的美国IBM公司，专门设立了一个"百分之百俱乐部"。员工们将加入该俱乐部看成一种顶级的荣耀，因为只有那些完成年度任务的员工，才能被批准成为该俱乐部的会员。

一旦员工加入该俱乐部，他和他的家人便会第一时间受到邀请，并参加非常隆重的聚会。尽管没有实质性的荣誉头衔，但这种做法对于任何一个人来说都是一种荣耀。所以，公司的雇员全部都将获得该俱乐部的会员资格定为奋斗目标，工作效率自然会随之提高。

日本电气公司则采取了"自由职衔制"，公司取消了"代部长、代理"等一般普遍管理职务中的辅助头衔，并采用"项目专任部长""产品经理"等与业务内容相关的头衔，更重要的是员工可以自由加以职业头衔，这种做法受到了员工们的普遍欢迎，头衔更响亮了，干劲自然也就更足了。

一个高明的企业管理者，能够充分借助荣誉的激励方式，把员工们

"比、学、赶、超"的动力充分激发出来，从而鞭策他们保持和发扬好成绩。但荣誉激励也要讲究技巧，一是要满足员工的自我实现需求，二是要大胆公开承认员工的贡献，最关键的一点是不能吝啬头衔和名号。

此外，每家企业都有各自的特点，企业管理者在选择荣誉激励措施时，也要有针对性。只有结合企业自身特点、员工具体心理需求而设计出的方案，才能起到好的激励效果，反之则会流于表面形式。

190 妒忌心强的人不能被委以重任

妒忌，是一种微妙的情绪，有时可以为我们提供前进的动力。如果一个人的妒忌心太强，处处将别人当作绊脚石，也有可能做出一些偏激的事情。妒忌心强的人，不懂得克制自己的情绪，没有容人之量，因而不能委以重任。

如果妒忌心很强的人处于公司高层，那么真正优秀的人才就会被埋没，即使能脱颖而出的人，也必将受到迫害。一个嫉贤妒能的管理者，比一套错误的规章制度危害更大。高明的管理者求贤若渴，而失败的管理者则是人才的毒鸩。

管理者有甘当绿叶的胸怀，才能给人才提供发挥才能的空间，才能让人才的价值充分体现，才能打造出一流的企业。所以，对于公司来说，重要的职位，只能由胸怀宽广的人担任。

亨利·福特一度被誉为美国汽车大王。当年的福特汽车公司盛极一时，是所有人眼中的"汽车帝国"。然而，仅仅历经三代人，"万年福特王朝"就宣告结束。这主要是因为福特家族对人才的压迫。福特家族在事业发展的巅峰变得刚愎自用、嫉贤妒能，绝不允许锋芒毕露的员工出现，也不愿意给员工重大任务，以免其"功高盖主"。对于公司的发展立下汗马功劳的元勋,更是其打压的主要对象,稍看不顺眼,就解雇。

福特家族的做法,几乎让福特汽车公司声誉扫地。公司招揽不到高端人才,事业不断下滑。最后,福特家族人心尽失,时任福特汽车公司董事局主席的福特三世,不得不宣布辞职,把业务经营大权让给了别人。

妒忌心太强,其实是一种心理扭曲的表现。有这种心理的人,容不得别人比自己优秀,一旦发现别人的长处就会心生怨恨,甚至欲置之死地而后快。如果任用这样的人来做公司的高管,他必会打压人才、排除异己。手下集聚的都是一些无能之辈,是创造不出多大的业绩的。

周瑜因妒忌断送了年轻的生命,庞涓因妒忌将同门师弟孙膑处以膑刑,曹操因妒忌以莫须有的罪名杀害良将杨修,这些都是妒忌之人担当重任而残害人才的事实。可见,不在那些妒忌心太强的人身上抱有任何希望,不把人才的生杀大权交到这些人手上,是对人才的保护、对公司前途的负责。否则,任何一个公司,都将走上"福特王朝"衰落的老路。

191 不要利用制度给人"穿小鞋"

企业的规章制度必须遵循一个最基本的原则,那就是公平。尽管管理者拥有制定制度的权力,但切不可利用制度给人"穿小鞋",否则不仅会引起下属的反感,甚至会引发公司员工对制度的公然挑衅,自己的领导威严也会毁于一旦。

家族企业是"穿小鞋"的高发区域,不少管理者出于自身利益或某种目的,会有意无意地把制度当成为自己保驾护航的"保镖",实际上,这种做法是非常愚蠢的。因为制度一旦有失公平,就会成为舆论的靶子,又怎么可能真正贯彻实施下去呢?到头来,只会造成企业管理上的混乱。

一家小公司正朝着中型企业进发,为了调动员工的工作积极性,几个领导制定了一个具体的奖励办法：超额完成正常工作任务20%的员工将在年终获得奖金1万元；超额40%及以上则可获得奖金2万元；为企业做出重大贡献的员工，经过董事会集体商议，可获得3%～10%的原始股份；既可以享受分红，也可以转让、继承。

这项制度并没有征求广大员工的意见，几个领导一商量便拍板决定了，但该制度一公布就遭到了不少员工的质疑。"什么样的贡献才算重大贡献？连个标准都没有，到时候算不算还不是领导一句话的事。""经董事会商议才有股份拿，如果他们商议的结果是不给股份呢？那岂不是辛辛苦苦白忙活了一场？"诸如此类的质疑声越来越多，别说调动员工积极性了，反倒让这些流言蜚语闹得公司上下混乱不堪。

管理者在制定制度时，切不可自作主张，而是要征求广大员工的意见，只有这样才能避免用制度给员工"穿小鞋"。案例中的管理者尽管是无意识的，但仍然在不知不觉中给员工套上了看不见的"枷锁"，这正是大家对制度产生质疑的最根本原因。

不管是有心也好，还是无意也罢，管理者都要时刻谨记：制度的第一原则是公平，所谓"公平"并非是一个人、一部分人的公平，而是全体的公平。如果仅仅为了维护某一部分员工的利益，就牺牲另一部分员工的利益，那必然会遭到被压迫员工的反抗，并造成管理上的混乱，所以千万不要利用制度给人"穿小鞋"。

192 升迁过快，弊大于利

人才是企业发展的最根本动力。现代社会，企业与企业之间的竞争，归根结底是人才的竞争。不少管理者求贤若渴，为了笼络各路英才，都建立了"破格提升"等制度。然而，升迁过快，还是带来了不少"后遗症"。

不管是从企业来讲，还是从被提拔的员工本人角度来看，升迁过快都不是一件好事。适度提拔有能力的员工能激发其工作潜力，但企业毕竟是一个团队，对某个员工或某些员工的提拔过于频繁，往往会令其他员工产生不满，从而影响企业整体的工作效率，所以，管理者在人事升迁上一定要把握好"度"。

田经理就职于一家中型食品厂，作为销售部的领导，他十分希望能够组建一支极具战斗力的销售队伍。但考虑到部门中绝大多数都是老员工，缺乏闯劲和拼搏精神，他便打算为部门注入一些新鲜血液。

新入职的员工当中，有一个小伙子令田经理刮目相看。他刚来就拿下了一个百万大单，要知道自从他担任经理以来，公司还从没人签过这么大的单，因此他对这名新员工也十分看重，并打算将他作为重点培养对象。他便按照老员工的标准上调了该员工的底薪，可令他始料不及的是，此举如推倒了多米诺骨牌，竟然产生了一系列的连锁反应。

公司销售人员的薪酬是由固定底薪、学历补贴、销售提成、话费补贴四部分构成的，老员工们的学历多以大专为主，而新来的员工则一律是本科学历，按照公司的薪酬制度，本科的学历补贴每月要比大专学历高出200元，由于田经理给其中一名新员工上调了底薪，使其与老员工的底薪持平，这样一来，新人的固定工资比老员工还高。再加上老田有意提拔这位新人担任销售部副经理，所以老员工们感到极度不公，为了发泄心中不满，甚至集体排挤新人，结果硬是把这名销售人才挤走了。

俗话说得好："枪打出头鸟。"在一个团队中尤其如此，一旦有人升迁过快，必然会引起"众怒难平"的局面，不仅破坏了团结，还会严重影响企业的整体效率。所以，管理者在提拔下属时，还要考虑到全体员工的心理承受能力。

从某种角度来说，破格升迁确实能起到留住人才的作用，但就整体来说，升迁过快弊大于利，既不利于人才的立足，也不利于整个公司的团结。所以，管理者要尽量避免破格提拔，如果迫于某种原因必须这样做，也要提前做好预防"内讧"的准备。

193 杜绝"人人都端铁饭碗"

管理学者史蒂格说过:"不能搞平均主义,平均主义惩罚表现好的,鼓励表现差的,得来的只是一支坏的职工队伍。"人人都端铁饭碗的时代已经过去了,在如今这个外部竞争如此激烈的年代,企业要想生存下去,就必须打破"大锅饭"的传统分配方式,让能者上,庸者下,这样才能保证整个团队的竞争力。

一个出色的企业管理者,往往能够把员工个人报酬与其贡献率紧密联系在一起。事实上,这种管理方式是非常值得借鉴的。事实证明,因为干多干少工资都一样,所以员工们没有丝毫的斗志,工作懒散,当一天和尚撞一天钟,根本没有任何工作积极性可言。

某大型国企在向市场转型的过程中,打破了原有的铁饭碗制度,实行按劳分配,多劳多得。尽管打破了平均主义,但不仅没能提高大家的工作积极性,反倒引起了内部混乱,这着实令管理层感到意外。销售是直接关系企业生死存亡的关键,而在薪酬制度上采取高提成的奖励措施,正是造成内乱的导火索。

眼看着销售部的员工月月都拿高工资,那些在生产部门的员工们必然会抱怨。车间工作很辛苦,努力了半天也没多少奖金,尽管有奖励措施,但和销售部相比,简直就是九牛一毛,所以大家情绪不满,工作也就开始糊弄。而一旦产品的质量得不到保证,得罪了大客户,销售部与生产部之间的"梁子"也会越结越深。

打破平均主义本是无可厚非,但杜绝"人人都端铁饭碗"就势必要出台一项新的分配制度。这时,管理者一定要权衡各方面的利益得失,既不能实行平均式的奖励，也要考虑到公平性，一旦新的分配制度有失偏颇，不仅不能起到激发员工干劲的作用，反倒会引起内讧，对企业的发展也会造成不利影响。

有关调查数据表明：在实行平均奖励的情况下，奖金与工作的相关性为20%；而进行差别性奖励，则该相关性可高达80%。由此也不难看出，打破"人人都端铁饭碗"的分配制度是提高员工效率的重要途径，但既然是差别性奖励，就势必会有厚有薄，只有管理者秉公办事，始终坚持公平公正的原则，才能避免引发内部利益之争。

194 难以实现的诺言比谣言更可怕

无法实现的诺言会让企业制度的权威消失，让员工不再信任企业，让领导者置身于赤裸裸的雇佣关系之中，让企业变成利益第一的冰冷世界。

企业对员工的诺言，是员工积极性的源泉。他们相信按照企业制度办事，只要努力就能有沉甸甸的收获。而当企业的管理者并不按照制度办事，无法实现对员工的诺言时，员工的心灵就会受到伤害，对企业的归属感就会消失，工作的积极性也会降低。

按规则办事的领导者不仅是员工的榜样，更是员工人生的导师。许昌市有一家名叫"胖东来"的购物超市，几乎垄断了该市的超市行业。倘若它停止营业一天，80%的市民生活将受到影响。它在该市的日营业额，甚至超过了丹尼斯、沃尔玛等全球连锁超市。这样一个地方性的超市，怎么就能够如此辉煌呢？这要从超市的文化说起。该市的市民总是说，如果你在许昌街上看到不闯红灯的人，那他一定是胖东来的员工。是的，胖东来一直以"信守承诺"的宗旨要求每一位工作人员。不论在多么困难的情况下，超市领导者总能按时发放员工工资和奖金，对员工的任何承诺从来不会打折扣；而员工在领导者的激励下总能100%地完成分内的工作。所以，这家超市的工作总是井井有条，很少出现差错，从来没有接到过市民的投诉。

员工把按规则办事的要求，拓展到生活的各个方面，赢得了市民的一片好评。胖东来的管理者注重对诺言的实现，不但提高了超市的运作效率，更赢得了消费者的信赖。有了这个基础，超市负责任、有诚信的形象就树立起来了，这种良好的口碑胜过千言万语的宣传。

任何企业都必须重视制度的执行，这是承诺问题。很多企业不重视制度的执行，对管理工作得过且过，虽然能够得到一时的利益，却会失去员工与合作者的信任。总是能兑现承诺的领导者会成为员工的亲人、合作者的朋友，伸向它的不会是讨要报酬的大手，而是热情的、能帮助你成功的有力臂膀。

195 不要助长告密的风气，制度是最好的督促者

有人的地方，就有私欲；有人际关系的地方，就有矛盾。向上级告密，是企业员工满足私欲、处理矛盾常用的一种手段。告密并不是企业管理者应当助长的风气，它会使员工关系、上下级关系疏离，会使企业内部氛围变得紧张，会使员工的团队意识逐渐丧失。

公司的管理者并不是眼观六路、耳听八方的圣人，难免有考虑不周的地方。很多管理者喜欢运用"相互监督"的方式来完善管理，但是，这种管理手段容易助长告密之风。告密者往往以个人利益为出发点，提供的消息准确性不强，却很容易影响管理者的决策。所以，管理者在处理冲突时，一定要从事实出发，以公司制度为办事原则，不要轻信部分员工的一面之词。

公司的团结非常重要，正如拔河一般，所有人都向一个方向前进，公司就能得到长足的发展。而告密之风一旦助长，公司的团结将无从谈起。员工之间会出现戒备心理，总是害怕被别人揪到小辫子，工作很大程度上会变成作秀；上下级之间缺乏应有的信任，上级在猜疑，下级在做表面工作，整个团队就无法有效运转。

爱说是非者，必是是非人。告密的风气不被制止，公司就会在小人的搬弄是非中走向下坡路。浙江的一家电子厂，为了保证员工的言论自由设立了领导信箱。员工向管理层提建议，也可以匿名举报同事的违规行为。每个月领导信箱都会出现许多举报信，都会有很多员工受到处罚。大部分员工对于处罚都心怀不满。有些人只是一时疏忽而犯下错误，在举报信中就变成了大错特错。有些员工受到处罚，则完全因为得罪了举报人。这样一来，出于保证员工言论自由的领导信箱，就成了员工报复的平台。员工纷纷递上辞呈，企业的发展就此陷入了僵局。

头顶始终悬着一把钢刀，任何人都不能全身心地投入工作。企业员工流动量大，正是告密这把邪恶的钢刀引起的。其实，制度是最好的督促者。如果一个企业能够不断完善制度，管理就会事半功倍。在完善的企业制度监督下，大部分员工都会严格要求自己，犯下错误时也会主动承担责任。

196 有些"谣言"听听也无妨

在企业内部，管理者往往只占少数，而员工占大多数。少数的管理者在面对大多数的员工时，难免会愚智不辨。但是，对于管理者来说，准确判断员工优劣是非常重要的。这个时候，管理者就要多听听不同的声音。

管理者统御员工的秘诀就是学会聆听、及时沟通。不会倾听的管理者，无法得到有利用价值的信息；不擅长沟通的管理者，无法走进员工的内心世界，无法取得员工的信赖和尊重。听听"谣言"，其实也是一种聆听和沟通。

谣言对于员工来说，是很大的干扰因素，对于管理者来说，却是一种获得信息的隐性渠道。并不是所有的谣言都要被消灭，有时候它也具有一定的积极作用。这一影响力极大的隐形渠道，往往蕴含着有限的或者完整的信息。毕竟通过正常的言论渠道，管理者一般是不能获得这些信息的。

可口可乐公司在处理谣言问题上为管理者树立了榜样。2000年年初，可口可乐公司进行了一次大规模重组，在全球范围内裁员5 200人。秋季，亚特兰大总部传出谣言，声称："高层领导之间出现矛盾，主要领导将离开公司，公司还要继续裁员。"年初的裁员已经使可口可乐公司员工人心惶惶，此谣言一传出，公司士气一落千丈。公司的行政副总裁吉姆斯·切斯特纳特没有试图消灭谣言，而是正面回应了谣言。通过这次谣言事件，他发现公司的管理透明度不够，员工想了解公司即将发生的变化，只能通过道听途说，这才造成了谣言四起的局面。他出面向员工澄清了真相，既安抚了员工的情绪，也为自己赢得了美誉。

一般情况下，谣言都是员工内心感受的畸形反映。一个成功的管理者，往往懂得利用谣言的积极性，而失败的管理者则被谣言所击溃。管理者如何对待谣言，关系到谣言是利大于弊，还是弊大于利。倘若一味地要杜绝谣言，谣言就会迅速蔓延，产生极大的负面作用。所以，只要管理者态度正确，有些谣言听一听也无妨。

197 惩罚犯错者，可以提高整个团队的士气

惩罚，是企业制度中必不可少的条款。每个人在工作中都会出现各种

各样的差错，有错误就要接受惩罚。惩罚能使犯错人吸取教训，让其他人引以为戒。对违反公司制度的人太过心软，必然会影响到其他员工的工作情绪，降低团队生产力和士气，甚至会导致员工大量离职。因此，对于犯错者必须动真格，不可姑息。

严肃处理犯错者，也能起到杀一儆百的作用。对严重违反制度者予以惩处，那些有违反制度倾向者，以及犯错并不严重者，就会积极反省，克制自身的行为。对犯错者进行惩罚，其目的是维护公司制度的权威性和保证公司日常秩序的稳定。所以，惩罚并不是越严重越好。递进式惩罚，能够为员工提供痛改前非的机会，也能让员工深刻感受到自己的行为所带来的严重后果，可以使惩罚的效果事半功倍。

没有人愿意接受惩罚，惩罚往往会给人身体和心灵带来伤害。许多管理者为了安抚员工情绪总是"大事化小，小事化了"。迁就和容忍犯错者的做法，正如对一箱水果中的一个烂果子不作处理，久而久之，一个烂果子的霉菌，就会传染给整箱水果。

每个企业都有一套企业制度，处罚犯错者是其中必不可少的内容。但是，由于各种原因，很少有企业能按照制度严格地惩罚犯错者。事实上，功是功，过是过，企业管理者只有奖罚分明，严格按制度办事，才能得到员工的拥护，得到员工积极的回应。

犯错者犹如害群之马，不但没有做好分内工作，还会影响到其他员工的情绪。管理者姑息犯错者，对其他员工来说就不公平。不公平的企业文化必将导致怨声载道、士气衰弱。"千里之堤溃于蚁穴"，再小的错误也不能放纵，再优秀的犯错者也必须严惩，如此才能保证员工士气鼓舞、斗志昂扬。

198 打造团队正能量，从每一个漏洞抓起

员工之间拉帮结派是不少大公司的管理弊病。从客观角度上来说，公司发展到一定阶段，团队的内耗也会越来越大，如果管理者不能及时地发现这些漏洞并逐一修补，那么整个公司就会处在乌烟瘴气之中，没有正能量，团队成员之间只有算计。试问，这样的团队又有什么战斗力而言呢？

团队是由多人组成的，每个人的行事风格不同，其工作动机也是五花八门，如果不能协调处理好成员之间的关系，那么再大的团队也只会是一盘散沙，毫无凝聚力和战斗力。管理者要想打造一支坚不可摧的队伍，就必须从每一个漏洞抓起，打造团队正能量，只有这样，才能将内耗控制在最低。

作为台湾长荣船运公司的创始人，张荣发曾带领本公司员工奋发向上，创造了辉煌的业绩。在企业管理上，他坚决打击制造内讧者，发现漏洞，立马堵死。正是这种正确的管理理念，让整个团队始终保持着旺盛的战斗力。

曾经有一艘"长荣船"，在海上遇到了风浪，然而原本的天灾很快就演变成了人祸。为了找附近的停靠点躲避，船上的几个人在航向的问题上发生了激烈争执。要知道风浪随时都可能把整条船吞没，在这性命攸关的时刻，大家理应服从统一指挥，但事实却并非如此。几名大副，都认为对方经验不足，坚持按照自己的建议，硬是在风雨中摇摇晃晃了一个多小时才开船。

尽管险情并没有发生，员工内部不团结的管理短板却显现无疑。这令张荣发十分气愤，内部争吵、贻误时机，很容易发生危险，稍不留意就会船毁人亡，既然发现了漏洞，那么亡羊补牢为时不晚，他当即决定：公司

里凡是不服从统一调遣的员工，一律免职处理。

对于内讧制造者，张荣发不讲丝毫情面，一律不轻饶。正是借助这样的管理手段，长荣集团才有效地避免了内部纷争，并打造出了一支团结、勇敢的不败之师。团队管理有漏洞不可怕，怕的是不能及时发现，不能及时修补。

"做错事事小，站错队事大"这种风气实在要不得，管理者要想让团队充满正能量，首先就要消除企业中的派系之争，对于拉帮结派的头目，一定要严惩。一旦发现团队管理上的漏洞，就要及时修补，力争从公司制度的根源上，消除"内部纷争"的生长土壤，只有这样，才能实现整个队伍的团结。

199 "杀鸡儆猴"是团队管理的大忌

相传猴子是最怕见血的，驯猴的人为了驯服猴子，就当着猴子的面把鸡杀掉，让猴子看看血。当鸡痛苦地挣扎、悲惨地哀叫时，猴子就会被吓得身体发软。为了不身首异处，猴子只能服服帖帖地听从驯猴人的指挥。捉猴子的人，也会采用杀鸡的办法来抓猴子，只要猴子听见雄鸡惨叫，鲜血直冒，就会全身发软，任由捕获。

杀鸡儆猴，是一种威胁恐吓的权术，比喻用惩罚一个人的办法来警告其他人。这一做法被很多管理者用于企业管理之中，看似不失为有效的驭人术，但细细想来，你会发现这种管理手段并不高明，而是管理的大忌。

杀鸡就是杀鸡，如果鸡真的违反了制度，犯了错误，该杀就杀，那是鸡咎由自取；如果鸡没有犯错，却被杀了，那难免会让人为鸡喊冤。管理者为了制造轰动效应，为了让大家遵守制度而杀掉无辜的鸡，本身就是对企业规章制度的亵渎，这样下去只会让制度失去权威。

不论是杀，还是儆，都会让人有高压之感。会让下属觉得企业缺乏人性，人人自危，胆战心惊，这样下属就很难认同企业，很难信服管理者。俗话说："君子以仁，小人以智，分而治之。"对待不同的员工采用不同的管理策略，尽可能用仁慈的手段或许效果会更好。

杀鸡杀多了，会引起鸡的不满，猴子看人杀鸡，看多了也会失去恐惧感。这样下去，只会越来越激起被杀之人的愤怒，而该受批评、受罚的人却不会从中自觉反省自己，一点效果也没有。

鉴于此，我们可以发现，杀鸡儆猴的管理手段其实非常愚蠢。它很难赢得员工的认同，相反，却会亵渎制度，引起不满，无法达到想要的效果。因此，请不要再用杀鸡儆猴的方式来管理企业了。该杀就杀，该儆就儆，即该处罚员工就处罚员工，该警醒员工就警醒员工，一定要做到按制度办事，处罚该受罚的人，千万不能随便乱处罚。

俗话说："表扬于公堂之上，处罚于私房之中。"如今的时代不需要杀鸡儆猴，需要的是按规矩办事，追求管理的人性化，对于违反制度、犯了错的员工，即便处罚他，也应该考虑他的感受，尽可能私下来处罚。相反，对于表现优秀的员工，应该尽可能当众表扬，使员工受到更大的鼓舞。

200 强化整体，拆散三三两两的小圈子

随着企业的做大做强，员工数量的逐渐增多，管理者就不得不面对一个问题：小圈子。圈子是人们为了抵御风险和危机，保证利益的存续而存在的一种松散组织。这种组织方式没有确定的纲领和组织原则，属于利益的攻守同盟。

有小圈子不能说完全是一种坏事，毕竟每个人的风格和节奏不一样，为了让自己有更高的效率而组合起来是一种有益的事情。但是当这种圈子以利益为目的而构成时，就会与组织的整体利益产生冲突。一个企业的精力是有限的，当精力被内乱消耗一空的时候，是不可能和外部世界进行竞争的。

现代公司是以商业利益为目标的组织，内部成员按照一定的契约进行合作，这就要求一个企业必须有一个大方向。但是不得不承认，个人利益和整体利益在实践中很难完全一致，当发生利益冲突时，有人为了获取私利而勾结外人的行为就不可避免。

才能出众的下属是每一位领导人渴望得到的，对于领导者和整个组织而言，一个优秀的下属，无疑就是一笔财富。但是下属能力过强，就会危及领导者的地位，就像战国士大夫架空诸侯一般，形成尾大不掉的局面，这对于整个企业的运作是不利的。下属之间勾结在一起，以少数人的利益为目标，势必会动摇组织的整体利益。所以说，对于现代企业管理，一定不能对小圈子放松警惕。

对于这种小圈子，一个合格的领导者既不能听之任之，同时也不能畏之如洪水猛兽。一个优秀的领导者需要有能容纳小圈子的胸襟，同时又需要有让小圈子对公司有利的智慧。对待这种小圈子，原则上一定要打散，但也可以采取一些其他的手段。

首先，可以限制性地予以支持。对于这种圈子，如果对工作有利而对整个组织没有影响，不妨让他们继续存在。这种没有共同利益的诉求与其说是小圈子，不如说是工作组。

其次，要加以疏导和利用。要调解好各方面的利益，使集体的利益尽量和小圈子的利益结合起来，这样一来危害集体利益的小圈子自然就不复存在了。

最后，如果确实存在威胁了大多数人利益的小圈子，就必须采取雷霆手段加以打击。可以用调离、明升暗降、打散分组等方式来对小圈子进行疏导与分化，从而达到拆散小圈子的目的。

201 制度的本质，是对一把手的制约

柳传志认为，管理问题归根到底是管理者本人的问题，而不是被管理者的问题。许多老板也强调制度化管理，但是他们口中的制度化，仅仅是对员工的约束，从来不包括自己。

企业的制度能否很好地执行，关键在于一把手。企业的一把手是企业之舟的掌舵者，他的决策往往决定着轮船是驶向富庶的岛屿，还是沉没在冰冷的海底。因此，企业的一把手更应该遵守企业制度，成为企业制度的模范维护者。

企业制度应该具有最高权威，无论是谁都应该按照制度办事。当领导者个人意志与企业制度发生冲突时，个人意志应该无条件服从公司制度。任何一个企业，领导者的行为都是员工学习、模仿的样板。领导者以身作则，才能在员工心目中树立权威。倘若企业的领导者不知道约束自己的行为，却总是对员工过分要求，员工势必会心生不满，这样下去，制度的执行也就成了走过场。

"善治人者能自治。"好的领导者总把自己看作企业的一部分，他们以公司制度严格要求自己，从而赢得了员工爱戴和追捧。华人首富李嘉诚就是这样一位"一把手"。李嘉诚自创业之初，就时刻以公司制度严格要求自己。他始终把自己当成公司的一名普通员工，出入公司严格执行公司的门禁制度，主动到门卫室签到。虽然只是一件小事情，却可以从中看出李嘉诚对公司制度的绝对遵守。

李嘉诚从不会利用权力，为自己谋求方便。李嘉诚老家的子侄辈总想到长江集团谋求生计，李嘉诚从来都是按公司规定办事，有能力的留下来，能力不够的走人。由于李嘉诚的以身作则，长江集团任人唯贤，几乎

没有拉关系、走后门的现象，这就大大提高了长江集团的员工素质。

企业的领导者对制度的遵守是企业管理走上正轨的关键。制度的本质就是对一把手的制约。企业制度一旦确立，就必须有绝对的权威，任何人不能凌驾于制度之上，任何人都必须在制度允许的范围内办事，尤其是"一把手"。

202 "一朝天子一朝臣"的体制，万万要不得

企业的利润、效益都是由员工创造的。员工是企业的"衣食父母"，是组成企业的细胞。把员工放在第一位，处理好企业与员工的关系，员工将会保持积极的工作状态，提供一流的服务水平，提高企业的业绩。怎样处理员工与企业之间的关系，首要的是对员工"不抛弃，不放弃"。

社会竞争日趋激烈，人与人之间的关系逐渐冷漠。在金钱的驱使下，许多老板把员工当成赚钱的工具。有利用价值的时候百般拉拢，没有利用价值的时候就一脚踢开，这种过河拆桥的企业是不会发展壮大的。

被关怀、被重视是每个人内心的特殊要求。当老板把每一个员工都当家庭成员来看待，在公司营造出温馨、和谐的家庭氛围时，员工就会找到归属感，公司上下就会形成亲和力和向心力。家庭之所以温馨、和谐，就在于家庭成员之间的相亲相爱，老板若想把公司营造成大家庭，就必须关怀、重视每一位员工。

为了提高运作效率，很多公司都会不断地注入新鲜血液。领导阶层的换血，总会造成公司的大变革。新上任的领导总要提携心腹，疏远异己。其实，没有心腹的领导，人人都是他的心腹。

三菱商社社长田部文一郎对员工如是说："诸君与三菱在战后困难期携手共度，为公司发展到今天竭尽全力。今天，公司应当知恩图报，绝不

能把大家当包袱甩掉。"三菱公司对员工实行终身聘用制，在任何情况下，公司都不会主动辞退员工。三菱公司的员工管理模式，让整个公司氛围从此变得非常轻松，员工凝聚力也得到了增强。

1977年，经济危机席卷全球，大部分企业都人心惶惶，只有三菱公司的各项事务在有条不紊地进行。三菱公司在这次经济危机中的出色表现，得益于公司对员工的不离不弃。老板坚决不减裁一名员工，员工就坚定地维护公司的利益。

对每一位员工都不离不弃，这样的企业才能成为高效、和谐的团队。员工有了强烈的荣誉感与归属感，对团队事务全身心地投入，企业才会拥有旺盛的生命力。

给员工提供成长和发展的机会，重视每一位员工为公司做出的贡献，不到万不得已绝对不抛弃任何员工，是一位明智的管理者应该具备的素质。老板与员工之间，不是简单的雇佣关系，而是相辅相成、共同发展的关系。老板给员工以信任和重视，员工还给老板的就是出色的经济效益。

203 要允许下属犯"合理"的错误

豁达、开放、包容的胸襟，是所有管理者必须具备的。所谓"海纳百川，有容乃大"，"居上不宽"是管理者的致命伤。能够包容员工犯合理性错误的管理者，容易在员工中建立起威望，赢得员工的拥戴。学会善待员工，是管理者走向成功的第一步。

"金无足赤，人无完人。"员工的行为也不可能永远都是正确的，所以，出现错误应该得到理解。犯错对于当事人来说，是一件令人沮丧的事。倘若管理者不予以理解，无疑是雪上加霜。如果犯错者吸取教训成长起来，公司将收获一大笔财富。

在企业里，员工犯错误并不可怕，可怕的是一再犯同样的错误。"事不过三"，重复犯错误的员工应当接受适当的处罚。任何员工都有缺点和毛病，都会以各种各样的形式触犯公司制度。聪明的管理者能够辨证客观地对待犯错的员工，恰如其分地把握时机，在不断的批评教育中让员工扬长避短，迅速锻炼成长。

德国的西门子公司，在处理员工错误的问题上就做得十分出色。西门子公司的员工都有充分施展才华的机会，表现出色的员工很快就能得到提升。优秀员工可以根据自己的能力和志向，设定自己的发展轨迹，一级一级地向上发展。那些不能胜任工作的员工，西门子公司也不会放弃他们，会为他们提供提升自我的机会。实在不行，就尽可能换一个岗位，让他们试一试。许多不称职的员工通过调整，都能找到合适的位置，创造出色的业绩。西门子公司的这种做法充分挖掘了员工的潜力，为员工提供成长的机会，也为公司留住了大批人才。

有些员工个性张扬、锋芒毕露，在管理者面前不能谦虚谨慎，时而出言不逊。管理者对此也要善于包容。因为这些员工往往工作能力很强，为其提供充分的发展条件和发展空间，才能使其价值完全显现。激烈的市场竞争需要员工勇于开拓。没有前人引路，摸索前进很容易出现错误。对于员工创新过程中出现的错误，管理者要给予支持，激励他们做出更大的努力，为企业的跨越式发展寻找契机。

求全责备是管理者的大忌。这样的管理者，记住的往往只是员工所犯的错误，把员工的长处忘得一干二净。他们的眼里没有优秀的员工，只有需要接受处罚的员工。这样，只会埋没人才，降低员工的积极性。所以，一个优秀的管理者，必须做到"用人所长，容人所短"。

204 只奖不罚，只能让更多人不满

追求轻松、规避痛苦是人的本能，也是工作的动力之源。因此，现代管理制度分别引入了奖励和惩罚两种手段，希望能达到一种综合管理的效果。奖励是一种激励性的、正面的力量，惩罚是一种约束性力量，在奖励和惩罚之间的地带，是管理者发挥自己的头脑，展现自己魅力的舞台。

但是，由于现在我们越来越注重"人性化"，在"柔性管理"的大背景下，一些企业管理者过分强调了"柔"而忽视了"刚"，他们只记得重视运用奖励制度，冷落了惩罚制度。具体表现在，相对于奖励制度而言，他们手中惩罚制度运用的次数、方式和力度，都相形见绌，有的甚至将惩罚制度变成了一纸空文。这种主动放弃惩罚的做法，实质上是一支管理上的毒药，日积月累下来危害甚大。

一个团队如果少了惩罚，那么团队赖以生存的纪律性、团结性以及执行力将大打折扣。

浙江台州有一家民营企业，成立之初，和许多民营公司一样，公司的成员多是老板的亲戚。在创业初期，一般都是采用激励的方法，或是用经济手段，或者是表扬。对于迟到早退这样的问题，一般都是睁一眼闭一眼。

但是很快，这种处理方式的弊端就逐渐开始显现。由于公司规模扩大，不得不雇佣员工，而新员工和老员工在对公司制度的执行上，显然是两个标准。老员工消极对待公司制度，依旧沿用初期的办事方法，做事懒散，不思进取。新员工面对老员工的这些做法都颇有微词，但是也没有申诉的渠道。当完成业务时，老员工得到的奖励要比新员工多得多，而当老员工触犯公司条例的时候，仅仅是口头的批评。在这种风气的影响下，新员工有的也开始怠工，有的另谋出路，选择离开。这样一来，公司始终无法做大做强。

这可以说是很多家族企业的通病，有的人面对此种情况会采取大刀阔斧的改革，比如引入职业经理人，建立规范公司制度。更多的人面对这种情况时却无能为力，任由其发展。这也是中国企业很多但是无法做成规模的原因之一。

其实，采用激励性的奖励手段来管理，既符合人性，也符合现代化的管理需求，但这不应该成为只奖不惩的理由，奖励不能以减少或弱化惩罚为前提。事实上，二者完全相辅相成，奖励可以拓宽企业的上限，惩罚则可以弥补企业的短板。

如果只奖不罚，只鼓掌，不打"板子"，或是"板子"扬而不打，久而久之，就会造成先进无动力、后进无压力、考核无活力的局面，长此以往，企业必会一蹶不振。

205 让每一个员工身价倍增，也是一种不小的成就

如今市场竞争激烈，而企业要在激烈的市场竞争中求得生存和发展，实现持续、健康、快速发展，必须通过教育、培训来提高职工素质，最大限度地开发员工的潜能，使人力资本增值。提高职工素质建设必须有计划、有目标、有措施，是一个渐进过程，必须加强协调管理，并与企业总体发展目标紧密相连。企业要把职工素质培训纳入企业发展规划，组织员工积极参加各类文化和专业技能培训。培训内容、培训重点和培训方式等要切合企业发展实际，要科学、规范。

肯德基建立了专门的培训与发展策略。开设了传递公司企业文化的培训课程，一方面提高了员工的工作能力，为企业及国家培养了合适的管理人才；另一方面使员工对公司的企业文化也有了深刻的了解，从而实现公司和员工的共同成长。

从进店的第一天开始，每个人就都要严格学习基本的操作技能。从不会到能够胜任每一项操作，新进员工会接受公司安排的平均近200个工作小时的培训。通过考试取得结业证书。从见习助理、二级助理、餐厅经理到区经理，随后每一段的晋升，都要修习5天的课程。根据粗略估计，光是训练一名经理，肯德基就要花上好几万元。

在肯德基，见习服务员、服务员、训练员及餐厅管理组人员，全部是根据员工个人对工作站操作要求的熟练程度，实现职位的提升、工资水平的上涨的。目前肯德基在中国有大约5 000名餐厅管理人，针对不同的管理职位，肯德基都配有不同的学习课程，学习与成长的相辅相成，是肯德基管理技能培训的一个特点。

当一名新的见习助理进入餐厅，适合每一阶段发展的全套培训科目就已在等待着他。当一名普通的餐厅服务人员，经过多年的努力，成长为数家肯德基餐厅的地区经理时，他不但要学习分区管理手册，还要接受高级知识技能培训。除此之外，餐厅管理人员还要不定期地观摩录像资料，进行管理技能考核竞赛。在肯德基，培训就是要让员工尽快得到发展。很多企业的人才结构就像金字塔，越往上越小；而肯德基的人才体系则像一棵圣诞树——如果员工能力足够大，就会让他升一层，成为一个分枝，再上去又成一个分枝，员工永远有升迁的机会，因为肯德基是连锁经营。

职业培训可以使公司的人才流失率很低，特别是降低高层次人才的流失。实际上要想留住人才，薪酬福利很重要，但发展机会更加重要。企业在对员工进行培训时，一定要与他的发展相结合，应当计划一下他未来的一年内可能到达什么位置，让员工看到发展的前景十分重要。让员工不断地提高自己，对企业、对员工来说，都是一种财富与保障。

206 惩罚创新者，等于自毁长城

创新永远是一个人、一个企业，乃至一个社会不竭进步的动力。可以说，每个人的成功，每个企业的突破和每一次社会的进步背后，都有创新的影子。创新力是最可贵的一种能力，有创新意识的人，更是一个企业最宝贵的财富。

然而，一旦一种制度确立下来之后，就会产生一种惯性。人们会习惯于这种惯性所带来的稳定，选择墨守成规，拒绝创新可能带来的风险。这种现象古往今来屡见不鲜：教会坚持地心说，为此迫害诸多科学家，延缓了人类文明的进步；清末中国闭关锁国，技术停滞不前，最终被坚船利炮轰开了大门。

在这个逆水行舟的竞争世界里，不允许创新就意味着停滞，不前进就意味着要被市场淘汰。对创新者的宽容就是对企业未来的一种把握，而对创新者的惩罚，无异于扼杀企业的前途。

"索尼从不惩罚技术创新失败者，这也是我成为索尼社长的原因。"在位于日本东京品川区的索尼总部，索尼公司总裁兼社长中钵良治一身干练地出现在一群记者面前，当被问及在索尼的30年工程师生涯中有过多少失败时，中钵如此回答。

"创新虽然给公司带来了损失，但是从长远来看给公司带来了无限的利润。如果让那些勇于创新的人失去了热情，比损失一百亿日元还要可怕。"

"每一次创新都给索尼注入了新鲜的血液，如果因为创新会导致失败而停止创新，索尼这个巨人就会慢慢腐朽。"

正是有了这种包容的精神，日本制造业才能在战后突飞猛进，先后击败了一个个传统制造强国，成为人们心目中质量与科技的结合体。这才有了索尼、东芝、松下这些闻名遐迩的公司。

我们经常看到这样的场景：儿子折了一个好看的折纸，拿到父亲面前，父亲却说："你这有什么用，还不快去写作业。"殊不知，这个父亲的一句话，可能就否定了一个未来的天才。

这样的现象对于一个企业而言，并不少见。我们都知道，创新往往意味着要开展大量的枯燥的基础工作，而且这种工作在短期内也许不能制造利润，可是以此为借口打压创新，却是对公司长远发展的不负责。坚持旧的制度，维系整个系统的稳定固然是对的，但是不能以牺牲创新来达成目的。

创新力能使一个公司永远保持年轻，保持活力。一个公司如果不能够承担创新带来的风险，必将由盛转衰。所以，不要轻易打击创新者，更不要随意惩罚创新者，这是对企业的现在负责，也是对企业的未来负责。

207 在创新中生存

广州立白集团总裁陈凯旋说过："民营企业创业之初，靠的是创业者的勇气，打出一片天地后，猛然发现，原有的行之有效的东西已经不适应现实了，企业要想生存下来，就要不断创新，创新就是硬道理。"

创新能力，是企业发展的动力和永葆生机的基石。企业能否成功，关键在于是否具有创新能力。英国劳斯莱斯汽车曾是汽车皇族，但是在后来的发展中，它不注重在核心技术方面创新，落后于时代，后来被大众公司收购。一个企业，如果不注重创新，那么它肯定会在保守中死去。

华人首富李嘉诚，经过十几年的打拼，成绩却不如比尔·盖茨，他自己也曾经当众表态，与比尔·盖茨相比，他缺乏的就是创新精神。所以，创新是企业发展的根本，它会给企业带来无穷的利润。

王荣记果子厂在香港食品界占有重要地位。从1901年建厂以来，经过一百多年的发展还经久不衰，一方面是因为企业领导者一直以来的顽强拼搏，另一方面是因为他们一直秉承和沿袭着家族的创新精神。

王荣记食品的创新精神，可以在产品的种类上体现出来。公司产品由原来的单一的水果发展到现代的花生、酱料、茶类、什锦。有些材料，同行业内的其他人都觉得不可能做出来，但是王荣记公司生产出来了，而且还做得非常好。

在制作工艺上，该公司保留了传统的方法。但是，他们在传统的基础上加入一些流行元素，力求绿色健康，营养美味。正是因为王荣记食品在制作工艺上的孜孜追求，才有了现在市场的高销售额。而且，他们的创新之路还一直延续。

创新，是一个企业发展的最强大的动力，是企业创造出财富的源泉，是企业保持活力的血液，也是一个企业应对外部危机的必要能力。如果，一个企业因循守旧、墨守成规，那么，它只能够默默地消失在竞争激烈的市场中。

要想保持企业的创新力，首先，整个企业都要提高学识。才学是创新的基础，没有知识作为基础，就不会产生真正有价值的创新力。其次，要善于总结失败的经验。总结失败的经验，就可以发现别人没有发现的问题，这样经过改正和提高，才会找出真正的创新方法。再次，要善于借鉴。借鉴别人的经验、方法和思路，再结合自身的情况，想出真正适合本企业的创新之法。总之，企业只有拥有创新的精神，才能在激烈的市场竞争中取胜。

208 养成"当日事当日毕"的好习惯

懒惰是人的劣根性，当我们面对堆积如山的工作时，往往会不由自主地退缩。不少企业管理者，在长期高强度的工作中学会了拖延。表面看起来，拖延似乎能减轻人们的工作压力，实际却并非如此。过度拖延，不仅会严重影响工作效率，更重要的是，它会成为员工的"负面偶像"，进而形成集体性"拖延"，这对企业运营和发展所造成的影响是毁灭性的。

宁可让"人等事"，也绝对不要让"事等人"。作为管理者，要想给员工做出好的表率，就要做到"事不过夜"，准时完成今天的工作。做到这一点很容易，坚持却很难，因此管理者必须具有超人的毅力和韧劲。

海尔集团总裁张瑞敏曾说："现在到我们这里来参观的人，每年要有几十万，有的人回去之后，就按海尔的方式来做，有的人给我们反馈过来信息，说学海尔真好，马上见效。然后过了三个月他又打电话过来说，我们现在不做了。为什么？太累！天天这么累，受不了。这是一个现象。"

日事日毕，日清日高，看似很简单的事情，却很少有企业能够坚持住，但海尔集团做到了。正是这种清晰明确的管理制度，让海尔从一家面临淘汰的家电工厂，成长为全中国最有价值的家电品牌。

早在1989年，海尔便开始将"日事日毕，日清日高"纳入制度，并要求全体职员必须做到：每天的工作每天都必须完成，而且每天的工作品质都要有一点儿提高。借助该制度，海尔成功实现了全方位控制和清理每个人每天的每件事，从而大大提高了生产效率。从亏损147万元濒临破产的小厂，到全年营业额突破3500亿元的行业龙头，海尔的全体员工始终都坚持着日事日毕，在长期的坚持下，制度也逐渐变成了习惯，而这正是海尔最为宝贵的精神财富。

正如一位经济学家所说："想要偷学海尔的制度不难，难在持之以恒。"如果管理者自身都难以坚持到底，又有什么资格让全体员工养成这种工作的好习惯呢？在激烈的市场竞争中，哪位管理者能够日复一日、年复一年地坚持每日规划、每日执行、每日检核，他必能带领员工实现企业发展的目标与愿景。

209 问题是病，决策才是我们的医生

决策，是一个企业能否持续发展的关键步骤，也是一个企业领导人成功的关键因素。正确的决策，可以使一个企业走向成功，错误的决策可以使一个企业走向失败。所以说，企业不怕遇到问题，就怕做出错的决策。决策是最好的医生，可以迅速地治疗企业的病症。

美国克莱斯勒汽车公司总裁李·艾柯卡说过："如果我必须用一个词来形容一个成功的企业家，那就是决策果断。企业发展过程中，遇到困难是在所难免的，但是，做出正确的决策才是化险为夷的关键。"

瑞士雀巢公司，是瑞士建厂最悠久的企业之一，现今，它是世界上最大的食品加工厂。但是，就是如此大的企业，曾经也濒临破产的边缘。

20世纪末，由于新食品公司的不断出现，食品行业的竞争非常激烈。但是，雀巢公司却没有对这种状况做出适当的反应，以至于雀巢公司的领军产品——速溶咖啡的销量降低了3%。当该公司意识到问题的严重性而采取行动的时候，良机已经错失了，原来的市场份额已无法占回。

雀巢公司之所以失利，就因为没能及时针对问题做出决策，不能迅速适应变化了的市场。新的领导者毛歇尔上任后，立刻针对问题做出一系列的创新，大幅度削减堆积如山的书面报告，裁减冗员，控制产品成本，提高旧产品质量，研发新产品等。经过一段时间的整顿，雀巢公司终于开始复苏，恢复生机，提高了销量。毛歇尔做出的决策，是针对企业病症的关键良药。因此，上佳的决策力，才是治愈企业的良医。

一个企业领导人，要想针对问题适时做出决策，首先就得掌握大量的信息。掌握信息才能够分析市场，做出正确的判断，以至于及时做出决策，不错失机遇。

其次，切忌决策环节过多。如果决策环节过多，从一个决策的做出，到执行的步骤就会耗费很长时间，这样，市场很可能已经发生了质的变化，解决问题的时机就这样被延误了。

如果一个企业的领导人优柔寡断、犹豫不决，办事瞻前顾后，就很容易错过解决问题的最佳时间，使本来可以解决的问题恶化，变得无药可救。

因此，一个企业当中，决策是非常重要的，它是一个企业起死回生的重要一步。只有在适当的时候做出决策，才能带领企业走出困境，走向新的辉煌。

210 完成从"老板第一"到"制度第一"的过渡

没有规矩不成方圆，一个有经验的管理者，往往善于使用制度。但从现实条件来看，很多小企业没有一套完善的管理制度和办法，他们通常靠口头约定或老板带员工、老员工带新员工的方法来告诉大家：什么事情可以做，什么事情不能做。

然而，当企业发展到一定规模后，这种粗放式管理的弊端也就显露了出来，这时候就必须完成从"老板第一"到"制度第一"的过渡，只有用制度管人管事，才能更好地克服企业发展所带来的管理问题。

一般来说，每家企业的经营性质不同，人员构成也不同，因此其制度也会存在较大的差异。在制定规则的过程中，一定要考虑自身的实际情况，并适应时代环境的变化，只有多方面考虑，才能制定出更为合理的企业制度。

众所周知，电子产品的生产对制造环境的要求相对较高，对于某些特定产品而言，必须要做到"无尘"，甚至是"无菌"，只有这样，才能少出废品，提高产品合格率。日本东芝以电子产品而闻名全球，其生产车间由少到多，生产人员也逐步增加，原本的粗放式管理已经远远满足不了管理需求，因此，必须制定规范详细的制度，来保证多家工厂生产行为的一致性。

在这种情况下，企业管理层很快完成了管理制度的转型，东芝结合自身的生产环境及对产品的生产要求，制定了一系列从头到脚的净化标准，内容主要包括：女工禁止擦粉、男工胡须必须刮干净；进入工作车间必须按要求更换工作服和工作鞋；工作过程中，禁止说话，以防止唾液对无尘环境造成不良影响；此外，不允许咳嗽、打喷嚏，以免引起空气震动，进而扬起尘埃。为了把制度落到实处，管理层还制定了相应的奖惩措施，如不遵守相关制度，轻则批评检讨，重则会给予经济上的处罚。

随着企业规模发展壮大，员工人数也会随之增长，人少则"老板第一"，人多则必须要靠制度。东芝及时地完成了从"人治"到"法治"的转变，从而保证了企业发展各个阶段的简化有效，这正是其成功的秘诀之一。

初创的小企业一般都是以老板意志为主导的粗放式管理，不管是人还是事，一概都是老板一个人说了算。实际上，这种管理办法只适用于小企业，随着企业规模的扩大，老板的个人精力明显不够用。这时，管理办法也必须与时俱进，停留在以人管人的基础上只会限制企业的发展。实质上，管人管事靠制度说话才是提高管理效率、促进企业不断发展的秘诀。

211 时常做一下员工满意度调查

员工满意度调查，听起来并不陌生，真正肯去做的人却凤毛麟角。

《财富》杂志曾经对世界范围内不同规模的公司进行了一项调查,结论是只有16%的公司会认真贯彻这一行动并使之制度化,而且公司规模越大,这项工作做得越到位。

这个结果其实并不难以理解。小型公司一般人员流动性较高,对员工的保留度相对较差,而大公司的人员组成相对于小公司来说更加稳定。在这样的背景下,大公司更加乐意做员工满意度调查就不难理解了。

但是这种看法同时也是一种误区。管理学上有一种"马太效应",意思是你已经得到的,会得到更多,而你失去的将会失去得更多。员工满意度高会降低企业人员流动率,增强企业凝聚力。满意的员工对企业产生归属感,形成对企业的心理依赖,不会轻易离开,因而员工满意度高的企业人员流动率是比较低的,凝聚力很强,每个人都有强烈的归属感。

孙总一直以来都对自己的企业文化非常满意,他觉得自己的管理还是相当人性化的,各种制度也非常有弹性,从各个部门经理那里反馈来的信息,也让孙总越来越坚定自己的观点。

但是每次他去办公室的时候,总是觉得员工士气不是很高,大部分都是一脸疲惫。孙总很疑惑,但是当他把员工叫出来询问时,每次得到的回答却是:各方面都很满意。孙总知道一定是发生了什么。

于是孙总私下去了一家咨询公司,试图找到解决的办法。结果得到的答案却异常简单:做个调查问卷。孙总觉得这根本就是敷衍,自己亲自问过的,难道还不如一纸问卷有效?但是这毕竟也算一个方法。

于是,孙总委托咨询公司制作了一份简单的调查问卷,给员工们发了下去,结果出人意料,员工对公司现行的政策满意度极低。孙总觉得很诧异,赶紧去咨询公司制定了一份详细的问卷,这次结果更令孙总吃惊:有的员工觉得某主管太死板,有的觉得弹性工作时间看似很不错,但是实施起来效果很差,有的抱怨该有的福利没发下来。

孙总立即下令召集中层领导开会,在会上布置了调整、改革措施,任免干部,并迅速将会议结果执行并且公布。接下来的几个月,孙总一直亲自监督，并且经常做调查，公司士气渐渐有了提升。

从中我们可以看到，作为一个领导者，不可能逐一接触到每一个员工，更不可能清楚地知道每一个员工的状况。但是员工是企业的最基础的组成部分，没有好的员工，不可能有好的企业。而领导者不可能时时刻刻和员工在一起，所以将员工满意度调查制度化，对企业来说有很重要的意义。

归根结底，大部分的企业都处在一个较低的生态圈里，所以时常做一下员工满意度调查，并将之规范化、制度化，是非常有必要的。这是一种价格低廉而且有直接效果的行为方式，掌握好这一利器，能让工作事半功倍。

212 用事实堵住发牢骚人的嘴

任何企业都存在这样一些员工，他们似乎特别喜欢抱怨，一点小事就能让他们喋喋不休。他们把大量的精力都放在一些鸡毛蒜皮的小事上，自己的本职工作却往往不能很好地完成。对于这样的员工，管理者需要拿出一些魄力，用强有力的事实让他们哑口无言。

浙江华立集团董事长汪立成说："做生意，我们只信奉一点，只做不讲，或者多做少讲。我们只用业绩说话。"同样，对于管理工作，管理者也应该用事实说话。如果员工素来有爱抱怨、爱发小脾气的性格，管理者则不要与其浪费唇舌。事实具有超越一切的说服力，说得越多，越肤浅；埋头做事，问题就能迎刃而解。

当一个员工抱怨薪水过低时，管理者可以把他调到薪水高的职位，用实际工作说服他，薪水的高低与能力的大小成正比；当员工抱怨得不到升迁时，管理者可以让他和办事能力强的人从事同一项工作，用工作业绩来告诉他，升迁并不是靠运气获得。总之，企业中出现抱怨在所难免，管理者一条条反驳，只要把事实摆出，道理就显而易见。

全球最大的集研发、生产、销售、服务于一体的国有控股专业化空调企业——珠海格力电器股份有限公司，就是靠着"少说空话、多干实事"的核心价值观一步步壮大的。1993年，刚刚成立的格力电器只是一家默默无闻的小厂，只有一条简陋的、年产量不过两万台窗式空调的生产线。但是，格力人有一个大梦想，那就是缔造全球领先的空调企业。20年来，格力电器的这个梦想一直受到社会各界的质疑，部分员工也对领导层的好高骛远心生不满。但是，格力人从来没有放弃追求，他们坚持用事实说话，一步一个脚印地埋头耕耘。一个个"世界第一""全球首例"的赞誉，有力地回击了来自四面八方的质疑，也化解了员工心头的不满情绪。今天，格力空调已经实现了梦想，影响力和营业额都稳居世界空调企业排行榜首位。

联想控股名誉董事长柳传志说："我不会用言语去回应质疑，我只用具体的业绩赢取信任。"的确，口水战没有任何意义，事实才最具有说服力。当牢骚和不满向管理者袭来时，明智的管理者都能够摆出事实，让抱怨者心服口服，且自觉地消除牢骚；失败的管理者则试图用道理说服，结果只能让自己口干舌燥，让抱怨者更为不耐烦。所以，当员工乱发牢骚时，管理者就应该用事实去堵上他们的嘴。

213 善于抓典型，切忌广撒网

要规范企业的正常秩序，惩罚是必不可少的。然而，惩罚要讲究方法，只有合理科学的惩罚才能起到事半功倍的效果。古人云："劝一伯夷，而千万人立清风矣。"抓典型的惩罚，能够给其他人当头一棒。杀一儆百，严惩为首者，则能够为那些犯错较轻或受到蛊惑的人，提供一次改过自新的机会。

充分运用"抓典型"的管理手段，有助于树立管理者的威严，增强对员工的控制力。但是，"抓典型"这一招也不能滥用。在适当的时机，它才能发挥有效的作用。再严明的公司制度也经不住员工一次又一次地违反、破坏。管理者必须及时抓住第一个犯错的人，严肃从严处理，以维护公司制度的权威性。倘若打击面过宽，就会树敌过多，不但起不到应有的教育、挽救作用，反而会使公司蒙受损失。如果从若干个犯错的员工中选性质最恶劣、影响最坏的当作典型来抓，情节较轻、认识态度较好的员工就会引以为戒，从而达到杀一儆百的良好效果。

微软公司曾将一名破解微软媒体播放器软件数字版权保护技术的黑客告上法庭。其杀一儆百的做法，有效地遏制了其他黑客的侵权行为。这名黑客非法获取了微软媒体播放器软件的源代码，破解了里边的数字版权管理技术，开发出了其他程序。这个程序可以让用户从 Windows 媒体文件中去除或者修改数字版权保护措施，从而让用户随意访问或者拷贝受到版权保护的音乐和电影文件，这无疑会使微软公司蒙受巨大的经济损失。

近年来，微软公司由黑客入侵造成的经济损失一直居高不下。这名黑客接受法律严厉的制裁之后，虽不能说可以杜绝其他黑客的侵权行为，但至少其他黑客在入侵微软软件前会三思。事实上，微软公司抓住侵权情节最为严重的黑客开刀，既可以达到很好的警戒效果，也避免了全面打击带来的经济损失。

抓典型其实是一种宽严相济的惩罚方法。对情节严重的犯错者严厉惩处，使其在惨痛的代价下痛改前非；对情节较轻的犯错者宽容对待，能为他们的成长发展提供机会。抓典型是有效的办法，这并非鼓励管理者捕风捉影地找人麻烦，而是为了收到惩罚、团结、教育员工的效果。

管理者的手段，在企业管理当中非常重要。方法正确，将取得出乎意料的良好效果；方法错误，效果将大打折扣，甚至会带来危害。所以，管理者在惩罚错误时，一定要采取"抓典型"的方法，切忌广撒网。否则，管理者就会威信扫地，企业的凝聚力也将遭到破坏。

214 批评与问责，对事不对人

批评对事不对人，这是企业管理者必须遵循的一项基本原则。当下属在工作上犯错时，作为企业的管理者，必定要对其进行批评问责。但人都有趋利而避害的本能，如果我们在赏罚的时候无意识地掺杂了私人感情，那么，必然会引起下属的反感，甚至是厌恶。

批评也是一门处事艺术，没有人喜欢被批评，所以管理者在批评员工的时候也要讲究方式方法，以免挫伤员工的工作热情。我们不妨在批评前，先给予对方肯定和表扬，然后再把话题转到批评上来，为了能用友好的气氛结束谈话，领导者千万不要吝啬自己的鼓励，只有这样才能避免因为"批评与问责"而造成上下级之间关系的僵化。

美国著名的女企业家玛丽·凯·阿什批评员工的做法就十分值得借鉴。在她看来，如果直接把下属叫进办公室，什么都不说，上来就是劈头盖脸的训斥，那么，他们必定会产生一种反射性的防卫以保护自己。一旦这种防卫形成，那么，无论你说什么，员工都不可能听进去。

此外，对事不对人也是她的重要原则之一。所谓"对事不对人"就是指：在批评员工的时候，一定要把话题中心放在事情上，而不能转变为对员工的人身攻击，否则便会给他们造成"领导对我有意见，所以才会处处针对我"的错觉，不仅不利于工作的改进，还会恶化上下级之间的关系，甚至引起不必要的冲突。

"一些经理，他们对某件事情大为恼火时，必将当事人臭骂一顿，他们要让当事人确切地知道，他们对他的行为是怎样的气愤。"对于这种做法，玛丽·凯·阿什并不认同，如此猛烈的人身攻击只会伤害到对方的情绪，对于解决问题没有丝毫的帮助。

批评与问责都是为了解决问题，提高员工的工作效率，尽可能地避免他们总犯错误，而并不是让他们惧怕自己。所以，管理者一定要保持理智和清醒，心平气和地分析事情始末，告诉员工究竟是哪里错了，为什么会错，怎样才能避免犯错。

对事不对人的做法，既能够让犯错的下属心服口服，还能让他们充分认识到自己的犯错根源，从而更好地处理工作中遇到的各种问题。企业管理者就好比是一个"执法者"，在维护规章制度时，切不可有半点私心，如果处处以自己的情绪为先，那么势必会遭到下属的抵制。

215 让员工感到自己处在竞争中

强调"个性化""自我管理""人性化"的弊端，就是员工开始以相对独立的身份参与企业的日常活动，从而对压力和竞争的理解越来越浅薄。所谓"生于忧患，死于安乐"，作为员工，如果没有面临竞争的压力，没有生存压力，就容易产生惰性。企业内部若是失去了竞争活力，又怎么能在残酷的竞争中立足呢？

有句话叫作"商场如战场"，其实职场也是战场。公司付出薪水是为了获得效益，员工付出劳动获得生存，二者其实也是广义上的交易双方。营销学里有一种压力成交法，这是一种给客户创造紧迫感，从而使其产生压力，压力促使买卖的成交法。这种成交法对于员工也是有效的，要让他们感觉到：如果仅仅是混日子，结果一定是被淘汰。

每个清晨，非洲草原上的羚羊从睡梦中醒来，它知道新的比赛就要开始。而它的对手则是跑得最快的狮子，想要活命，就必须在赛跑中获胜。

另一方面，狮子思想负担也不轻，假如它跑不过最快的羚羊，命运都是一样，当太阳升起时，为了生存下去，就必须开始奔跑。整个社会其实就是一个大的丛林，没有准备好战斗的人必将被淘汰。

世界最大软件公司——微软公司，在这一点上的做法就值得借鉴。微软公司将公司员工按各个项目分成许多不同的工作小组。各个不同操作系统与应用程序，都交由不同的"工作小组"负责开发，这样才能让工作人员发挥其创造力，设计出最佳的软件。同时，比尔·盖茨推行达尔文主义的适者生存、不适者淘汰的管理理念。公司内部不以论资排辈的方式来决定员工的职位及薪资待遇，而向能够提供高生产率的员工提供高额薪水。员工的升迁取决于员工的个人成就，这一点给员工带来了压力，促使他们更加努力工作。微软公司采取定期淘汰的严酷制度，每半年考评一次，并且将效率差的5%的员工淘汰，使员工保持一定的竞争压力。

微软始终在竞争激烈的软件业处于不败地位，有些经验一定值得我们去借鉴。虽然不可能人人做成比尔·盖茨，但是要使企业保持生机与活力，就要引进新思想、新观念、新方法，才可以调动内驱力，激活创造性，焕发聪明才智。从我们的企业现状出发，创造竞争氛围。

日本小松集团总裁安崎晓，常把世界比作一个大舞台，小松的每一个职员都怀抱自己的梦想，在这个大舞台上尽情表演着，而他们的梦想集合在一起，便汇成了小松的宏伟愿景。我们每个人都有自己的梦想，而企业为我们提供的工作岗位就是我们的舞台，在一个良好的氛围中，每个人都在尽情地表演，同时必须面对激烈的竞争，从根本上讲，竞争才是每个人进步的源泉。

216 玩弄手腕者，终究会失信于人

玩弄手腕者也许可以一时欺骗蒙哄某些年幼无经验者，可以得利于一

时，赚到一笔，捞到一把。可是第二次或第三次，一旦被识破，别人就不会再相信你了。

玩弄手腕其实就是用他人对自己的信任来获取利益，是一种极其卑微的行为。但在企业中，总有一些员工始终不满于自己的所得，他们渴望被重视，又不知如何采用直接的方法去得到重视，于是只好采用不适当的，甚至欺骗的行为去满足这一需求。他们用迷惑、哄骗的方法获得关注和存在感，或者以在同事间挑起事端为快，以此作为报复或反抗的表现。不管他们以什么方式展开这些行为，最终都会使企业的其他员工感到厌烦。

潘丽是办公室的组长，属于"惹不起"的人物，倒不是她权力有多大，只是她长了一张会搬弄是非的嘴。谁要是惹她不高兴，她就去领导面前说三道四。大家都很烦她，她却觉得自己地位很高，谁也不敢招惹她。对待同事，她也经常呼来喝去，一会让这个帮她处理文件，一会让那个帮她送个快递。她还总是跟人换班，说之后会替别人顶班，但是过后，再也不见她提起换班的事。大家知道她是个什么样的人，也就不去计较。

一次她又中途脱岗，恰巧赶上领导来检查，她的缺岗让领导很不满意。她事后赶紧向领导解释是自己孩子生病了，急着去医院没来得及请假。但是恰巧这位领导刚从医院回来，领导心知肚明，也没有说破。只是那后来人事变动的时候，潘丽莫名其妙地被调到了仓库，办公室从此便没有她的位子了。

其实同事之间存在竞争是好事，但是这种竞争应当建立在追求工作成绩、协调上下级关系上，而不是钩心斗角。事实上，当你试图去摸清别人底细的时候，你也在暴露自己的底细和意图，这是一种扭曲的竞争。没有人愿意被刺探、被揣摩，这是人之天性。耍弄手腕的人，往往不会注意自己为人处世的方式和分寸，面对纠纷的时候，往往不想着如何化解纠纷，而只知道如何利用纠纷为自己牟利。这些做法，无疑会让人心生厌恶。

每一个高层都是从下面上来的，耍所谓的小伎俩，是瞒不过他们的。当一个谎言被说出来的时候，就需要更多的谎言去圆。但是真相就是真相，纸永远包不住火。

217 不要让过去的错误成为明天的包袱

人非圣贤，孰能无过？有过错并不可怕，可怕的是不能改正过错，更重要的是，不能对过错耿耿于怀，念念不忘，把过去的错误变成明天的负担，这更不利于以后的发展。

企业在运营过程中，员工犯错误是在所难免的，如果总是抓住员工的错误不放，那么，就会对员工造成巨大的压力。试想一下，如果一个员工犯了错误，而老板总是对此抓住不放，让员工总是沉浸在过去的错误里，员工根本无心工作，又怎么可以为公司创造价值呢？

很多企业都不允许员工失败，以致许多员工明知计划会超过自己的能力范围，还是逞强逞能，不肯承认失败，直到纸包不住火的时候，才开始接受自己的错误，这时候，损失已经造成，一切已无法挽回了。

在这方面，微软恰恰相反，领导通常接受员工所犯的错误，只要他们敢于承认错误，勇于承担责任，能够及时从失败中汲取经验教训，就不会追究他们的过失。微软公司知道，这些能从错误中成长起来的员工，会比其他的员工更有能力胜任以后的工作。

微软公司能成为全球最大的软件提供商，跟微软公司的这一理念是分不开的。公司知道，犯错误可以原谅，但抓住错误不放，把今天的错误延续成为明天的错误，就是不可原谅的。只要肯改正，就是一个好员工，就会取得进步。对于公司来说，也是得大于失。

俗语说得好，失败是成功之母。只有接受失败，才可以向成功迈进。企业员工的竞争力也会在失败的考验中得到更大的增强。只有企业不计较员工过去的错误，才能让员工放下失败的包袱，为以后的工作减轻负担，这样才有利于他们的长期发展。

　　企业的成功，需要积累经验。而经验的积累，是与无数次的错误密不可分的。任何事情都不是一蹴而就的，而是从失败、从成功中积累经验而得到的。美国3M公司有一句名言：为了发现王子，你必须与无数只青蛙接吻。只有勇于容忍错误、接受错误、改正错误，企业才可以获得重大的成功。

218 用人观念上的几个误区

　　随着我国市场经济结构的逐步完善，企业管理者的用人策略发生了明显转变，但很多管理者仍坚守原来的思维模式和方法，深陷一个又一个的错误观念当中。

　　（1）人是不可靠的。其实辩论人性本善或人性本恶是没有意义的，因为人有善良的一面，也有不可靠的一面，重点是如何引导与管理。如果把河床比喻为公司的人力资源策略，河堤是管理制度，河水是员工行为，则河床与河堤会影响河水的流动，但是河水也会冲击河堤与改变河床结构，因此河床必须顺势，也就是符合人的本性与行业的特性；河堤必须牢固，也就是说制度要健全；管理严密，以引导河水，也就是要引导员工正确的行为规范。光倚靠员工的自发性与道德性，作用是极为有限的。

　　（2）聘任有成功经验的主管便可以解决问题。其实人的成功因素很多，因此在挑选主管时，要考虑他的成功点在何处，是策划能力？领军作战能力？解决问题能力？这些是否是公司所需要的？还有价值观是否吻合？有时来自大公司的主管，他的特质也许适合带领"正规军"作战，按照步骤与程序，并且要求较高的预算，结果到了中小公司发现周围人的意见很多，程序混乱，预算有限，容易遭遇挫折，也可能一事无成。

（3）人都是自私的。这是相对的问题。其实每个人都只能活一回，当然普通员工与管理者也有权利去争取最好的发展机会，正如公司也想争取最佳的发展一样，所以应该把这种情况当成是自然的，不要带有太多的情绪在其中，才能客观考虑问题。既然人的本性想要追求最好的，我们该如何做到最好？员工有何期望？我们能提供什么机会？如果公司条件较差，那必须逐年提高吸引力，因为市场经济便是如此。

（4）现代人只会向钱看。由于社会化分工的结果，人生许多的需求都要转换成金钱的计价单位去兑换，所以钱变得很重要，例如想改善居家环境、想为小孩提供较佳的教育机会、想孝敬父母、想四处旅游，都要用到钱。但是人们除了金钱以外也追求许多精神上的需求，被肯定、成就感、归属感、自我实现等，因此公司如何有效结合物质与精神的需求，创造综合的影响力是极为重要的。

（5）不论对人多好，总有一天他还是会离开。根据统计，美国人一生平均更换6-7个职业，也就是说每5年左右换一次工作，这是平均水平，有人待的更久，有人会换的更快，合理的流动率是良性的。当然今天公司的员工相对浮躁些，因此在心理上要有准备，在策略上与管理上，必须要有方法，以使公司能以合理的成本，源源不断地供应必要的人才。